Les

Démocraties antiques

Bibliothèque de Philosophie scientifique

Les Démocraties antiques

PAR

A. CROISET

de l'Institut

Doyen de la Faculté des Lettres de l'Université de Paris

PARIS

ERNEST FLAMMARION, ÉDITEUR

26, RUE RACINE, 26

1920

Les Démocraties antiques

INTRODUCTION

Le mot *démocratie* est grec, comme la chose qu'il signifie. C'est en Grèce que la démocratie est née : elle y a librement et complètement évolué, dans un grand nombre de cités diverses. Le cycle de ses transformations s'y est déroulé si souvent et si régulièrement que les philosophes en ont fait la théorie. Il en est de cette expérience sociale comme de l'évolution artistique et littéraire : la Grèce, dans les quatre ou cinq siècles de sa vie active et autonome, en a présenté au monde un tableau achevé, un exemple-type, en quelque sorte, où la vie palpite, mais dont une logique intime relie tous les traits.

C'est surtout à Athènes, à vrai dire, que cette évolution politique nous est bien connue. D'autres cités grecques ont établi la démocratie; mais nous n'avons sur elles que des informations trop fragmentaires pour être en état d'en suivre l'histoire d'un bout à l'autre et d'en retracer une image précise. En outre, l'évolution a été plus

régulière et plus complète à Athènes que partout
ailleurs : elle s'y est faite spontanément, sans
intervention du dehors, et s'est poursuivie jusqu'à
son terme naturel. — Quant à Rome, la démocratie
n'y est pas parvenue à son entier achèvement.
Le progrès démocratique, après avoir rempli les
premiers siècles de son histoire, a brusquement
avorté par l'effet du développement de la puissance romaine. — En dehors de la Grèce et de
Rome, Carthage aussi a présenté une vie politique intéressante, mais elle nous est mal connue.
— C'est donc la démocratie athénienne qui devra
former le centre de notre étude. Ajoutons que
cette démocratie, en même temps que la mieux
connue de nous et la plus complète, est aussi la
plus intelligente et la plus civilisée que nous offre
l'histoire de l'antiquité. A tous ces titres, elle présente un intérêt de premier ordre.

Je ne me propose pas d'entrer dans tout le
détail de son organisation ni de son histoire. Ce
que je voudrais surtout mettre en lumière, c'est
l'esprit de cette démocratie et les caractères essentiels de son activité. J'indiquerai d'abord comment
elle est née et les phases principales de son évolution, jusqu'au moment où celle-ci s'achève et où
l'organisme démocratique est entièrement formé.
J'en analyserai alors les principaux organes et
leurs traits caractéristiques. J'en voudrais étudier

surtout le fonctionnement ; car une constitution
politique n'est, par elle-même, qu'un cadre abs-
trait : la manière dont elle est mise en œuvre est
la chose importante et la vraie réalité. — J'appli-
querai la même méthode, plus brièvement encore,
aux autres cités dont j'aurai à parler.

Dans toutes ces analyses je ferai une grande
part à la psychologie des peuples et des individus,
qui me semble être un des ressorts essentiels de
la vie collective. Mais ici, quelques explications
générales sont nécessaires ; car toute étude historique implique une certaine conception de l'histoire et de ses lois. Or, ces questions sont aujour-
d'hui fort discutées. Je dois donc indiquer dans
quel esprit j'aborde ma tâche.

I

Si l'histoire n'était que le récit d'une série d'accidents purement fortuits, elle ne serait pas plus
intéressante qu'un « fait divers » isolé. Il n'y a
pas un historien qui ne cherche à rendre intelligibles les faits qu'il raconte et à faire comprendre
leur enchaînement. Or, toute explication de ce
genre, qu'on le veuille ou non, repose sur des lois
sociologiques plus ou moins explicitement for-
mulées. Dès qu'on essaie de lier ensemble deux
faits donnés, en établissant entre eux une relation

de cause à effet, on s'appuie, implicitement ou explicitement, sur une proposition générale qui consiste
à dire que, dans toutes les circonstances, deux
faits de cette sorte s'enchaînent nécessairement.
Or, c'est là précisément ce qu'on appelle une loi
et l'office propre de la sociologie consiste à essayer
de découvrir le plus grand nombre possible de ces
lois, par l'examen et l'analyse des faits sociaux.

Malheureusement, la sociologie est une science
en voie de formation, elle n'est pas constituée ;
elle se construit lentement, et il n'est même pas
sûr qu'elle arrive jamais à posséder un corps de
doctrine qui permette d'expliquer les faits historiques avec une rigoureuse précision. Désireuse de
sortir de cette période des premiers tâtonnements,
elle s'applique, avec une méthode très ingénieuse,
à donner à ses premières généralisations le plus
de solidité possible en les appuyant sur des faits
très généraux et très nombreux. Elle les emprunte
aux civilisations les plus différentes et procède par
voie de comparaison pour essayer d'en dégager
des lois. Elle s'attache donc aussi de préférence
aux faits les plus objectifs, à ceux dont on croit
pouvoir sans trop de peine saisir tous les éléments, qu'on peut mesurer avec des chiffres,
mettre en tableaux et réduire en formules : par
exemple, les faits économiques, les institutions.
Si elle aborde des faits plus complexes et plus

subjectifs, comme les religions, elle s'attache surtout aux rites qui en sont la partie la plus extérieure, la plus tangible, et s'efforce de les interpréter en les rapprochant d'autres faits analogues.

Elle n'étudie les faits psychologiques que dans la mesure où ces faits sont clairement traduits par les institutions ou les rites, ou s'ils ont un caractère très général, soit qu'on les retrouve partout et toujours dans l'humanité, soit qu'ils appartiennent universellement à un certain stade de son évolution. Rien n'est plus légitime : comme l'objet de la sociologie est d'établir des lois applicables à tous les pays et à tous les temps, il est naturel que les faits les plus généraux, les plus aisément saisissables et mesurables, les plus objectifs, aient à ses yeux la plus grande valeur. On peut cependant se demander si les généralisations ainsi construites ne laissent pas échapper une trop grande part de la réalité pour être tout à fait probantes, et si elles reposent sur des fondements bien solides. Quoi qu'il en soit, il est difficile, au début d'une science nouvelle, de suivre une autre méthode.

Mais le rôle de l'historien est tout différent, et les lois sociologiques ainsi définies, à supposer qu'elles soient bien établies, ne sauraient lui suffire. Ce qu'il cherche à saisir, c'est la réalité vivante, infiniment complexe; c'est le fait concret, c'est-à-dire la forme particulière, unique, qu'a prise,

à un moment donné, dans un pays donné, l'action
des lois sociologiques. C'est ensuite, s'il est possible, la liaison nécessaire de ces faits entre eux.
Or, il est clair qu'ici des lois générales très simples
ne suffisent plus ni à expliquer la physionomie
propre de ces faits ni à faire comprendre la liaison
des phénomènes. Chacun de ces faits particuliers
résulte évidemment du jeu d'un nombre formi-
dable de lois générales. Il est au point de rencontre d'une multitude indéfinie de ces lois, dont
nous soupçonnons à peine quelques-unes, et que
nous ne saurions démêler ni énumérer en chaque
circonstance, même si nous les connaissions *in
abstracto*.

Que les faits économiques soient souvent l'occasion extérieure du fait concret, historique, que les
institutions en soient le cadre, que les idées et les
sentiments élémentaires de l'âme humaine en
soient le premier ressort, nous l'admettrons sans
difficulté. Mais ce qui donne à un fait historique sa
couleur, sa physionomie propre, c'est la manière
dont tel peuple, à tel moment donné, a réagi sous
l'action des circonstances extérieures ou modifié
les manières d'être générales de l'âme humaine;
or, la cause intime de cette réaction échappe à toute
détermination rigoureuse. Elle est d'abord dans le
génie propre du peuple, dans sa façon habituelle
et héréditaire de voir, de raisonner, de sentir, de

vouloir. Elle est aussi dans l'action particulière de certains individus, sans même parler des accidents qui défient toute prévision rationnelle.

Si donc les lois sociologiques, même les plus simples, sont encore fort hypothétiques ; si d'ailleurs, fussent-elles incontestables, il est certain qu'elles sont aujourd'hui trop simples, trop générales et trop peu nombreuses pour rendre compte soit de la particularité originale des phénomènes réels, soit surtout de leur liaison ; s enfin, toutes les lois étaient supposées connues en théorie, il est évident que l'on ne saurait, vu leur nombre et la diversité infinie de leurs combinaisons, les appliquer rigoureusement à l'interprétation des cas particuliers, — que devra faire l'historien à qui manquent ainsi, semble-t-il, tous les appuis indispensables ?

C'est peut-être le cas de se rappeler la célèbre distinction de Pascal entre l'esprit géométrique et l'esprit de finesse. Vouloir faire de l'histoire une science rigoureuse, c'est probablement lui refuser le droit d'exister. Ce qu'il y a de scientifique, dans l'histoire, c'est sa volonté de rechercher la vérité ; c'est l'esprit général de sa méthode critique ; c'est son effort pour bien décrire les faits, pour ne rapprocher que des cas analogues et pour établir des inductions sur des observations exactes et bien choisies ; c'est enfin la réserve prudente de ses affirmations, et la conscience de ce qu'elle mêle d'hypothèses à la connaissance proprement dite de la réalité. Mais il serait contraire à la nature même des choses de lui refuser une part d'intuition, de divination subjective, sans laquelle elle serait réduite le plus souvent à se taire, ou, en mettant les choses au mieux, à collectionner des documents stériles et à mettre les uns au bout des autres des séries de faits sans signification. Il faut donc avouer que l'histoire est une demi-science seulement, et que l'art y tient une grande place, non seulement pour l'expression et la mise en œuvre, comme on l'admet généralement, mais aussi pour la recherche même de la vérité et l'intelligence des rapports qui existent entre les faits. L'image qu'elle propose de la réalité est une création artistique fondée sur des données imparfaites. S'il est vrai qu'un grand nombre de faits importants sont indubitables en gros, il est non moins certain que la représentation précise de ces faits est en partie conjecturale. Et quant aux explications que l'histoire donne de leur enchaînement, elle ne peut reposer, quoi qu'on fasse, que sur des inductions toujours provisoires, parce que trop de faits restent inconnus ou insuffisamment analysés. Ce sont des constructions probables, parfois d'une vraisemblance très voisine de la certitude, mais qui laissent pourtant place à quelque doute et à beaucoup d'à peu près.

Si c'est là une infériorité, l'histoire la partage avec toutes les formes de la connaissance qui se rapportent à l'action. Quand je me détermine à agir d'une façon plutôt que d'une autre, quelque soin que j'aie pris de m'entourer d'informations minutieuses et de les critiquer, je ne suis jamais sûr de ne pas me tromper. Un homme politique serait un sot de ne pas s'éclairer avant de prendre une décision; mais il serait un fou s'il croyait pouvoir prédire à coup sûr toutes les conséquences de ses actes. Dans toute action, il faut parier. Il faut parier aussi dans toute tentative que nous faisons pour connaître et comprendre les choses humaines. Retrancher de l'histoire toute cette partie d'intuition, d'induction rapide et conjecturale, ce ne serait pas en faire une science rigoureuse, chose impossible : ce serait la supprimer.

II

Je me demande parfois si les historiens, aujourd'hui, n'ont pas une tendance excessive à se mettre à l'école de la sociologie. Dans la recherche des causes, ils s'en tiennent volontiers à celles que j'appelais extérieures; ils se méfient de la psychologie des peuples ou des individus. L'idée de race, celle du génie propre d'un peuple, sont aujourd'hui fort décriées. Un historien qui donne une large

place aux individus dans la trame des événements
est par cela même suspect d'être arriéré. Il est
certain qu'on a souvent exagéré le rôle des grands
hommes, en réduisant l'histoire à n'être tout
entière que le récit de leurs hauts faits. Il est non
moins manifeste qu'on a parfois abusé de la race,
considérée comme une entité mystérieuse et toute-
puissante, mal définie d'ailleurs, et qu'à cet égard
le « matérialisme historique » a pu être utile. Je
crois cependant qu'il faut revenir à une vue plus
complète des choses, et rendre notamment à l'idée
de race, sainement comprise, la place qui lui
appartient.

Je ne veux pas parler, bien entendu, de races
biologiquement pures et distinctes, qui n'existent
probablement nulle part, et qu'en tout cas nous
ne pouvons saisir dans la réalité. Je parle simplement de races historiques, de peuples réels, aussi
mêlés qu'on le voudra dans leurs origines, mais
qui, en fait, n'en présentent pas moins des caractères spécifiques généraux par lesquels ils se distin-
guent nettement les uns des autres. Je ne sais ce
que c'est, au point de vue biologique, qu'un Français, un Anglais, un Allemand, ni combien de
races pures entrent dans la constitution de chacun
de ces peuples. Mais je vois clairement qu'un
Français, un Anglais, un Allemand, présentent
des traits intellectuels, moraux, et même physi-

ques qui frappent tout d'abord et qui empêchent
de les confondre. Les caricaturistes, qui défor-
ment la réalité en grossissant un trait caractéristique, ne s'y trompent pas : ils créent des types
nationaux très nets et très reconnaissables. Cela
veut dire, non pas que, dans chaque peuple, tous
les individus sont à peu près semblables entre eux
et fort différents des étrangers, mais que, dans un
même peuple, les différences individuelles oscil-
lent autour d'un type moyen qui est le type national
et qui diffère assez sensiblement des autres types
de même ordre. Pour ne parler que des traits
intellectuels et moraux, les plus profonds d'entre
eux sont doués d'une persistance extraordinaire :
on les reconnaît sans difficulté à travers la longue
histoire de chaque peuple, toujours visibles sous
les changements superficiels produits par le cours
des choses. Même les invasions n'arrivent pas à
les effacer, à moins qu'elles ne soient assez nombreuses pour substituer brusquement une population à une autre ; sinon, les immigrants se fondent peu à peu dans le peuple envahi, et, tout en
gardant quelques traits particuliers, ils s'en assi-
milent les traits généraux, surtout si la force du
lien politique crée une communauté de sentiment
qui impose à l'admiration de tous un idéal unique
ou dominant. Et ces traits nationaux ne dérivent
pas des institutions : ils sont antérieurs et plus

intimes. Ils créent les institutions ou les modifient beaucoup plus qu'ils ne sont modifiés ou façonnés par elles.

Que ces traits profonds et durables de la physionomie d'un peuple soient eux-mêmes d'origine sociale, je n'y contredis pas, quoique la part du physique y soit sans doute aussi grande. Mais, en tant qu'ils sont d'origine sociale, ils sont d'un autre ordre que les institutions proprement dites, ils appartiennent, pour ainsi dire, à d'autres stratifications géologiques, à des couches plus anciennes ; ils les précèdent et leur survivent, de même qu'ils les modifient. M. Durkheim, dans un article de l'*Année sociologique*, reprochait à M. Glotz d'avoir expliqué certaines formes de l'évolution athénienne par le caractère athénien, et lui demandait s'il supposait en cela l'intervention d'une grâce particulière. Je répondrais volontiers, pour ma part, que cette « grâce », qui n'a rien de surnaturel, est incontestable. Elle consiste dans l'aptitude héréditaire de l'Athénien à réagir d'une façon plutôt que d'une autre à l'égard des causes extérieures. Les mêmes faits ne peuvent manquer d'avoir des répercussions politiques fort différentes selon que le peuple où ils se produiront aura l'esprit plus ou moins logique, plus ou moins généralisateur, l'imagination plus ou moins vive, la volonté plus ou moins forte. La sociologie, qui

recherche des lois applicables à tous les cas, peut
négliger cet ordre de faits. Mais l'historien n'en a
pas le droit : il est obligé de tenir compte, dans
les choses particulières qu'il étudie, du « coeffi-
cient personnel » qui leur a donné leur physionomie originale et unique.

Il est évident qu'en pareille matière il ne saurait
être question de démonstration strictement scientifique. On n'analyse pas un tempérament moral
comme on analyse les termes d'une définition
mathématique ou même les éléments chimiques
d'un corps. On est obligé de juger par impression,
par sentiment. Il y a dans tout jugement de ce
genre quelque chose de subjectif qui ne s'impose
pas universellement. Et cependant, si les impressions viennent d'une connaissance exacte et fine
des documents à étudier, le jugement total a beaucoup de chances d'être vrai et est de nature à
obtenir une adhésion raisonnable. La littérature
d'un peuple est à cet égard fort instructive. Les
poètes, les orateurs, les philosophes nous montrent
fort bien, si nous savons les interroger, comment
le peuple sent, imagine, raisonne, se décide. Les
témoignages des historiens, les anecdotes mêmes,
interprétées avec critique, nous apprennent beaucoup. Les artistes également. Il y a des traits
intellectuels et moraux qui sont aussi apparents
que ceux du corps.

Un Grec ne ressemble pas à un Romain, encore
moins à un Asiatique. Le Grec moyen est incontestablement un homme d'intelligence vive, déliée,
subtile, essentiellement rationnelle et dialectique :
il voit nettement et a besoin de s'expliquer ce qu'il
voit. Il est capable d'analyse et d'idées générales ;
il est prompt aux inductions et déductions. Il a
moins de sensibilité que d'imagination. Celle-ci
est nette, plus précise que colorée, capable de
saisir les ensembles aussi bien que les détails.
Ce qu'il a de sensibilité dérive en partie de son
imagination : ses émotions viennent de sa tête
autant que de son cœur. Cette imagination d'artiste
lui fait aimer en toutes choses le beau, parfois le
spécieux. Cette même imagination gouverne sa
volonté, qui est forte, mais surtout vive et prompte,
et parfois changeante. Il parle vite et bien, et il
s'enchante de sa parole. Très sociable, à cause
du plaisir qu'il trouve au jeu de la parole et de
la dialectique, il est en même temps très personnel,
fort attentif à son intérêt propre (même dans ses
idées morales), avide de gloire, de succès de
toute sorte, parfois avec héroïsme, souvent avec
une vanité un peu frivole. Foncièrement humain,
il peut se montrer cruel quand son imagination
exalte sa passion. Il a toutes les qualités qui suscitent les initiatives hardies et brillantes, dans
l'art, dans la pensée pure, dans les affaires, dans

la politique, plutôt que les qualités pondérées et
disciplinées qui font la force de l'action collective.
Ces aptitudes apparaissent déjà chez les contemporains d'Homère. Elles se retrouvent encore chez
le Grec d'aujourd'hui. Elles sont la trame solide
qui forme l'unité continue du peuple grec, à travers
les siècles et les révolutions.

D'où viennent-elles? Évidemment de la préhis-
toire. Elles sont pour nous un fait irréductible et
inexplicable, un fait primitif, mais un fait d'autant
plus évident que les vérifications en sont plus
nombreuses et plus constantes malgré la diversité
des déguisements que les circonstances lui imposent. Par conséquent, nous devons en tenir le plus
grand compte. Qu'il soit inexplicable, qu'il soit
imprécis à certains égards, peu importe : il est
incontestable, et si nous ne pouvons pas plus en
mesurer l'influence par des chiffres que nous ne
pouvons le réduire lui-même à des formules rigou-
reuses, il n'en est pas moins vrai que cette
influence est certaine et qu'elle a été capitale dans
l'évolution du peuple grec. Un peuple raisonneur,
imaginatif, personnel, ne saurait se comporter, à
l'égard des legs du passé, de la même manière
qu'un peuple scrupuleux, timide d'esprit, peu
porté à l'abstraction, ou chez qui la personnalité
des individus est médiocre. Qui ne sent que le
nœud de l'explication historique est là, et non

ailleurs ? Et qui ne voit en même temps que, si cette explication doit rester forcément vague, incomplète, subjective à bien des égards, elle est cependant plus pénétrante, plus instructive, et en somme plus vraie que toute autre en apparence plus précise qu'on pourrait fonder sur des phénomènes extérieurs. L'art de l'historien consiste à sentir ces influences impondérables, à les mesurer en quelque sorte, et à en donner à ses lecteurs une idée générale approximative, à défaut d'une connaissance tout à fait précise et prouvée.

Les traits que nous venons d'indiquer appartiennent plus ou moins à toutes les cités grecques. Mais ils se rencontrent plus qu'ailleurs à Athènes, que les anciens appelaient déjà « la Grèce de la Grèce ». C'est ce peuple athénien, grec entre tous et plus que tous, qui a créé la démocratie, qui l'a conduite à son épanouissement logique, qui l'a fait vivre par ses vertus et qui l'a compromise par ses fautes. Nous verrons quelles circonstances particulières, intérieures ou extérieures, lui ont permis de réaliser l'idée grecque de la démocratie avec un éclat et une grandeur incomparable, non sans défaillances assurément, mais au total avec le minimum de défauts que comportât sans doute la nature de la civilisation et de l'esprit grecs.

En parcourant cette analyse, on remarquera sans

peine les différences qui séparent la Grèce ancienne des démocraties modernes. L'une des principales est l'existence de l'esclavage. Il y en a d'autres. Nous les signalerons quand l'occasion s'en présentera. Malgré ces différences, peut-être en sera-t-on moins frappé cependant que des nombreuses ressemblances avec notre vie moderne qui s'offrent d'elles-même à chaque page de l'histoire ancienne. On n'en sera pas surpris si l'on songe que certaines qualités et certains défauts du peuple grec font partie de l'héritage commun des nations issues directement de la civilisation gréco-latine.

On ne trouvera, dans les pages qui vont suivre, ni une apologie de la démocratie en général ni une attaque contre ses principes. Je ne fais pas de théorie abstraite. J'étudie des faits. Je ne m'interdis pas de les juger dans leurs conséquences, quand ces conséquences me paraissent avoir été pratiquement bonnes ou mauvaises. Mais j'essaie de me tenir toujours aussi près que possible de la réalité, et d'éviter les jugements généraux et absolus. Je crois, avec Aristote, que la démocratie, comme les autres formes de gouvernement, résulte nécessairement de certaines circonstances données, et j'ajoute qu'elle paraît bien être le terme normal de l'évolution des sociétés civilisées telles que nous les connaissons. Mais, quelle que soit la noblesse de son idéal, et quelque souverainement qu'elle semble s'imposer à la pensée moderne, il n'en résulte pas qu'on puisse la réaliser sans effort, ni que la démocratie ne risque de se heurter à certaines difficultés particulières. Comme toutes les formes de gouvernement, elle a ses qualités et ses défauts. J'essaie de montrer les uns et les autres dans les démocraties antiques avec une impartialité résolument objective, et de les expliquer autant que possible par l'ensemble des faits qui nous sont connus.

CHAPITRE PREMIER

L'évolution politique d'Athènes.

Les Athéniens considéraient Solon comme le fondateur de leur démocratie. Mais, pour comprendre l'œuvre de Solon, il est nécessaire de donner un coup d'œil à ce qui a précédé. D'autre part, si Solon a posé les principes du gouvernement démocratique athénien, ces principes n'ont produit toutes leurs conséquences que longtemps après lui, et il faut rappeler les principales étapes de cette évolution.

Quand on parcourt cette histoire, on est frappé de la logique intime qui y préside et de la régularité rapide avec laquelle elle se développe. En moins de cent cinquante ans, Athènes passe de la

domination des Eupatrides au plein épanouissement du régime démocratique. Dans cette marche
en avant, on ne trouve ni lenteurs comme à
Rome, ni arrêt définitif comme à Chios, ni com-
plications et combinaisons comme à Sparte. Le
mouvement est rapide et direct. En même temps
il est aisé et doux : il n'entraîne qu'un minimum
de luttes, sans graves déchirements intérieurs ;
Athènes arrive sans beaucoup de secousses au
terme extrême de l'évolution démocratique, et elle
s'y maintient pendant plus d'un siècle sans révolutions importantes. Quand sa constitution finit
par succomber, c'est sous l'action de forces extérieures qui correspondent à un changement profond dans l'état général du monde antique. Il y a,
dans cet ensemble de faits, un phénomène politique dont il faut d'abord marquer les traits
essentiels, et qui s'expliquera ensuite de lui-même
à la fois par les circonstances et par le génie
propre du peuple athénien.

I. — Athènes avant Solon.

§ 1 — LA ROYAUTÉ.

La plus ancienne forme de gouvernement qui
apparaisse en Grèce est la royauté patriarcale et
héréditaire. Nous la connaissons par des docu-

ments littéraires contemporains, les poèmes d'Homère et d'Hésiode. Hésiode, poète paysan, parle sans bienveillance des rois de son temps. Les aèdes homériques projettent dans le passé héroïque et légendaire l'image agrandie et idéalisée des royautés au milieu desquelles ils vivaient et pour lesquelles ils chantaient. Les historiens et les philosophes, de Thucydide à Aristote, ont raisonné sur ces données, chacun selon son esprit ou son humeur, mais sans avoir à leur disposition beaucoup plus de documents que nous. Il est facile de se former une image de ces royautés.

Ce sont des royautés de clan ou de village, dont le domaine est peu étendu. L'île d'Ithaque comprenait douze rois. Mycènes et Argos, qui sont à quelques kilomètres l'une de l'autre, formaient des royaumes distincts et rangés parmi les plus puissants. Salamine en était un autre. L'Attique, d'après une tradition constante, en formait plusieurs[1]. Et ainsi de suite.

Tous ces rois étaient donc, à l'origine, d'assez modestes chefs de clan, et rien de plus. Mais il arriva que quelques-uns d'entre eux s'élevèrent au-dessus des autres : une terre plus fertile, le voisinage de la mer et la facilité de faire des expéditions avantageuses, la présence d'une

---

1. Cf. ARISTOTE, *Const. Ath.*, 41, 2, sur les φυλοβασιλεῖς, qu'il place après l'établissement des Ioniens et avant Thésée.

acropole aisée à fortifier, une succession de rois
actifs et intelligents, donnèrent de bonne heure à
certaines de ces royautés une primauté plus ou
moins reconnue qui amena des groupements moins
étroits. Ulysse était le roi des rois de l'île
d'Ithaque (βασιλεύτατος αὐτός, dit Homère). Le
Thésée de la légende, l'auteur du *synécisme* athénien, c'est-à-dire de la concentration des clans
attiques en une cité principale autour de l'Acropole
d'Athènes, est un « roi des rois » du même genre.
Agamemnon, roi de Mycènes, groupe autour de
lui, pour une expédition temporaire, il est vrai,
les chefs de la Grèce. Il est évident que l'idée
d'une expédition panhellénique dirigée contre
Troie est purement légendaire et de date relativement récente. Mais elle est née d'un fait certain,
la grande puissance relative des souverains de
Mycènes, dont les forteresses imposantes avaient
frappé l'imagination des contemporains, et que
les fouilles récentes nous permettent d'entrevoir
encore au milieu du luxe barbare de leur or et de
leurs palais. Peu à peu, les chefs des clans les
plus faibles, les rois inférieurs, pour ainsi dire,
avaient une tendance à se grouper autour des plus
forts, et passaient à l'état de vassaux, de compa-
gnons des rois puissants, dont ils formaient la
cour habituelle : ils sont déjà presque une simple
aristocratie.

Les rois sont « fils de Zeus » (διογενεῖς βασιλῆες), c'est-à-dire que leur origine se confond avec celle du clan, qui est antérieure à toute histoire, et que leur dignité héréditaire, mystérieuse, semble divine, comme tous les phénomènes dont la grandeur étonne.

Les plus puissants d'entre eux vivent avec un mélange de faste et de simplicité. Leurs palais, où s'amassent les richesses, où vivent de nombreux serviteurs, connaissent un certain cérémonial. Une reine homérique, qu'elle s'appelle Hélène ou Pénélope, ne descend jamais de l'étage supérieur, où vivent les femmes, sans être accompagnée de deux servantes qui lui font cortège. Les grands banquets, les fêtes musicales et poétiques se succèdent fréquemment : les rois boivent « comme des dieux », et cette existence est, pour le peuple pauvre, l'idéal de la vie heureuse. Mais cette royauté patriarcale ne connaît pas encore l'usage des troupes de mercenaires armés qui plus tard garderont la personne des tyrans : le roi n'a pas à se défendre contre ses sujets, qui l'entourent d'un respect presque religieux ; ses serviteurs ordinaires suffisent à préserver le palais d'une surprise des pirates ou des voleurs ; en cas de guerre, les hommes libres forment son armée. Le roi surveille les travaux de ses champs et sait lui-même travailler de ses mains. Ulysse construit son lit et sa chambre ; il sait faire un radeau ou diriger un navire. Les fils du roi s'exercent à ses côtés. Sa femme gouverne le travail des servantes et brode de ses propres mains les étoffes précieuses. Ses filles vont à la rivière ou à la fontaine pour laver les vêtements de la maison royale.

Le roi est riche, non seulement par le butin que lui rapportent ses expéditions militaires, mais aussi par la possession de vastes domaines. Il n'est cependant pas le seul possesseur des terres du clan : d'autres propriétaires, petits ou grands, l'environnent et forment les anciens de son peuple (γέροντες). Il a droit d'ailleurs à des redevances régulières[1].

Le roi est le magistrat suprême et universel : il est à la fois prêtre, juge, administrateur ou chef d'armée. Il n'est cependant pas un despote absolu, un monarque oriental. Il y a déjà des germes de gouvernement libéral dans ces vieilles royautés, et les Grecs des âges postérieurs s'en souvenaient. Le roi homérique assemble les anciens pour juger ; il convoque les grands (ἡγήτορες, μέδοντες, βασιλῆες), parfois même le peuple, pour les associer à ses résolutions les plus importantes. Il doit être orateur : Achille enfant a appris de Phénix les deux choses que doit savoir un roi, agir et parler. Ce que sont ces assemblées, on peut l'entrevoir dans

---

1. Ἐπὶ γέρασι ῥητοῖς, dit Thucydide, I, 13, 1.

l'épopée : quand le roi, appuyé sur son bâton, se lève et parle, après que le héraut a fait faire silence, on l'écoute plus qu'on ne le contredit ; il est entouré d'un grand respect ; si quelque Thersite ose élever la voix pour le combattre trop vivement, les anciens et la foule elle-même imposent silence au contradicteur impertinent par des procédés expéditifs et rudes. Ne nous y trompons pas cependant : Thersite aura son jour ; un peuple qui croit ainsi à la vertu de la parole et de la discussion est prêt à en reconnaître la puissance même chez d'autres que ses chefs héréditaires.

Le respect du peuple est souvent mêlé d'affection. Dans les vieilles monarchies héréditaires, ce sentiment des peuples pour les rois n'est pas rare ; à plus forte raison quand le roi est tout près du peuple, et qu'il apparaît encore comme une sorte de père de famille. Cependant, il y a des nuances et des degrés. Tous les rois ne sont pas dignes d'affection. Il y en a de capricieux, d'injustes, de rapaces. L'optimisme idéaliste des poèmes homériques laisse déjà voir parfois ce côté des choses. Si Ulysse est loué expressément d'être un prince doux à son peuple (ἤπιον ἄνακτα), doux comme un père[1], c'est que ce mérite n'est pas commun. La violence dans les actes et dans les paroles est « la justice ordinaire

1. *Odyssée*, XII, 139 et II, 234.

des rois divins[1] ». Achille lui-même appelle Agamemnon « mangeur de peuple » (δημοβόρος)[2], et ce
mot, assurément, n'est pas créé par Achille pour
la circonstance : il appartient à la langue des
plaintes populaires, dont il trahit ainsi l'existence.
Chez Hésiode, les plaintes deviennent plus continues et plus amères : les rois sont des « mangeurs
de présents » (δωροφάγοι)[3] ; leur justice est com-
parée à celle de l'épervier à l'égard du rossignol.
On sent déjà gronder en bien des passages la
colère qui prépare les révolutions futures.

Le défaut ordinaire de ces rois, en effet, c'est
l'orgueil. Ce sont de grands enfants, impulsifs,
dont la vie se passe en partie dans les combats,
avides de gloire et de butin, et que la réflexion, la
sagesse pratique, ne défendent pas toujours
contre les instincts violents. La moralité proprement dite, le sentiment du devoir conçu comme
opposé parfois à l'intérêt personnel et supérieur à
lui, n'apparaît guère avec clarté, dans l'*Iliade*,
qu'en un ou deux passages : d'abord dans le discours
où Hector, exhortant Polydamas à venir avec lui au
combat malgré les présages défavorables, lui dit que
« l'oracle le plus sûr est de défendre sa patrie[4] » ;

1. *Odyssée*, IV, 691.
2. *Iliade*, I, 231.
3. *Travaux*, 219 et 263.
4. *Iliade*, XII, 243.

et surtout peut-être dans les admirables vers où
Sarpédon, le héros lycien, dit à son compagnon
Glaucos que, s'ils ont, au bord du Xanthe de
Lycie, plus de terre et plus d'honneurs que les
autres hommes, il est juste qu'aujourd'hui tous
deux combattent au premier rang[1]. On remarquera que ces deux passages font partie du même
chant de l'*Iliade*. Partout ailleurs, c'est surtout le
sentiment de leur gloire, de leur dignité personnelle (τιμή), qui pousse les héros, et cette dignité
ne se sépare pas toujours aisément de l'intérêt le
plus direct, parfois même le plus matériel et le
plus palpable. — Il était naturel que ce sentiment
d'égoïsme naïf se développât aussi chez les sujets,
et, comme l'esprit grec aime les principes généraux, qu'il rattachât ses réclamations à l'idée
supérieure de la justice (δίκη), qui allait être le
grand ressort de toutes les transformations politiques des États grecs.

Ces vieilles royautés achéennes, qui caractéri-
sent la société homérique, disparaissent pour la
plupart durant le VIIIᵉ et le VIIᵉ siècles. A la fin du
VIIᵉ siècle, il n'y a plus de royauté importante en
Grèce qu'à Sparte, et celle-ci même est fort différente des royautés homériques. On ne voit partout que des gouvernements aristocratiques et des
tyrannies. Ce phénomène est trop général pour

1. *Iliade*, XII, 310-321.

qu'on puisse l'expliquer uniquement par des
causes particulières et accidentelles, telles que la
faiblesse ou la violence de certaines dynasties.
Plusieurs événements, d'une portée plus générale,
semblent en effet donner l'explication de cette
révolution. C'est d'abord l'invasion dorienne, c'est-
à-dire l'infiltration plus ou moins rapide des tribus
grecques du Nord, qui bouleverse le Péloponèse,
détruit peu à peu les anciens cadres politiques et
introduit partout, directement ou par contre-
coup, une instabilité toute nouvelle. C'est ensuite
le mouvement d'émigration achéenne qui se rattache à cette invasion des Doriens et qui amène
une création considérable de colonies nouvelles,
déracinées de leurs anciennes mœurs aussi bien
que de leurs anciennes patries, et obligées par les
circonstances à vivre d'une autre vie. C'est enfin le
développement militaire, maritime, commercial,
qui résulte de ces transformations. La Grèce en a
fini avec sa vie patriarcale et rurale. De grandes
cités se forment, où les liens du clan primitif se
détendent et où de nouvelles relations entre les
hommes prennent naissance. Les individus voyagent,
naviguent, font des affaires, s'enrichissent par des
procédés étrangers à l'âge homérique. Les échanges
se multiplient ; l'industrie commence ; les fortunes
s'accroissent. Les intelligences s'aiguisent, les
activités se déploient plus largement. La conscience

ces droits individuels devient plus forte et plus précise. Il est probable que les rois essayèrent de se défendre en gouvernant avec plus de rigueur. Mais, selon la remarque profonde d'Aristote, les moyens qui préservent les tyrannies devaient perdre ces royautés, qui manquaient de force matérielle : leur autorité reposait sur une longue tradition consentie ; ils n'avaient ni armées permanentes ni mercenaires. Quand le bon vouloir des sujets leur manqua, leur puissance devait s'écrouler.

§ 2. — LE RÉGIME ARISTOCRATIQUE

Les premières attaques vinrent de l'aristocratie. Quand les petits groupements primitifs, dèmes ou bourgades, s'étaient concentrés en cités proprement dites, soit pour se mieux défendre, soit par la prépondérance irrésistible d'un chef plus puissant que les autres, les rois de village étaient devenus, dans les cités nouvelles, les chefs des familles aristocratiques, les Eupatrides. Ils gardaient, avec leurs domaines ruraux et leur clientèle, le sentiment de leur dignité et l'habitude du commandement. Groupés autour du roi de la cité, ils se trouvaient réduits à un rang subordonné. Ils devaient être peu disposés à subir toujours de bonne grâce la primauté d'un des leurs, et leur

ambition ne pouvait manquer d'aspirer à un partage du pouvoir. Il semble que les rois aient parfois trouvé quelque appui dans le peuple. Mais
celui-ci était encore trop faible pour sauver la
royauté en lui imposant un caractère plus libéral
et plus moderne. La plupart des pauvres formaient
la clientèle des grandes familles et vivaient dans
l'ombre des Eupatrides. L'organisation de la
société restait encore trop patriarcale pour qu'une
révolution à tendance démocratique fût possible ou
pour que la royauté se maintînt en devenant populaire.

A Athènes, nous voyons, dès le commence-
ment du viiᵉ siècle, la royauté ancienne tout à
fait abolie, après une série de révolutions aristocratiques qui avaient débuté par des changements
de dynasties, puis qui aboutirent à un véritable
démembrement de la puissance royale. Le titre de
roi ne fut jamais supprimé, même au temps de la
pleine démocratie ; mais il changea de sens au
point de se vider peu à peu de son contenu. Quand
la royauté proprement dite disparut, on continua
d'appeler roi (βασιλεύς) celui des Eupatrides qui fut
chargé d'accomplir les fonctions religieuses de la
cité. Mais un autre, sous le nom de polémarque,
fut investi des fonctions militaires, et les circonstances lui donnèrent le premier rang. Un troisième eut en partage le reste des fonctions gou-

vernementales, et c'est celui qu'on appela l'archonte. Plus tard, à ces trois magistrats, on en
ajouta six autres dits *thesmothètes*, et c'est peut-
être alors seulement que le titre d'*archonte* devint
le nom générique de tous les membres de ce collège. Nous savons aussi que l'archontat, d'abord
conféré à vie, puis décennal, devint annuel au
moment de l'institution des thesmothètes, ce qui
permettait aux chefs des grandes familles de remplir les hautes charges à tour de rôle.

La puissance des archontes était d'ailleurs considérable : c'étaient les véritables maîtres de la cité[1].
Ils réunissaient aux pouvoirs administratifs et politiques des pouvoirs judiciaires étendus. Ils étaient
pris parmi les plus riches et, sortis de charge, ils
entraient pour le restant de leur vie dans le grand
conseil de l'Aréopage[2]. Nous savons aussi que
l'Aréopage, ainsi constitué, était le Conseil suprême
de la cité, qu'il exerçait une sorte de censure souveraine sur tous les citoyens, et qu'il désignait
tous les magistrats, y compris les archontes[3].

Aristote, dans son traité de la *Constitution
d'Athènes*, déclare que Dracon écrivit la Constitution
de ce temps (vers 640). Mais le même Aristote,

---

1. Thucydide, I, 126. — Hérodote (V, 71) attribue ce rôle
aux prytanes des naucrares. Nous y reviendrons tout à l'heure.
2. Aristote, *Const. athén.*, 3, 5-6 ; et 13, 2.
3. *Ibid.*, 8, 2.

probablement mieux informé, dit le contraire
dans la *Politique*. Il est donc à peu près certain
que le texte de la Constitution attribué à Dracon
dans le premier ouvrage était apocryphe. En
somme, en dehors des indications qui précèdent,
nous savons fort mal comment était réglée dans le
détail l'organisation du gouvernement aristocratique. Nous ne savons même pas exactement
quelles assemblées politiques existaient à côté de
l'Aréopage. Il est probable que l'ensemble des
citoyens n'était pas complètement exclu de toute
participation au pouvoir, car l'existence des
assemblées était une vieille tradition de l'époque
royale. Mais il est certain que cette participation
ne pouvait être que fort limitée à tous égards,
soit pour la compétence, soit pour le nombre de
citoyens appelés à faire partie de l'Assemblée.
D'après tous les témoignages relatifs à cette
période de l'histoire d'Athènes, on a l'impression
d'un régime aristocratique très fermé, très auto-
ritaire, et au total fort dur.

Tout concourait, en effet, dans l'organisation
administrative de l'Attique, à maintenir la prépondérance de l'aristocratie.

Les vieux dèmes historiques, c'est-à-dire les anciennes bourgades jadis autonomes, subsistaient
comme autrefois, non plus autonomes bien entendu,
mais ayant gardé leur physionomie propre et leurs

traditions, avec leurs grandes familles toujours
prépondérantes, et la foule des clients ou des petits
propriétaires qui gravitaient autour d'elles.

Quand le synécisme eut réuni tous les dèmes en
une seule cité, il avait fallu chercher une organisation supérieure qui les groupât d'une manière
plus harmonieuse. On la trouva dans l'antique
institution des tribus (φυλαί), qui remontait aux
origines de la race, et qui passait pour corres-
pondre à une filiation commune de tous les membres de la tribu, filiation symbolisée par un culte
commun. Les cités ioniennes se composaient tra-
ditionnellement de quatre tribus, tandis que les
cités doriennes en comptaient trois, et n'en eurent
quatre que par exception, en vertu de circonstances
particulières.

Ces quatre tribus ioniennes portaient des noms
assez obscurs qui correspondaient visiblement à
une très ancienne distinction des castes : il y
avait la tribu des terriens (γελέοντες), celle des
pâtres (αἰγικορεῖς), celle des artisans (ἀργαδεῖς) et
celle des soldats (ὅπλητες).

Les dèmes attiques étaient répartis entre les
tribus de telle sorte que chacune en comprit un
certain nombre dans la même région.

Chaque tribu se subdivisait, au point de vue
religieux et politique, en trois phratries, et chacune de celles-ci, à son tour, en trente familles

ou γένη. Les phratries et les familles, comme
les tribus elles-mêmes, avaient leurs cultes
propres, symbole d'une prétendue filiation naturelle qui rattachait chacune d'elles à un ancêtre
commun plus ou moins éloigné. Il est clair que
toute cette symétrie implique un arrangement artificiel, et exclut absolument l'hypothèse d'un organisme spontané, issu d'une filiation réelle. De plus,
ici encore, nous retrouvons le souvenir de castes
très anciennes : les trois phratries de chaque tribu
portaient respectivement les noms d'eupatrides,
géomores et démiurges, qui ne répondaient plus,
très certainement, à la réalité des choses au
VII° siècle. On ne voit d'ailleurs pas bien non plus
comment ces castes s'accordaient avec celles qui
avaient distingué les tribus les unes des autres :
ces vieux noms sont pour nous pleins de mystères
et nous laissent à peine deviner une foule de transformations sociales sur lesquelles nous n'avons
aucun renseignement.

Le plus solide de ces groupes, au point de vue
d'une filiation réelle, était assurément le γένος,
la famille. Mais, dans le γένος même, on dis-
tingua de bonne heure les *vrais* descendants, les
membres de la famille aristocratique qui en était
comme le noyau, de la foule des gens qui n'y
étaient entrés qu'indirectement, par une accession
postérieure, comme clients ou à d'autres titres.

Quoi qu'il en soit, cette division en tribus, phratries et familles, toute pénétrée encore des traditions de la vie patriarcale, était fondamentale dans la vie politique du vii⁰ siècle et ne disparut d'ailleurs jamais complètement, tout en ne cessant de se transformer et de perdre de son importance politique. Elle apparaît déjà dans les poëmes homériques, ou l'adjectif ἀφρήτωρ, appliqué à un individu « sans phratrie », implique un état de sauvagerie et de grossièreté[1]. Dans le II⁰ Chant de l'*Iliade*, les mots φῦλον et φρήτρη désignent les divisions de l'armée grecque[2], évidemment calquées sur celles de la cité. Il est aisé de s'imaginer combien ces vieilles divisions traditionnelles, à la fois religieuses et politiques, devaient contribuer à maintenir le pouvoir des Eupatrides, que l'on considérait unanimement comme les descendants des héros, pères de la race, et qui avaient la charge héréditaire de leur rendre le culte obligatoire, ainsi qu'aux dieux protecteurs.

A côté de la division essentielle en tribus, phratries et familles, on trouve aussi la mention d'un groupement de la population en *trittyes* et *naucraries*. Mais ces noms ne paraissent avoir désigné qu'un autre aspect administratif des divisions fondamentales. Les trittyes, dont le nom,

1. *Iliade*, IX, 63.
2. *Iliade*, II, 362.

selon quelques-uns, remonterait seulement à
Solon, ne sont probablement que les phratries,
envisagées au point de vue financier et militaire.
De même les naucraries, au nombre de douze par
trittyes, sont un groupement organisé, comme le
nom l'indique, en vue de la création d'une flotte
capable de défendre la cité contre les pirates
ou contre les cités ennemies. M. Glotz a ingénieu-
sement essayé de démontrer que les Phéaciens de
l'*Odyssée* ont déjà connu l'organisation des naucraries, ce qui n'est pas impossible. Chaque nau-
crarie, à Athènes, avait son prytane, investi de
pouvoirs administratifs et financiers. Les quarante
huit prytanes des naucrares formaient une sorte de
collège qui pouvait, dans certains cas, avoir de
l'influence. Hérodote va jusqu'à dire qu'au vII° siècle
ils étaient les principaux magistrats de la cité[1] :
c'est là, certainement, une forte exagération, réfutée
par le témoignage formel de Thucydide sur la
toute-puissance des archontes, et par l'image
qu'Aristote nous présente de ces temps reculés.
Mais on peut admettre que parfois, à titre au moins
consultatif, ils aient pu tenir dans la vie politique
de la cité, au-dessous des archontes, une place
d'autant plus grande que les assemblées populaires
y manquaient. Tout cela, d'ailleurs, ne touche en
rien à la prédominance de l'aristocratie, car il est

1. HÉRODOTE, V, 71 (à propos du meurtre de Cylon).

évident que les prytanes des naucrares devaient
être des aristocrates comme les archontes eux-
mêmes.

Une question plus embarrassante est celle de
savoir si les quatre classes soloniennes, distinguées
les unes des autres par le cens, existaient déjà.
Aristote l'affirme expressément, à moins que la
phrase ne soit interpolée[1]. Bien que ce témoignage
isolé ait rencontré de nos jours des sceptiques, il
y a peut-être lieu de l'accepter : car l'évaluation
de la fortune des citoyens, dans chacune de ces
classes, est fondée uniquement sur les revenus
agricoles, ce qui ne paraît guère d'accord avec
l'état économique de l'Attique au temps de
Solon; le commerce maritime semble avoir eu,
dès le début du vi* siècle, assez d'importance pour
qu'une place fût faite aux revenus ce cette sorte
dans une classification qui n'aurait pas été, déjà,
traditionnelle. En tout cas, si la division en classes
existait sous les Eupatrides, il est clair qu'elle
avait un tout autre sens que dans la constitution
solonienne. Peut-être se rapportait-elle uniquement à la fixation de l'impôt. Peut-être aussi ser-
vait-elle à exclure de toute participation aux
affaires certaines classes de citoyens, ou à res-
treindre, même parmi les nobles, les accès aux
plus hautes charges. Ce qui est sûr, c'est qu'elle ne

1. *Const. athén.*, 7, 3.

pouvait avoir aucune signification démocratique.

Si Dracon n'a probablement jamais mis par écrit la constitution de son temps, il est, au contraire, établi par tous les témoignages, qu'il avait rédigé un code de lois. On sait la réputation de sévérité outrée que le code avait gardée dans la mémoire des Athéniens des temps postérieurs. Cette sévérité sanguinaire venait-elle, comme on l'a dit, de ce que Dracon avait simplement recueilli de vieilles prescriptions encore un peu barbares, ou bien y avait-il ajouté de son fonds, en conformité avec l'esprit de cette aristocratie à laquelle il appartenait? Ce qui pourrait faire croire à cette seconde hypothèse, c'est qu'elle paraît assez d'accord avec ce qu'on sait du gouvernement des Eupatrides, si dur, si insupportable à la majorité du peuple, qu'il aboutit à une révolution.

La condition de l'Attique, à cette époque, fut, en effet, très misérable. Cela tient certainement aux circonstances économiques et politiques, mais probablement aussi à l'esprit et aux mœurs du temps.

La terre, suivant Aristote, se trouvait, pour la plus grande partie, « aux mains d'un petit nombre » (δι' ὀλίγων ἦν). Il ne faut pas prendre à la lettre cette expression hyperbolique, ni en conclure que toute propriété moyenne ou petite eût disparu. S'il en avait été ainsi les classes de Solon n'auraient

pu fonctionner sans un nouveau partage des terres,
ce qui n'eut pas lieu. Mais il reste vrai, sans aucun
doute, que la grande propriété, celle des Eupatrides, couvrait la partie la plus considérable du
sol attique. Peut-être un certain nombre de petites
propriétés avaient-elles disparu, de gré ou de
force. Mais la vraie cause de ce fait était plus générale et plus profonde : les chefs des anciens clans,
autrefois investis d'un pouvoir royal sur les terres
collectives du clan, avaient peu à peu transformé
ces propriétés collectives en propriétés individuelles, à mesure que l'individualisme se développait dans la société au détriment de la famille
patriarcale, et les rois de village s'étaient ainsi
transformés en possesseurs du sol. Les paysans
qui cultivaient les terres des Eupatrides sont
appelés πελάται ou ἑκτήμοροι. Le premier de ces
deux termes sert souvent à désigner les *clients* de
la famille patriarcale; il montre bien l'origine probable de cette catégorie de paysans : ce sont
d'anciens clients. Le second terme signifie « les
gens de la sixième part ». On entend généralement
par là, depuis Aristote et Plutarque, qu'ils payaient
comme redevance ou métayage le sixième des
produits. Il faut plutôt croire, avec Guiraud, qu'ils
gardaient pour eux le sixième. Ces conditions, très
dures, les forçaient à s'endetter; et comme les
Eupatrides, leurs propriétaires, étaient les maîtres

des tribunaux, que d'ailleurs les lois, faites par
ceux-ci, étaient impitoyables, on comprend la dé-
tresse extrême où les paysans se trouvèrent réduits.
Faut-il supposer, en outre, que ces paysans fussent
des serfs analogues aux ilotes de Sparte? Il n'est
pas douteux que ce ne fussent des hommes libres,
bien qu'Aristote dise énergiquement que les pauvres
étaient alors « les esclaves des riches » (ἐδούλευον
τοῖς πλουσίοις), et que Solon lui-même, dans la
grande pièce Iambique citée par Aristote, parle
magnifiquement de l'esclavage de la terre, qu'il a
rendue libre. Ces fortes expressions ne doivent par
nous faire illusion. C'est la terre qui était esclave,
non les hommes, et l'esclavage dont parle Aristote
n'était que l'asservissement politique des pauvres
à l'égard des riches. Rien de plus fréquent que ce
genre d'hyperboles dans le langage politique de
la Grèce. Qu'il y eût en outre des esclaves employés
à la culture des terres, cela va de soi; mais il ne
faut pas les confondre avec les paysans dont il est
ici parlé. Si les paysans avaient été des serfs proprement dits, attachés à la glèbe, les vers de Solon
et les exposés d'Aristote nous l'auraient dit expressément, car l'importance des réformes soloniennes
en eût été singulièrement accrue. Mais, libres en
droit, ils étaient, dans la réalité, en danger cons-
tant de perdre leur liberté. Quand ils ne pouvaient payer leurs dettes, ce qui devait être fré-

quent, ils étaient vendus comme esclaves ou forcés
de s'expatrier. Nous avons, sur ce point, le témoignage irrécusable de Solon, qui a décrit cette
grande misère dans des vers admirables, tout pénétrés d'humaine pitié.

Il est très probable que jamais les pauvres
n'avaient été aussi malheureux, en Attique, qu'ils
le furent alors. Le régime aristocratique fut plus
dur pour eux que la vieille royauté. Les rois,
élevés au-dessus de tous, pouvaient jouer un rôle
de modérateurs entre les intérêts et défendre parfois la justice. L'Eupatride, propriétaire, était à la
fois juge et partie, et cela en un temps où l'essor
économique développait chez tous un amour
immodéré de la richesse. C'est à cette époque
que naît le proverbe : χρήματ' ἀνήρ, « l'argent
fait l'homme », et l'on sait avec quelle âpreté
le poète aristocrate Théognis, interprète des
mêmes idées, exprime son horreur de la pauvreté,
qui abaisse l'homme et lui ôte son cœur. Orgueil
du noble, avidité du propriétaire, tyrannie du
politique puissant dans l'État, esprit même d'un
âge plus mercantile que le précédent, tout se
réunissait chez l'Eupatride pour faire de lui un
maître redoutable aux pauvres gens.

Les choses en vinrent à ce point que des révoltes
éclatèrent : il y eut sans doute des Jacqueries.
L'État fut mis en danger par ces dissensions

furieuses. Si le peuple avait été livré à ses seules
forces, les Eupatrides l'auraient peut-être écrasé.
Mais une classe nouvelle, une bourgeoisie commerçante, indépendante en fait, s'était formée.
C'est ce qu'Aristote appelle les μέσοι, la classe
moyenne. Elle constituait le parti des « gens de la
côte », les *paraliens*. Sortie du peuple, elle était
ennemie des nobles. Elle souffrait des discordes,
qui paralysaient son activité. Elle fortifia, par son
appui, les revendications populaires et obligea les
nobles à en tenir compte. C'est alors que l'on fit
appel, d'un commun accord, à Solon, comme au
seul homme qui pût, dans ces circonstances, servir
d'arbitre et ramener la paix.

II. — Les réformes de Solon.

Le rôle de Solon n'est pas toujours facile à déter-
miner dans le dernier détail. Ici encore, des anecdotes douteuses, accueillies sans critique par les
anciens, un certain vague sur les choses importantes, des contradictions apparentes, jettent des
doutes sur plus d'un point. Mais du moins l'esprit général de la réforme nous est attesté clairement par les vers de Solon lui-même, et le commentaire d'Aristote, dans sa *Constitution d'Athènes*,
sans satisfaire toutes nos curiosités, éclaire assez
bien dans l'ensemble le témoignage de l'homme

d'État. Les modernes ont beaucoup discuté sur les points litigieux. Il semble pourtant que, si l'on ne veut pas en savoir plus long qu'il n'est possible, les grandes lignes de l'œuvre de Solon apparaissent avec assez de netteté, et qu'elles soient en somme assez simples, comme on pouvait s'y attendre, étant donnée la date où elle s'accomplit. Mais d'abord un mot sur l'homme, si original, et si parfaitement représentatif des meilleures qualités de l'esprit athénien.

Solon était de naissance illustre, ni très riche, ni très pauvre. C'était un poète et un très grand poète, d'une inspiration religieuse à la fois et raisonnable, d'une éloquence ordinairement sereine, mais capable de véhémence aussi bien que de grâce aimable. La richesse et la pondération de ses facultés se montraient également dans sa conduite. Cet Eupatride, de noble et fine culture, avait l'esprit avisé d'un homme d'affaires et la clairvoyance pratique d'un homme d'État. Il avait aussi le courage d'une honnêteté supérieure. Pour assurer pleinement son indépendance, il fit d'abord le commerce maritime, ce qui accrut sa connaissance des hommes et des choses, et le rapprochait du parti modéré, des gens de la côte, marins et commerçants : il était vraiment l'un des leurs, actif et moderne, étranger aux préjugés étroits de sa caste. Rentré dans sa patrie, il souffrit de voir les dis-

cordes qui l'agitaient et l'impuissance où elle se
débattait vainement. Sa mordante élégie sur Salamine était un éloquent appel au patriotisme et un
effort pour rapprocher les âmes. Dans sa haute
impartialité, il attribuait aux nobles, quoique noble
lui-même, les premiers torts. Dans un poème élé-
giaque, dont il nous reste des fragments, il leur
reprochait leur avidité et leur orgueil. Il les exhor-
tait à la modération, et finissant par se ranger nettement, semble-t-il, du côté de leurs adversaires,
il leur disait : « Car *nous* n'obéirons pas, et *vous-
mêmes* en pâtirez ». Il devint ainsi populaire, sans
être cependant suspect aux nobles, qui appréciaient
son honnêteté, son désintéressement absolu, et ne
pouvaient considérer comme un ennemi cet
homme de leur caste qui n'avait aucune ambition
personnelle. Il fut investi de pleins pouvoirs en
594 et prit les mesures qu'on attendait de lui.

Ces mesures, à interroger simplement les textes,
furent de deux sortes : les unes étaient des mesures
de liquidation, pour ainsi dire, destinées à pourvoir
au plus pressé, en supprimant les souffrances in-
tolérables du présent; les autres avaient pour objet
d'en prévenir le retour, en donnant à la cité des
lois nouvelles. Les unes comme les autres ont un
caractère de décision mesurée et d'humanité clairvoyante qui sont comme la marque même de Solon.

§ 1. — MESURES DE LIQUIDATION

Les mesures transitoires furent très simples et très hardies.

Le mal à guérir d'abord était la situation des paysans, criblés de dettes, réduits à l'esclavage ou à l'exil. Les dettes furent abolies, du moins en partie. C'est ce qu'on appela la σεισάχθεια, c'est-à-dire l'allègement, le dégrèvement. Le terme dont se sert Aristote, χρεῶν ἀποκοπή, ne signifie pas nécessairement une abolition totale des dettes. L'hypothèse d'une simple diminution semble d'ailleurs plus conciliable avec la seconde mesure de Solon, le changement de la monnaie[1].

Une unité monétaire de moindre valeur fut substituée à l'ancienne : la nouvelle drachme attique pesait environ un tiers de moins que celle dont on se servait précédemment. Ce changement ne pouvait avoir tout son effet que si, la valeur nominale restant la même, le paiement des dettes restantes en monnaie nouvelle était considéré comme libératoire[2].

1. Suivant ANDROTION (Plutarque, *Solon*, 15, 4), Solon se serait borné à une réduction des intérêts.
2. Une anecdote, rapportée par Aristote et par Plutarque d'après une source commune, prétend expliquer de la manière suivante la fortune de ceux qu'on appela plus tard à Athènes « les anciens riches » (παλαιόπλουτοι). On disait que des amis de Solon, instruits par lui de son dessein d'abolir les dettes,

De plus, des mesures rétroactives immédiates devaient rendre aux cultivateurs vendus comme esclaves, pour cause de dettes, leur liberté, et aux exilés volontaires le droit de rentrer dans la cité. Cela résulte clairement d'un beau passage des élégies de Solon, qui avait, selon ses propres paroles, « associé harmonieusement la force et la justice » pour ramener en Attique ceux qui en avaient été chassés « soit par la violence, soit par la dureté des lois ».

§ 2. — LOIS POLITIQUES.

Pour empêcher à l'avenir le retour des mêmes maux, Solon établit différentes lois, les unes visant directement les injustices auxquelles il avait dû remédier d'abord, les autres d'un caractère plus général.

C'est ainsi qu'une loi supprima désormais pour

avaient acheté des terres à la hâte sans les payer comptant, puis avaient invoqué la loi nouvelle pour en garder le prix. Des ennemis de la démocratie accusaient même Solon d'avoir trempé dans ces manœuvres malhonnêtes, ce qu'Aristote nie énergiquement. Mais il ne se prononce pas sur le fond de l'anecdote, qui n'est pourtant guère vraisemblable. La réforme de Solon n'avait en vue manifestement que la misère des ἑκτήμοροι, et l'on ne voit pas comment elle aurait pu s'appliquer à la spéculation malhonnête de ses amis. Si ce récit contient une parcelle de vérité, on peut supposer qu'à la suite des lois nouvelles il y eut peut-être des ventes précipitées, profitables aux spéculateurs. Mais on peut aussi n'y voir qu'une invention, destinée à rendre compte d'un fait obscur.

les propriétaires le droit de vendre le débiteur insolvable, ainsi que sa femme et ses enfants.

Il semble, en outre, que Solon ait interdit l'accaparement des terres par les riches au delà d'une certaine étendue, de manière à favoriser le développement de la petite et de la moyenne propriété [1].

Mais, surtout, un vaste ensemble de mesures politiques enlevait la toute-puissance aux Eupatrides, et permettait aux pauvres ou aux demi-pauvres de se défendre à armes égales par des procédés légaux. C'est là ce qu'on appelle la « Constitution de Solon », et ce qui fut comme la charte fondamentale de la démocratie athénienne, charte destinée, en vertu des principes mêmes qu'elle établissait, à faire de nouveaux progrès dans le sens démocratique.

La vieille division de la population en tribus, phratries et familles fut maintenue, mais plutôt

1. ARISTOTE, Polit., p. 1266, B, 17. — Solon parle dans ses vers des « bornes » qui étaient plantées sur la terre esclave et qu'il a arrachées pour la rendre libre. On entend par là, en général, des bornes marquant l'hypothèque prise par le créancier. Mais il ne pouvait y avoir d'hypothèques prises sur le champ d'un ἐκτήμορος, qui n'était pas propriétaire du sol cultivé par lui. Peut-être s'agit-il soit d'hypothèques prises sur la petite propriété, réduite ainsi peu à peu à disparaître, soit de l'usurpation du domaine public. Dans les deux cas, la suppression de ces bornes se rattachait évidemment à une loi contre l'accaparement des terres.

comme un cadre administratif et religieux que comme un élément de puissance politique. Les Eupatrides, chefs des *gentes*, n'ont plus de privilèges politiques en cette qualité. S'ils gardent un rang prééminent, c'est comme riches et non comme nobles.

La constitution de Solon repose, en effet, essentiellement sur cette idée que les droits politiques sont proportionnés à la richesse. C'est là un principe qui peut sembler d'abord assez peu démocratique ; mais il faut songer que la première condition du progrès de la démocratie était que le privilège inaliénable de la naissance fût détruit ; car la richesse n'est qu'un fait, et elle n'est pas attachée d'une manière invariable aux individus ni aux familles. Le privilège accordé à la richesse est une étape universelle et nécessaire entre le privilège de la naissance et l'égalité absolue. Il faut observer, en outre, que la richesse devenait précisément alors, à la fois par l'extension spontanée du commerce et des affaires, et par quelques-unes des lois de Solon lui-même, plus aisément accessibles à de nombreux citoyens ; de sorte que la substitution d'un principe à un autre correspondait en réalité à un progrès vers l'égalité.

Les citoyens, dans la constitution nouvelle, sont partagés en quatre classes, comme ils l'étaient précédemment, suivant Aristote, mais avec cette différence capitale que la hiérarchie des classes va devenir le fondement même du pouvoir politique, et que nul citoyen d'ailleurs, même dénué de toute fortune, ne sera totalement exclu de la participation au gouvernement. La fortune recensée, comme nous l'avons dit plus haut, semble avoir été essentiellement territoriale, et cela seul suffisait à maintenir au premier rang les Eupatrides, qui avaient encore le monopole de la grande propriété. Mais d'autres pouvaient y accéder, et l'avantage même d'être riche imposait dès lors plus de charges qu'il ne conférait de puissance souveraine.

Les trois premières classes fournissaient seules les magistrats supérieurs, et l'importance des magistratures tirées de chacune d'elles était graduée selon l'échelle des fortunes. Ces classes fournissaient aussi les cavaliers et les hoplites. Mais les *thètes*, c'est-à-dire les citoyens pauvres ou peu aisés qui formaient la quatrième classe, entraient pour la première fois dans la cité avec des droits réels et effectifs, destinés à s'accroître en vertu même du nombre de ceux qui en étaient investis. Ils prepaient part à l'*assemblée* (ἐκκλησία) et siégeaient dans les tribunaux. L'importance de ces deux droits était capitale. Dans l'assemblée, où l'on votait par tête, et où le dernier mot était dit sur toutes les grandes affaires, les pauvres étaient la majorité,

c'est-à-dire la vraie puissance. Au tribunal, ils
étaient les arbitres de la fortune, de l'honneur, de
l'existence de tous les citoyens, Eupatrides ou simples paysans. Selon la forte parole d'Aristote, quand
le peuple est maître des jugements, il est maître
de la cité[1].

Dans l'organisation des magistratures et des
conseils de la cité, on trouvait le même art de
combiner des tendances franchement démocratiques avec le respect des traditions.

Les archontes étaient maintenus. Mais au lieu
d'être choisis par un Aréopage aristocratique, ils
étaient élus par le peuple sur des listes préparées
par le choix des tribus[2]. Leur rôle, en outre,
tendait à devenir surtout administratif. Comme
juges, ils étaient bridés par l'appel au tribunal
populaire; comme pouvoir politique, par l'assemblée du peuple.

L'Aréopage lui-même était transformé. Au lieu
d'être une assemblée d'Eupatrides, il devenait un
grand-conseil formé des archontes sortis de charge.
Ses pouvoirs restaient d'ailleurs assez vagues,
moitié moraux, moitié judiciaires, ce qui lui per-

---

1. *Const. Ath.*, 9, 2.
2. ARISTOTE dit (*Const. Ath.*, 8, 1) qu'ils étaient *tirés au sort*
parmi les candidats inscrits sur ces listes (10 par tribu). Or
il affirme plus loin (22, 5) que les archontes étaient *élus* avant
la réforme du vᵉ siècle. Mais cette affirmation ne paraît s'appliquer qu'à la période qui suit 510.

mit, à certaines époques, d'exercer une action plus ou moins considérable. Ce qui ne varia jamais, c'est le respect religieux que son antiquité vénérable et la haute dignité de ses membres lui assuraient.

A côté de l'Aréopage, les prytanes des naucrares subsistèrent aussi, avec des attributions surtout financières.

Un conseil nouveau fut établi, celui des Quatre-Cents (cent membres par tribu, élus probablement), qui paraît avoir eu pour rôle, comme le Conseil des Cinq-Cents qui lui succéda, de régler les affaires courantes d'ordre politique et de préparer le travail de l'assemblée du peuple.

Les vieux tribunaux, consacrés par la religion, furent maintenus, mais leurs attributions furent entièrement changées. On leur laissa certaines causes criminelles que des scrupules religieux ne permettaient pas de leur enlever, mais on leur ôta toutes les affaires, privées ou publiques, qui constituaient la vie même de la cité, et on confia le jugement de celles-ci à de nouveaux tribunaux populaires, dont les juges étaient probablement élus par les tribus et certainement pris dans l'ensemble des quatre classes. L'ensemble de ces tribunaux constitua l'*Héliée* ou tribunal des Héliastes, qui ne devait pas tarder à devenir un des principaux rouages de la vie publique athé-

nienne. Tous les témoignages anciens rapportent à
Solon l'origine des Héliastes, et nous n'avons pas
le droit de rejeter cette tradition unanime. Mais
cela ne veut pas dire que les Héliastes de Solon
fussent pareils à ceux du v⁰ siècle : Solon a posé
le principe d'un tribunal démocratique, mais il
est évident que les réformes de Clisthène et les
progrès de la vie politique ont donné à ce tribunal, au vᵉ siècle, un grand nombre de ses traits
les plus apparents et les plus connus.

Malgré les innombrables problèmes, aujourd'hui
insolubles, que soulève le détail de cette organisation, il est aisé de voir que Solon fit dans la
cité une véritable révolution, de caractère nettement démocratique. La naissance perdait ses privilèges. Le nombre se faisait sa place, la première déjà, dans la vie publique.

Et cependant, cette révolution était modérée à
bien des égards. Le maintien des vieux cadres
religieux, l'influence laissée à la richesse territoriale, le respect des anciennes formes en tant
qu'elles n'étaient pas oppressives, la place donnée
à l'élection, c'est-à-dire au choix raisonné, dans la
constitution des pouvoirs publics, faisaient de cette
démocratie un régime mixte et tempéré.

Ce caractère de pondération prudente était si
évident que tous les partis extrêmes furent déçus
et mécontents. Les pauvres, dit Aristote, avaient

compté sur un partage des terres, les nobles avaient espéré que Solon leur rendrait leur ancienne puissance.

Au lieu de ces solutions violentes, une nouvelle cité apparaissait, où tous les intérêts légitimes étaient conciliés, et où les voies étaient ouvertes à de futurs progrès. Solon avait raison de dire, dans de beaux vers conservés par Aristote :

> J'ai donné au peuple le pouvoir qui convenait, sans attenter à sa dignité ni l'étendre à l'excès. Quant à ceux qui détenaient la puissance et brillaient par leurs richesses, j'ai pris soin qu'ils ne souffrissent rien non plus qui fût contraire à l'équité. Sur les uns comme sur les autres, j'ai étendu l'abri d'un bouclier puissant, et je n'ai permis à aucun des deux partis de triompher contrairement à la justice.

Ou encore :

> J'ai écrit mes lois pour le pauvre et pour le riche, fixant à chacun une règle droite et juste...
> Entre les deux fronts de bataille, je me suis tenu comme une borne infranchissable.

C'était trop beau pour devenir immédiatement une réalité. En fait, la Constitution de Solon avait surtout établi des principes, tracé un modèle idéal qui ne devait plus s'effacer de l'esprit des hommes raisonnables, et qui, embelli plus tard par l'éloignement, devait apparaître aux penseurs du ve et du ive siècle comme le plus pur produit de la raison démocratique pondérée, comme une des plus nobles fleurs de la civilisation athé-

nienne. Mais elle ne fut guère appliquée. Presque
aussitôt, malgré les précautions prises par le législateur pour assurer le succès de son œuvre, —
serments des magistrats, effacement volontaire de
sa personne, — les dissensions recommencèrent.
Les nobles ne voulaient pas renoncer à leurs privilèges ni le peuple à ses chimères. Les esprits
n'étaient pas mûrs pour la paix sociale.

La conséquence de ces faits était facile à prévoir. Pisistrate mit tout le monde d'accord en
s'emparant du pouvoir, et le rêve, un instant
entrevu, d'une cité à la fois libre et disciplinée, se
dissipa brusquement, pour ne reprendre sa force
efficace que longtemps après, sous une forme
d'ailleurs assez différente.

§ 2. — LOIS CIVILES ET CRIMINELLES

A côté de ces lois politiques, Solon avait rédigé
un ensemble de lois civiles et criminelles qui
réglaient les relations des personnes et la répres-
sion des délits. Nous les connaissons mal, et il
n'est pas douteux que l'on n'ait attribué parfois à
Solon beaucoup de lois postérieures. Le nom de
Solon devint vite, comme celui d'Homère, une
sorte de nom collectif, auquel on rapportait une
foule de créations dans lesquelles on croyait
reconnaître, avec une haute antiquité, les traits

dominants qui caractérisaient son œuvre. Mais le caractère général, du moins, n'en est pas douteux, et quelques lois importantes suffisent à le révéler.

Le code de Dracon était abrogé, sauf en ce qui concernait les homicides. Un esprit tout nouveau pénétrait le code de Solon. Pour la première fois, Athènes reconnaissait dans sa législation ce sentiment d'humanité (φιλανθρωπία) dont elle fut toujours fière, et avec grande raison. Elle y reconnaissait aussi une raison libérale où elle démêlait justement le principe essentiel de la démocratie.

L'esprit de clan cédait la place à l'esprit de famille et à l'individualisme. Solon défendait la famille naturelle contre la tyrannie du γένος par la liberté de tester donnée au père[1]; il protégeait la fortune de cette famille par les lois sur la dot des héritières[2]; il voulait que le père s'occupât de l'éducation de ses enfants[3]; il encourageait l'activité des individus par la pratique de l'industrie et du commerce[4], qui devait les affranchir des grands propriétaires fonciers en même temps qu'elle suppléait à la pauvreté du sol de l'Attique; il voulait attirer les travailleurs et les gens de métier par

1. PLUTARQUE, *Solon*, 21, 2.
2. *Ibid.*, 20, 2.
3. *Ibid.*, 22, 1.
4. *Ibid.*, 22, 3.

des lois sur les métèques[1]; il réglait les importations et les exportations[2].

C'étaient là, sans aucun doute, de grandes transformations, et d'un caractère tout moderne. Bien qu'elles tiennent moins de place que les lois politiques proprement dites dans les études des historiens, elles n'ont pas eu sans doute moins d'importance réelle et d'efficacité durable ; car elles préparaient ou consolidaient un nouvel état social, et, moins directement liées que les autres aux formes changeantes de la Constitution, elles pouvaient opérer avec une continuité silencieuse et féconde, même en cas de révolution.

Mais revenons à Pisistrate et à la suppression momentanée de la Constitution solonienne.

III. — Pisistrate.

La domination de Pisistrate, bien qu'elle ait interrompu, en fait, l'essor des réformes de Solon, ne fut cependant pas, pour l'évolution de la démocratie, une période aussi négligeable qu'on pourrait le croire. Si la Constitution fut suspendue en fait, elle ne fut pas formellement abrogée : Pisistrate semble avoir voulu plutôt l'adapter habilement à ses propres fins en occupant les magis-

1. PLUTARQUE, *Solon*, 24, 2.
2. *Ibid.* 21, 1,

tratures par lui-même ou par les siens. D'autre part, les lois civiles et criminelles subsistèrent, et par elles l'esprit de Solon continua d'agir. Enfin, par certains caractères de son gouvernement, Pisistrate se trouva être un auxiliaire des idées nouvelles.

Au moment où il prit le pouvoir, trois partis divisaient Athènes : les gens de la plaine, groupés sous Lycurgue, étaient favorables à l'aristocratie; les gens de la côte, avec Mégaclès, étaient des modérés; les gens de la montagne étaient des démocrates : or, ils avaient pour chef Pisistrate. C'est donc comme représentant des revendications populaires et comme ennemi des Eupatrides que Pisistrate arrive à la domination absolue. Devenu tyran, il reste démocrate, et ses deux exils sont des épisodes de la lutte qui se poursuit entre lui et ses anciens adversaires. Au pouvoir, en effet, il est doux au petit peuple, ami des paysans, soucieux de favoriser l'agriculture. Il fit quelques bonnes lois, dans l'esprit de Solon, notamment pour la protection des orphelins dont les pères avaient été tués à la guerre. Il gouverna, comme dit Aristote, plutôt en citoyen qu'en tyran. Par la sagesse de son administration, il aidait le peuple à sortir de la misère, et préparait ainsi à la démocratie du siècle suivant cette classe de paysans propriétaires qui fut une des forces d'Athènes.

En même temps, les Eupatrides étaient forcés d'obéir. Leur ancienne puissance avait disparu : ce n'était plus qu'un souvenir qui reculait chaque jour plus loin dans le passé. De nouvelles habitudes, germe d'une nouvelle tradition, se formaient. L'affranchissement politique des pauvres à l'égard des riches, voulu et décrété par Solon[1], devenait une réalité. Tous les habitants de l'Attique, maintenus sous le niveau commun du pouvoir absolu, se trouvaient plus près les uns des autres et le peuple s'habituait à l'égalité. Les nobles même n'en voulaient pas trop à Pisistrate de cette situation : sa bonne grâce personnelle avait fini par les conquérir.

Les intérêts moraux de la démocratie n'étaient pas non plus négligés. Pisistrate fut, comme d'autres tyrans de la même époque, un ami des lettres et des arts, mais il le fut dans un esprit plus démocratique que les autres. Il ne garda pas pour lui seul l'éclat des fêtes poétiques et musicales. Simple de mœurs et débonnaire (φιλάνθρωπος), il n'eut ni cour fastueuse ni luxe d'aucune sorte. C'est la cité qu'il voulut embellir par l'éclat des lettres et des arts. Il ne construisit pour lui-même aucun palais, mais il bâtit sur l'Acropole, avant Périclès, un magnifique temple à Athéna. Il institua ou développa les Panathénées. Il y ajouta des

1. *Const. Ath.*, 16, 3.

concours littéraires et musicaux. C'est aux Panathénées, semble-t-il, que les poèmes homériques
furent alors pour la première fois récités dans leur
ensemble. La célèbre commission qui fut chargée
de recueillir et de classer les poèmes homériques
a dû son origine à cette pensée de Pisistrate. Il
favorisa aussi les débuts du drame, et la tradition
le met en relations personnelles avec Thespis.
Rien, dans tout cela, d'étroitement égoïste, comme
les fêtes d'un tyran de Samos ou de Corinthe. C'est
pour le peuple que toute cette beauté est créée, et
c'est le peuple qui en profite, non seulement par
le plaisir qu'il y prend pendant quelques heures,
mais aussi et surtout par la culture profonde et
délicate qu'il en reçoit. On peut dire que Pisistrate, en faisant ainsi l'éducation populaire, a été
plus démocrate que bien d'autres qui n'ont su que
flatter la foule.

Pour toutes ces raisons, il faut considérer le
gouvernement de Pisistrate comme une période
de transition et de préparation assez favorable
en somme aux progrès ultérieurs de la démocratie. Les réformes de Solon, malgré leur modération
relative, constituaient une révolution trop profonde pour qu'elles pussent s'établir sans secousses.
Les discussions qui se produisirent alors pouvaient
aboutir à un retour momentané du gouvernement
des Eupatrides. Il est heureux pour la démocratie

que Pisistrate, en prenant le pouvoir, ait permis au temps de consolider certains des résultats entrevus plutôt que réalisés par Solon, et il y a lui-même travaillé de la manière la plus intelligente.

Ce furent ses fils qui gâtèrent tout. Malgré des qualités brillantes ou aimables, ils ne surent pas éviter certains excès qui provoquèrent des conspirations. Le pouvoir, entre leurs mains, devint plus rigoureux. La tyrannie apparut à tous comme un fardeau insupportable, et, en 510, avec l'aide des Lacédémoniens, elle fut renversée définitivement.

Après l'expulsion des tyrans, les partis se retrouvèrent en présence les uns des autres. L'aristocratie essaya un vigoureux retour offensif et fut appuyée dans cette tentative par le roi de Sparte Cléomène. Mais le peuple l'emporta enfin, et l'Alcméonide Clisthène, chef du parti démocratique, s'occupa de régler le nouvel état de choses. Il le fit avec une hardiesse et une netteté de vues remarquables. Reprenant l'œuvre au point où Solon l'avait laissée, il la porta d'un seul coup presque au terme.

IV. — Réformes de Clisthène.

L'ennemi, l'Eupatride, était toujours redoutable, on venait d'en avoir la preuve. Il possédait tou-

jours dans les tribus et dans les γένη une
influence prépondérante, appuyée à la fois sur la
religion, sur une tradition immémoriale et sur la
richesse. On ne pouvait lui arracher brutalement
ses richesses. Il fallait au moins le déraciner de
son groupe, lui enlever ses clients trop fidèles,
briser les vieux moules, brouiller et repétrir cette
masse de la population qui n'arrivait pas à se
soustraire aux influences héréditaires. Au lieu des
quatre anciennes tribus, il y en eut dix nouvelles.
Clisthène préféra le chiffre de dix à celui de douze,
afin d'éviter toute coïncidence possible avec les
douze anciennes trittyes ou phratries [1]. Les dèmes
furent groupés en nouvelles trittyes au nombre de
trente : dix pour la ville, dix pour le rivage, dix
pour l'intérieur du pays. Chaque groupe de dix
trittyes en fournit une pour former une tribu; de
sorte que chacune des dix tribus était composée de
dèmes éloignés les uns des autres, sans lien historique ni politique. Le dème devint l'unité administrative essentielle et remplaça les naucraries
dans leurs attributions. Chaque citoyen fut désigné
par le nom de son père et de son dème, ce qui
ôtait encore à la tribu un peu de son importance.
Il semble en outre que cette réforme dut faciliter
l'entrée dans la cité de nouveaux citoyens, pris

1. *Const. Ath.*, 21, 3.

parmi les métèques et les étrangers[1]. Les γένη et les phratries subsistèrent, mais uniquement pour l'accomplissement des cérémonies religieuses traditionnelles.

Une question délicate était celle des noms à donner à tous ces nouveaux groupements. Comment déposséder sans impiété les anciens héros éponymes des tribus? Et comment choisir les noms des nouveaux éponymes pour les tribus et pour les dèmes? L'oracle de Delphes facilita la chose : les Alcméonides lui avaient rendu jadis de grands services et l'Alcméonide Clisthène était en faveur auprès du dieu. La Pythie collabora donc à cette œuvre de transformation égalitaire et rationaliste.

On voit l'extraordinaire hardiesse de ce remaniement qui bouleversait toute la structure politique et religieuse de l'Attique. Clisthène fit une œuvre tout à fait analogue à celle de la Révolution française, supprimant les provinces et créant les départements : des deux côtés, c'est la même volonté de fortifier l'unité collective par la destruction des groupements locaux traditionnels, et la même manière de substituer les créations de la raison abstraite à celles de l'histoire. Ajoutons que des deux côtés le succès fut également définitif.

La question des Eupatrides ainsi réglée, restait

1. Aristote, *Polit.*, p. 1275, B, 36.

celle des tentatives possibles de tyrannie. Les fils
de Pisistrate avaient été exilés, mais non leurs
proches; car le peuple athénien répugnait aux
mesures de rigueur. Contre leurs menées possibles, et celles de leurs imitateurs, on établit
l'ostracisme, qui s'éloigna peu à peu de sa première
destination, sans cesser pourtant d'être une arme
essentiellement politique et d'un usage excep-
tionnel. On sait d'ailleurs qu'il tomba en désuétude avant la fin du v° siècle.

La réforme des tribus entraîna celle du Conseil
des Quatre-Cents, qui fut porté à cinq cents
membres, cinquante par tribu. Il en fut de même
de l'organisation des Prytanies pour la direction
de l'assemblée. Rien d'essentiel d'ailleurs ne fut
changé aux lois de Solon en ce qui concerne les
attributions de l'Assemblée, ou celles de l'Aréopage,
ou celles des tribunaux et des magistrats.

Quelques années plus tard (en 487), une autre
réforme importante fut introduite dans le mode de
nomination des archontes : au lieu de les élire, on
les désigna par le sort[1]. On ne sait si Clisthène fut
pour quelque chose dans ce changement. Mais l'intention n'en paraît pas douteuse : c'était une suite
de sa politique. Il s'agissait évidemment de com-

---

1. *Const. Ath.*, 22, 5. — Au sujet de l'indication donnée
précédemment (8, 1), et qui semble en contradiction avec celle-
ci, v. plus haut, p. 50, n. 2.

battre encore l'influence des nobles en rendant toute brigue impossible. Nous aurons du reste à revenir sur la signification de ce tirage au sort, qui a été l'objet d'interprétations différentes. Notons seulement dès à présent que, par suite de cette réforme, le polémarque, qui était encore, en 490, du temps de la bataille de Marathon, le général en chef de l'armée athénienne, cessa d'être un commandant pour devenir un administrateur, et que ses pouvoirs passèrent aux stratèges[1].

L'effet produit par les réformes de Clisthène a été marqué par Hérodote à deux reprises avec force. Athènes, déjà puissante, devint plus puissante encore[2]. L'enthousiasme de la liberté saisit tous les citoyens et les éleva au-dessus d'eux-mêmes en leur inspirant une ardeur de patriotisme toute nouvelle. Quand se produisit, une quinzaine d'années après les grandes réformes, la terrible tourmente des guerres médiques, les âmes étaient à la hauteur des circonstances, et chacun, heureux de combattre pour sa propre liberté et non pour un tyran, se montra prêt à tous les sacrifices[3]. Aristote lui-même, peu suspect d'une tendresse exagérée pour la démocratie

1. L'affirmation d'Aristote (22, 2) est plus précise et certainement plus exacte que celle d'Hérodote (VI, 109).

2. V. 66.

3. *Ibid.*, 78.

pure, convient volontiers qu'après Clisthène, et pendant une trentaine d'années encore, le gouvernement d'Athènes fut digne d'éloges[1].

V. — Successeurs de Clisthène.

Les années qui suivirent les guerres médiques furent une période de transition dans l'évolution démocratique. Le danger avait rapproché les cœurs. On rappela les bannis. Des Eupatrides, comme Miltiade et Cimon, s'étaient montrés patriotes. Le peuple reconnaissait pour chefs Thémistocle et Aristide, qui portaient l'un, dans les affaires du dehors, sa clairvoyance, l'autre, dans les affaires intérieures, son honnêteté. L'Aréopage, par son énergie au moment de la grande crise nationale, avait accru son influence à tel point que ses pouvoirs avaient peu à peu grandi, et que, sans confirmation officielle, mais en fait et par une action toute morale, il était devenu le premier conseil de la cité.

Les choses changèrent peu à peu à mesure que s'éloignait le souvenir de Marathon et de Salamine, et l'évolution reprit son cours. Mais il ne faut plus s'attendre à trouver ici des réformes d'ensemble analogues aux précédentes : l'essentiel est fait ; il ne s'agit plus que de mesures particulières, allant

1. *Const. Ath.*, 23, 2

toutes, il est vrai, dans le même sens et amenant la constitution à la forme qui devait ensuite régner presque sans changement durant un siècle et demi.

Ce fut d'abord une transformation plutôt sociale que politique, mais de grande importance. Les guerres médiques avaient mis la marine en grand honneur; or, la marine était plus démocratique que l'armée, car elle se recrutait surtout dans la dernière classe. La « multitude des gens de mer » (ναυτικὸς ὄχλος) devint très forte. Elle grandit encore par la constitution de la confédération de Délos, formé par l'alliance des îles et des cités maritimes sous la présidence d'Athènes, pour la guerre contre les barbares : Athènes devenait peu à peu la capitale d'un empire maritime. Aristide lui-même, l'organisateur de la confédération, tira de cette situation nouvelle des conséquences hardies que l'on ne soupçonnait pas avant la découverte récente du traité d'Aristote sur la *Constitution Athénienne* : comme l'argent affluait dans le trésor et que le maintien de la confédération exigeait une activité politique toute nouvelle, il fut le premier à pousser les Athéniens, jusque-là surtout agriculteurs, à habiter de préférence la ville, où les fonctions nécessaires à l'administration d'un grand empire leur assuraient des moyens d'existence. Plus de dix mille citoyens, dit Aristote, comme magistrats, comme membres des Conseils, comme juges, comme délégués, vécurent désormais aux frais du trésor public; et il en fait le compte[1]. Une population urbaine est toujours moins routinière, moins conservatrice qu'une population agricole.

De plus, la guerre continuelle épuisait les classes riches, qui formaient la majeure partie de l'armée. Les conséquences de ce fait ne devaient pas tarder à se faire sentir.

La lutte contre la prépondérance de l'Aréopage en donne le signal. Dès 463, Éphialte, à l'instigation de Thémistocle, entreprend de retirer à l'Aréopage toutes les attributions qu'il s'est peu à peu arrogées. On les partage entre le Conseil des Cinq-Cents, l'Assemblée et les tribunaux. On le réduit lui-même à un rôle très limité.

Six ans plus tard, on décida que les archontes, pris jusque-là dans les deux premières classes, pourraient être pris aussi parmi les zeugites[2].

Vers le même temps, Périclès entre en scène, et de nouvelles mesures démocratiques sont votées aussitôt. L'Aréopage est encore amoindri. Puis le salaire des juges est fixé à une obole par jour : d'où il résulta, selon la remarque d'Aristote, que

1. 24, 3. Il anticipe d'ailleurs un peu, car le salaire des juges ne fut établi que par Périclès.
2. ARISTOTE, *Const. Ath.*, 25 et 26, 2.

ces fonctions furent plus recherchées par les pauvres et moins par les riches[1].

Ce sont là, comme on le voit, des mesures de détail. Si Périclès tient une grande place parmi les chefs de la démocratie au v° siècle, c'est moins par ses réformes que par sa politique générale, par la direction donnée aux affaires publiques. Mais tout cela n'a pas de rapport avec l'organisation même d'Athènes et nous n'avons pas à en parler pour le moment. Nous n'avons qu'à constater une fois de plus que l'ère des grandes réformes est close parce que l'on est allé déjà aussi loin que possible dans la voie de la démocratie.

Il faut en dire autant pour toute la période qui suit, jusqu'à la fin de l'indépendance athénienne. L'aristocratie, toujours hostile, est à l'affût des circonstances qui peuvent lui permettre de détruire un régime abhorré. Par deux fois elle y réussit, en 411 et en 404. Mais ce ne sont là que des épisodes sans lendemain, rendus possibles par un concours d'événements exceptionnels. Dès lors, elle est vaincue sans retour, et, au siècle suivant, elle n'a plus d'existence politique. Isocrate peut dire que si l'on veut la trouver encore, il faut aller la chercher dans les tombeaux du Céramique. Ce qui subsiste, c'est une classe riche, distincte des anciens Eupatrides, et qui souvent joue un grand rôle

1. 27, 4.

dans la cité, par exemple au temps d'Eubule. Mais cette classe n'est plus qu'un des éléments constitutifs de la vie normale de la cité. Si Démosthène affirme encore, à propos de Midias et de ses amis, que les riches sont au-dessus des lois et se croient tout permis, les violences qu'il leur reproche sont des faits individuels, accidentels, qui ne touchent qu'indirectement à l'organisation politique de la cité. Il n'y a plus, à proprement parler, de parti aristocratique. Il y a seulement, dans la démocratie, deux tendances opposées, l'une plus avancée, l'autre plus conservatrice, mais dont la plus grande hardiesse, en fait de théories politiques, ne va guère qu'à réclamer le retour à la politique de Solon, considérée comme l'âge d'or du gouvernement athénien.

Dans cet état de choses, le parti démocratique proprement dit, devenu le maître incontesté d'Athènes, n'a plus à modifier la constitution dans son fond. Il se borne à des changements de détail, assez peu intéressants. C'est ainsi que Cléophon, au vᵉ siècle, porte le salaire des juges à deux oboles, et un de ses successeurs à trois oboles[1]; que le salaire des ecclésiastes fut successivement d'une, puis deux, puis trois oboles, et d'une drachme pour les assemblées extraordinaires; que certaines charges nouvelles sont créées par Eubule

1. *Const. Ath.*, 41, 3, et 62, 2.

pour une meilleure administration des finances, on
que Démosthène fait prévaloir une organisation
des symmories qui facilite l'entretien de la flotte.

Ce qui est plus important à signaler, c'est la
tendance constante de l'assemblée à étendre ses
pouvoirs, selon l'instinct naturel de tous les orga-
nismes politiques prépondérants. On saisit la
preuve de cette tendance dans certains faits particuliers comme la création de la procédure d'accusation dite εἰσαγγελία, ou dans les empiètements
par lesquels les « décrets » (ψηψίσματα), théoriquement applicables aux circonstances particulières, se substituent parfois à la « loi » (νόμος),
qui a une portée générale. Mais il n'y a pas lieu
d'insister ici davantage sur une tendance qui est
en dehors de l'organisation politique positive. Elle
se traduit moins par des réformes précises que par
une certaine manière de mettre en œuvre la constitution existante. Elle se rapporte à l'esprit du
gouvernement plus qu'à la lettre des institutions.
Bornons-nous donc à la signaler, sans en dissimuler
d'ailleurs l'importance.

VI. — Conclusion.

Nous sommes arrivés au terme de cette revue
sommaire. Nous avons vu Athènes, gouvernée
d'abord par des rois, puis par des Eupatrides, pas-

ser de la constitution de Solon à celle de Clisthène
après l'interruption produite par Pisistrate, et dès
lors solidement installée (sauf deux accidents éphémères) dans un régime démocratique dont les traits
essentiels ne se modifient que légèrement au cours
de deux siècles. Cette évolution s'est faite avec une
suite logique et une rapidité tout à fait caractéristiques. Nous avons vu comment des causes économiques, sociales, politiques l'avaient déterminée.
Mais nous avons vu aussi que la hardiesse sereine
d'un Solon, la décision vigoureuse d'un Clisthène,
la fermeté d'un Périclès (sans parler des Thémistocle et des Aristide) avaient permis à ces causes
d'agir pleinement. Ajoutons une fois de plus que
tous ces esprits supérieurs personnifiaient en somme
l'esprit même d'Athènes, et que si leurs vues
n'avaient trouvé, dans l'intelligence et dans la
conscience de leurs concitoyens, l'appui nécessaire,
il en eut été d'Athènes comme de tant d'autres
villes, où les mêmes causes n'ont produit que des
malaises et des agitations sans résultat.

La chute rapide des Eupatrides, tout-puissants
au vii⁰ siècle, est un phénomène frappant, surtout
si on le compare à la longue résistance de l'aristocratie romaine. Ils étaient riches, ils détenaient
la plus grande partie du sol; ils avaient le pouvoir
politique et l'autorité religieuse. Et cependant ils
se sentent obligés d'accepter l'arbitrage de Solon.

Ils ont beau rester ensuite sur la défensive, c'en est fait de leur prépondérance; ils sont vaincus définitivement. D'où vient une chute si rapide? Elle tient évidemment à bien des causes. La plus importante fut peut-être l'accroissement de la classe des μέτοι et la formation d'une nouvelle source de richesses par le développement du commerce maritime. Il faut dire aussi qu'Athènes ne vivait pas à cette époque dans un état de guerre perpétuelle qui aidât les nobles à maintenir leur autorité par l'exercice du pouvoir militaire. La grande puissance militaire du vi° siècle était Sparte. Athènes, moins continentale et plus maritime, tendait à se tourner vers la mer et à faire du commerce. Elle n'était pas alors une cité de conquête et de combat. Elle ne le devint que plus tard, par sa flotte. Sa civilisation tendait spontanément vers le négoce et vers la paix plutôt que vers la guerre et la puissance militaire. Mais les causes psychologiques ont dû avoir aussi une grande influence. Le peuple d'Athènes, bien que dévot, n'était pas emprisonné comme le Romain dans les chaînes d'une religion superstitieuse et omnipotente. Il était raisonneur, individualiste, profondément égalitaire, assez libre envers les traditions, que ses poètes eux-mêmes lui apprenaient à modifier au gré de ses idées propres. Les nobles, de leur côté, n'avaient probablement pas entre eux cette cohésion disciplinée qui est si remarquable dans l'aristocratie romaine. Eux aussi sont des Grecs et des Athéniens, à l'imagination vive, à l'esprit individualiste. Solon et Pisistrate, leurs adversaires, sortent de leurs rangs. Leur domination pouvait bien être oppressive et dure pour le peuple, mais elle n'avait probablement pas la fermeté méthodique de la domination des patriciens. L'Aréopage n'est pas le Sénat. Ces brillants Eupatrides voient leur puissance s'évanouir comme une ombre. Il est évident que le terrain était préparé pour la démocratie, alors même que les formes extérieures du gouvernement et de la société en paraissaient encore le plus éloignées. Une fois en route, le progrès marche avec une rapidité surprenante. On arrive très vite au terme.

Et maintenant, considérant les institutions démocratiques athéniennes dans leur état définitif, essayons d'en analyser les traits essentiels.

CHAPITRE II

La constitution démocratique d'Athènes.

I. — La Constitution.

La constitution athénienne est démocratique
jusqu'à l'extrême, jusqu'au paradoxe : en deux
mots, le peuple exerce sa souveraineté directement,
et les magistrats sont le plus souvent désignés par
le tirage au sort. D'autre part, elle comporte des
restrictions à l'égalité, plus théoriques que pratiques, il est vrai, mais curieuses cependant.
Voyons le détail.

§ 1. — OBSERVATIONS PRÉLIMINAIRES.

La cité (πόλις) ne comprend pas tous les habitants de l'Attique : elle ne comprend que les *citoyens*

proprement dits (πολῖται). Sont citoyens, ceux
des habitants de l'Attique qui sont fils d'un père
citoyen lui-même et d'une mère athénienne. La
qualité de citoyen s'établit par l'inscription du
jeune homme, à dix-huit ans, sur un registre de
son dème, le « registre du tirage au sort pour les
charges » (ληξιαρχικὸν γραμματεῖον). Pendant deux
ans encore, il fait une sorte de stage dans
l'éphébie, en servant comme περίπολος, c'est-à-
dire comme membre de la milice. A vingt ans, il
possède la plénitude de ses droits civils et politiques. Il peut prendre part à l'Assemblée, y parler
et y voter, être appelé aux magistratures et aux
diverses fonctions du citoyen. Sur ce point, cependant, deux réserves doivent être faites : un minimum d'âge plus élevé était exigé pour certaines
charges. De plus, pour avoir accès aux magistratures supérieures, il fallait appartenir aux premières classes, c'est-à-dire être relativement riche.
De même pour servir comme cavalier et comme
hoplite. Telle est, du moins, la loi. Mais la loi
elle-même, nous l'avons vu, s'est élargie en ce qui
concerne la désignation des archontes. En fait,
l'égalité paraît avoir été à peu près complète : on
en vint, dans l'examen préalable des archontes
(δοκιμασία) à ne plus leur demander à quelle
classe ils appartenaient, afin de pouvoir appeler à
l'archontat même des citoyens tout à fait pau-

vres[1]. Quant à figurer parmi les cavaliers et les hoplites, c'était une charge autant qu'un honneur, et certains citoyens dissimulaient leur fortune pour s'y dérober[2]. En revanche, on enrôla plus d'une fois parmi les hoplites des citoyens sans aucune fortune, en cas de nécessité. Les conditions d'âge requises pour certaines magistratures étaient assez sévères; mais, comme elles étaient les mêmes pour tous, l'égalité civique ne s'en trouvait pas atteinte.

Les citoyens, il est vrai, ne formaient qu'une partie de la cité : à côté d'eux il y avait les métèques, les affranchis, les esclaves, et le nombre en était considérable. Il est impossible de fixer ce nombre avec précision, d'autant plus qu'il paraît avoir beaucoup varié selon les temps, par suite des circonstances économiques. Mais il est certain qu'il était au moins égal à celui des citoyens, peut-être même à certaines époques, fort supérieur. D'où résulte qu'on a souvent dit que la prétendue démocratie athénienne était en réalité une aristocratie, fort différente des démocraties modernes. Il y a, dans cette affirmation, un peu de vérité et beaucoup d'erreur. Si l'on veut dire que la population

---

1. ARISTOTE (*Const. Ath.*, 45, 3) donne la formule complète de la δοκιμασία, mais il indique ailleurs (26, 2 et surtout 47, 1) que la loi fut quelquefois violée.

2. ISÉE, p. 7, 39.

de l'Attique, dans son ensemble, ne formait pas une démocratie au sens moderne du mot, on a raison. Il est très vrai aussi que l'existence des esclaves diminuait le nombre des citoyens pauvres, et rendait ainsi plus facile à résoudre le problème du prolétariat. Les esclaves, nourris par leurs maîtres, pourvus du minimum indispensable à la vie, ne grossissent pas les rangs des pauvres, et sont en dehors de la cité. Ils n'ont ni revendications à présenter, ni droits à faire valoir. Ils n'ont d'ailleurs jamais été assez nombreux ni assez organisés pour menacer l'État d'une guerre civile, comme à Rome. L'existence de l'esclavage modifie donc certains problèmes, au moins dans la forme. Mais si l'on en conclut que la démocratie athénienne proprement dite, celle des citoyens, offrait des caractères absolument différents des démocraties modernes, on a tort : car il y avait, dans cette démocratie comme dans les nôtres, des riches et des pauvres, des aristocrates et des roturiers, des hommes plus cultivés et d'autres qui l'étaient moins ; de sorte que les difficultés qui s'offraient à elle ressemblaient beaucoup, au fond, à celles que nous avons aujourd'hui à résoudre. Toutes les querelles de la politique intérieure, à Athènes, reposent essentiellement sur l'opposition des riches et des pauvres. Les conflits politiques sont de véritables luttes de classes, et le gouvernement de l'État par la foule.

par le *démos*, provoque alors les mêmes objections que dans nos sociétés.

Une différence beaucoup plus importante entre Athènes et les États modernes est celle qui vient du peu d'étendue de la cité et du nombre restreint des citoyens. Athènes était, au milieu du v⁺ siècle, la plus grande ville du monde grec[1]; mais ce n'était pas une très grande ville au sens moderne du mot. Le territoire de l'Attique n'a jamais compté plus de cent cinquante à deux cent mille habitants, en dehors des métèques et des esclaves[2]. La ville elle-même en comptait peut-être le tiers ou le quart. Cela paraissait déjà excessif à la plupart des philosophes politiques de l'antiquité : Aristote dit quelque

1. THUCYDIDE, I, 80, 3.
2. Au début de la guerre de Péloponèse, il y a environ 30.000 hoplites et cavaliers, c'est-à-dire 30.000 citoyens de 20 à 50 ans appartenant aux trois premières classes. Le nombre des hommes plus âgés ou plus jeunes étant à peu près égal, cela donne une population mâle de soixante mille hommes environ pour les trois classes. Les marins en service étaient parfois au nombre de vingt à trente mille, sur lesquels, il est vrai, il y avait des métèques et même des esclaves. Le nombre des citoyens de la dernière classe ne peut donc être déterminé avec précision. Il devait être considérable, parce que le cens des hoplites représentait déjà une certaine fortune. En l'évaluant à une vingtaine de mille d'individus mâles, on arrive à un total général de quatre-vingt mille hommes environ, ce qui donne, avec les femmes, un chiffre à peu près double. Pour le chiffre des hoplites, cf. THUC., II, 13, 6-7. Pour le chiffre des marins, cf. ID. VI, 31, 2-3, où est indiquée la force de certaines grandes escadres.

part qu'on ne peut pas plus faire une cité avec dix citoyens qu'avec cent mille[1]. En comparaison de nos États modernes, c'est peu de chose, et ce fait a une grande importance, car le jeu des institutions ne peut s'expliquer que par là. L'Attique est assez petite pour que les campagnards puissent à certains jours venir à l'Agora et au Pnyx, comme nos paysans vont au marché de la ville voisine. On s'y connaît plus ou moins. On sait les parents, la fortune, la réputation de chacun. C'est quelquefois un avantage : c'est aussi un inconvénient; les commérages avaient beau jeu dans ce petit monde curieux et bavard, et les querelles de personnes ne pouvaient manquer d'y être fréquentes et vives.

Une partie de l'activité des citoyens se dépensait dans les dèmes. Mais ceux-ci ne possédaient guère que des attributions municipales et religieuses. Les tribus n'avaient qu'une existence assez artificielle. La véritable vie politique était concentrée dans la cité proprement dite et s'exerçait à Athènes.

§ 2. — LES ASSEMBLÉES.

Deux grandes assemblées étaient les ressorts principaux de l'activité politique : le Conseil des Cinq-Cents (βουλή) et l'Assemblée du peuple

1. *Morale*, p. 1170, B, 32.

(ἐχχλησία), l'un comme organe de direction extérieure et de préparation, l'autre essentiellement
souveraine.

Le Conseil des Cinq-Cents est formé par le tirage
au sort, à raison de cent membres par tribu. Il se
divise en dix prytanies, qui forment successivement, chacune pendant trente-quatre ou trente-
cinq jours, le bureau du Conseil; un épistate ou
président, pris dans la prytanie en exercice, et
neuf proèdres, pris dans les neuf autres, dirigent
les opérations du Conseil. L'épistate n'est en fonc-
tion que pendant un jour et il tire au sort le nom
du proèdre qui lui succédera. Le bureau du Conseil
est aussi celui de l'Assemblée du peuple. Le Conseil étudie les questions qui doivent être soumises
à l'Assemblée, prépare les projets de décrets
(προβουλεύματα) et arrête l'ordre du jour. Il a en
outre des attributions de surveillance et de contrôle
sur toute l'administration. Il fait subir la δοχιμασία
aux futurs archontes et aux futurs membres du
Conseil. Il reçoit le compte rendu des principaux
magistrats sortants. Il juge aussi certaines affaires,
sauf appel aux tribunaux. Il est comme la section
permanente de l'Assemblée.

Nous rencontrons ici, dans la constitution du
Conseil, ce principe du tirage au sort, qui va revenir à chaque instant dans le jeu des institutions
athéniennes. A quelle pensée du législateur répon-

dait-il? Fustel de Coulanges a étudié la question à
propos de la nomination des archontes. Il a sou-
tenu cette thèse que le tirage au sort n'était pas,
pour les Athéniens comme pour nous, un moyen
de remettre le choix de l'élu au simple hasard,
mais que la voix du sort, pour ce peuple religieux,
était la voix même de la divinité. On trouve, en
effet, dans les *Lois* de Platon, des phrases où une
idée de ce genre est plus ou moins indiquée [1]; et
l'on sait que la Fortune était honorée par les Athéniens comme une divinité. Mais il ne faut pas être
dupe des mots. Platon lui-même s'exprime avec
beaucoup de réserve, et Aristote, à maintes reprises,
considère l'élection comme un procédé aristocratique (au sens étymologique du mot), parce qu'elle
favorise les meilleurs, tandis que le tirage au sort
lui apparaît comme essentiellement démocratique,
parce qu'il établit l'égalité des chances entre tous
les citoyens. Il n'est pas douteux que ce ne fût là
le fond de la pensée des Athéniens, et que l'idée
de l'action divine ne tînt dans leur conception du
tirage au sort une place beaucoup moins grande
que celle de l'égalité. Il suffit, pour s'en convaincre,
de réfléchir à deux choses : d'abord, si les Athéniens avaient eu dans cette intervention des dieux
une confiance entière, il est évident qu'ils eussent
trouvé avantageux de s'en remettre aussi aux dieux

1. Livre V, ch. 5 ; p. 757, E.

du soin de faire les désignations pour les charges qui exigeaient les qualités les plus importantes et les plus rares ; or, c'est le contraire qui arriva : on tira au sort les archontes, qui n'exerçaient plus que des fonctions administratives faciles à remplir, mais on élut toujours les stratèges, qui devaient commander l'armée et la flotte. Au temps de la bataille de Marathon (490), l'archonte polémarque commande encore l'armée avec les stratèges : c'est qu'il est élu comme eux. A partir du moment où il fut désigné par le sort (487), il cessa d'exercer le commandement et fut réduit à des fonctions administratives. On élut même, plus tard, certains magistrats financiers dont on attendait une compétence spéciale. On désigna toujours aussi par la voie de l'élection les ambassadeurs et différentes sortes de délégués temporaires dont les fonctions exigeaient des aptitudes particulières.

D'autre part, cet emploi du tirage au sort n'a pris toute son extension qu'avec Clisthène, dont les réformes, on l'a vu plus haut, ont le caractère le plus nettement égalitaire et rationaliste. Il est donc parfaitement certain que ce procédé était une nouvelle arme, dirigée contre les Eupatrides. Le sort supprimait radicalement les influences personnelles. Il rendait impossibles les brigues, si fortes à Rome. Devant l'urne du tirage, tous les citoyens étaient égaux. Quant aux fraudes propre-

ment dites, pour les éviter, on élargissait la cir-
conscription, qui était en général la tribu et non le
dème. La tribu, morcelée géographiquement, échap-
pait mieux aux entreprises des ambitieux[1]. Ainsi les
vainqueurs du tirage n'avaient pas à payer de services électoraux. Le tirage au sort était d'ailleurs
toujours accompagné d'un examen préalable (δοκιμασία) qui écartait les indignes.

Un autre trait remarquable dans l'organisation
du Conseil mérite aussi d'être relevé, parce qu'il
se retrouve partout dans la constitution athénienne :
c'est l'extrême division des pouvoirs, et la brièveté
de leur durée. On a vu, par exemple, que les fonctions de l'épistate, les plus élevées de toutes, puisqu'il préside le Conseil et l'Assemblée du peuple,
ne durent qu'un jour. Cela exclut évidemment toute
acquisition d'expérience personnelle, tout avantage
donné au mérite ; mais le fantôme de la tyrannie
hante toujours les imaginations, et rien ne paraît
plus dangereux que la longue durée ou l'accu-
mulation des pouvoirs. Cette division du pouvoir
flatte en outre la passion de l'égalité : chacun arrive
à son tour, et presque tout le monde finit par
goûter aux honneurs.

A l'expiration de son année d'exercice, le Con-

---

1. *Const Ath.* 62, 1. Cette règle cependant ne s'appliquait
pas aux membres du Conseil, trop nombreux évidemment pour
que la fraude fût dangereuse.

seil rend des comptes, et s'il est approuvé par l'Assemblée, on lui décerne des éloges. Encore un principe essentiel de la démocratie athénienne : tout détenteur d'une parcelle quelconque de l'autorité publique doit, en sortant de charge, rendre compte au peuple ou à ses délégués.

L'Assemblée du peuple (ἐκκλησία) est le pouvoir souverain. Théoriquement, elle comprend la totalité des citoyens au-dessus de vingt ans ; en fait, elle est plus ou moins nombreuse selon l'empressement que chacun met à remplir son devoir. A certains jours, elle peut comprendre plusieurs milliers d'hommes, puisque le total des citoyens au-dessus de vingt ans paraît avoir été, au milieu du ve siècle, d'au moins trente ou quarante mille. Mais beaucoup, les deux tiers peut-être, n'habitaient pas la ville et n'y venaient que dans les grandes circonstances. D'autres servaient sur la flotte ou dans l'armée. D'autres encore étaient occupés ailleurs ou indifférents. Quand les débats étaient importants, on accourait en foule ; à d'autres jours, il ne venait presque personne, et certains en profitaient pour faire prendre subrepticement des décisions favorables à leurs vues[1]. On comprend que les habitants de la ville et du Pirée, les paresseux et les flâneurs, sans compter les intrigants, devaient y assister plus souvent que les citoyens laborieux

1. Dém., *Couronne*, § 149, Cf. Aristophane, *Acharn.*, 598.

et que les habitants d'Éleusis ou de Marathon, ne fût-ce que pour toucher le salaire légal. On voit aussi que, dans tous les cas, l'Assemblée était fort différente de nos Parlements : c'était un véritable *meeting* populaire, tenu en plein air, et soumis nécessairement à ces grands courants d'opinion qui entraînent toutes les réunions de ce genre.

En principe, cependant, la souveraineté de l'Assemblée était contenue dans de sages limites. Elle ne pouvait délibérer que sur les projets de décrets qui lui étaient soumis par le Conseil; elle avait le droit de les modifier par des amendements, mais ne devait pas sortir de l'ordre du jour. Elle rendait des décrets (ψηφίσματα) applicables aux cas particuliers, mais elle n'avait pas le droit de faire des lois proprement dites sans se soumettre à une procédure assez longue et compliquée, qui était une garantie de prudence et de maturité. Elle donnait des avis préalables dans certaines causes criminelles spécifiées par la loi, mais elle ne devait pas étendre arbitrairement sa compétence. Toute mesure illégale votée par l'Assemblée pouvait entraîner contre l'auteur de la proposition une accusation d'illégalité (γραφὴ παρανόμων) qui était soumise aux tribunaux. C'étaient là des garanties assez sérieuses. On voit pourtant, à plus d'une reprise, l'Assemblée outrepasser son droit strict, par exemple dans le procès des géné-

raux qui avaient combattu aux Arginuses, et l'extrême fréquence des « accusations d'illégalité »
montre aussi que l'Assemblée, souveraine en droit
et irresponsable en fait, avait une tendance assez
naturelle à s'affranchir des utiles contraintes qui lui
étaient imposées par la loi. C'est le contraire, à vrai
dire, qui serait surprenant. Jusqu'où cet abus fut-
il poussé ? A en croire Aristote, les décrets avaient
fini par se substituer aux lois, et la démocratie
serait ainsi devenue une sorte de tyrannie à mille
têtes[1]. Notons cependant qu'Aristote, dans ce passage, ne nomme pas Athènes. Il songe à elle évidemment, mais il présente un tableau théorique et
général, et il serait excessif d'en appliquer tous
les traits à la réalité athénienne. Il suffira de dire
et de reconnaître que les abus signalés par lui
étaient dans la logique des choses et qu'ils ont dû
se réaliser souvent.

Chaque réunion de l'Assemblée s'ouvrait par
une cérémonie religieuse. Le greffier lisait ensuite
l'ordre du jour et le projet de décret préparé par
le Conseil sur la première question à résoudre.
Puis le héraut prononçait les paroles consacrées :
« Qui veut parler, parmi les citoyens âgés de plus
de cinquante ans ? » La discussion se trouvait
ouverte. A l'origine, c'étaient les plus âgés, comme
on le voit par cette formule, qui avaient le droit

1. *Politique*, p. 1292, B.

de parler les premiers. Plus tard, cette règle tomba
en désuétude, et Eschine se plaint au début de
son discours contre Ctésiphon que le bon ordre
dans les discussions ne fut plus qu'un lointain souvenir. Pendant la première partie du ve siècle,
ceux qui prenaient la parole dans les discussions
étaient surtout des citoyens qualifiés par leurs
charges ou par leur autorité personnelle. Plus
tard, il se forma une véritable classe d'orateurs
de profession qui, de plus en plus, eurent le monopole de la tribune, par la supériorité soit de leur
talent, soit de leur audace. Quelques-uns furent
des hommes d'un mérite supérieur ; d'autres se
distinguaient surtout dans les interruptions, dans
l'organisation du tumulte. Car des Assemblées, surtout dans les grandes affaires qui attiraient la
foule, étaient souvent houleuses, agitées par les
passions. Démosthène se plaint de ceux qui font
du bruit (οἱ θορυϐοῦντες) ; il demande sans cesse
qu'on l'écoute jusqu'au bout avant de manifester
une opinion prématurée. On comprend que, dans
ces conditions, la tribune intimidât les profanes.
De plus, lorsque la rhétorique devint un art
enseigné par des maîtres, il fut de plus en plus
difficile au premier venu de commander l'attention
d'une Assemblée nombreuse et sujette à des
impressions vives. L'éloquence politique devint une
carrière où l'on ne put réussir, sauf exception,

qu'en s'y adonnant tout entier[1]. Ainsi se forma
une catégorie de politiciens qui vécurent de leur
métier : ce furent les orateurs (ῥήτορες). Nous
reviendrons tout à l'heure sur leur rôle dans la
vie publique d'Athènes et sur le caractère de leur
action.

§ 3. — LES TRIBUNAUX.

A côté des deux Assemblées délibérantes, les
tribunaux occupent dans la cité une place presque
aussi grande. Athènes est, pour Aristophane, la
cité des juges et des procès. Tous les témoignages
sont d'accord pour nous montrer l'importance
capitale des tribunaux, et il est facile d'en voir
les raisons.

Ne parlons pas de l'Aréopage, qui n'est plus
guère qu'un grand nom, et qui juge dans le recueil-
lement certains procès d'homicide. Il est formé
des archontes sortis de charge et c'est plutôt un
lieu de retraite honorable qu'une puissance dans la
cité.

Nous n'avons pas à nous arrêter davantage sur une
demi-douzaine d'antiques tribunaux, de caractère
traditionnel et religieux, qui jugent en certains
lieux déterminés des affaires spéciales, principalement des variétés d'homicides ou de violences.

1. ARISTOTE, *Polit.*, p. 1305, A, 7-15.

Le tribunal par excellence, le plus démocratique et le plus puissant, celui qui est un des ressorts principaux de la vie athénienne, c'est le tribunal des Héliastes, qui remontait à Solon, et dont la compétence ne cessa de grandir à mesure que la démocratie devenait plus forte et la vie de la cité plus compliquée. Il tirait son nom de l'Héliée, qui était, semble-t-il, une partie de l'Agora, et où il tenait ordinairement ses séances.

Les Héliastes, au nombre de six mille, étaient désignés chaque année par le sort dans l'ensemble des citoyens âgés de plus de trente. ans, à raison de six cents par tribu. Ils prêtaient serment en entrant en charge[1] et touchaient un salaire de trois oboles par jour. Ils étaient répartis en dix sections, de cinq cents membres chacune, qui tantôt jugeaient séparément, tantôt se réunissaient en plus ou moins grand nombre pour prononcer sur les affaires les plus importantes. Les mille héliastes non répartis d'abord étaient employés, selon les besoins, pour remplir les vacances accidentelles. On voit encore, en tout ceci, les traits habituels : tirage au sort, brièveté des fonctions, grand nombre des fonctionnaires. Le même citoyen pouvait d'ailleurs être héliaste à plusieurs reprises[2].

1. Formule de serment dans Démosthène, contre *Timocrate*, p. 746.

2. ARISTOTE, *Polit.*, III, 1, p. 1275, A, 28.

La compétence des Héliastes fut dès l'origine
fort étendue, puisqu'elle embrassait une grande
partie du droit privé et tout le droit public. Mais
elle s'accrut encore, de plusieurs manières :
d'abord par le droit d'appel qui permit de porter
devant les Héliastes beaucoup d'affaires jugées en
première instance par les archontes, par le Conseil
des Cinq Cents ou par d'autres juges ; ensuite par
le droit d'aller directement devant eux pour des
affaires qui autrefois relevaient d'autres tribunaux ;
enfin et surtout peut-être par l'importance sans
cesse croissante des intérêts de toutes sortes,
privés et publics, nationaux et internationaux, qui
se débattaient dans les causes soumises aux
Héliastes. Athènes devenait chaque jour davantage
une grande cité commerçante et industrielle. Elle
gouvernait une vaste confédération de cités sujettes
ou quasi-sujettes. Elle était le théâtre d'une vie
politique intense où les luttes de la tribune abou-
tissaient souvent à des luttes judiciaires. Les procès privés entre Athéniens et confédérés se
jugeaient devant les Héliastes. Les accusations
d'illégalité, qui mettaient aux prises les orateurs
des parties adverses, relevaient également de leur
juridiction. Dans ce monde de commerçants subtils
et de politiciens ardents, les procès étaient inces-
sants. Le tribunal des Héliastes disait ainsi le dernier mot sur tout, sur les intérêts privés et publics

les plus graves comme les plus mesquins, sur
une querelle de mur mitoyen et sur la culpabilité
de Socrate, sur la requête d'un héritier frustré et
sur la lutte tragique qui mettait aux prises la politique d'Eschine et celle de Démosthène. Et ce tribunal tout-puissant, qui prononçait sur le fait et
sur le droit, était, en somme, un vaste jury populaire, que le nombre même des juges rendait plus
semblable à une Assemblée politique qu'à un tribunal moderne. Il est difficile d'imaginer une organisation judiciaire plus complètement identifiée
avec la démocratie elle-même.

§ 4. — LES MAGISTRATURES.

Le même esprit avait présidé à l'organisation
des magistratures. Toutes sont soumises au tirage
au sort, sauf un très petit nombre qui exigent
manifestement des aptitudes particulières. Toutes
sont annuelles, et la plupart ne sont accessibles
qu'une fois. Toutes sont soumises à l'obligation de
rendre des comptes. Presque toutes sont confiées
à des collèges plutôt qu'à des individus. Enfin
elles sont extrêmement nombreuses, ce qui avait
l'avantage de réduire la puissance de chacun,
de faire participer au gouvernement ou à l'administration un plus grand nombre de citoyens, et
probablement aussi de ne pas rendre ces occupations trop absorbantes.   5

Nous n'avons pas à énumérer en détail toutes ces magistratures, dont Aristote donne la liste dans sa *Constitution des Athéniens*[1]. Rappelons seulement que, dans la foule des magistratures assignées par le sort, la première est l'archontat, et que, dans le très petit nombre de celles qui se donnent à l'élection, la principale est la stratégie.

L'archontat, exercé par un collège de neuf membres, est une réunion d'administrateurs plutôt qu'un corps politique. — Le premier de tous, l'éponyme, choisit les chorèges, règle les affaires relatives aux liturgies et à certaines grandes fêtes de la cité; il instruit des affaires judiciaires relatives aux relations des parents et des enfants, aux dots des femmes, aux orphelins et aux veuves, avant de les porter devant les Héliastes. — L'archonte-roi règle aussi des fêtes religieuses et instruit des procès qui touchent à la religion par quelque point. — Le polémarque ne s'occupe guère des choses de la guerre, malgré son nom, que pour instruire des procès relatifs à des délits militaires. — Les thesmothètes, enfin, reçoivent les plaintes relatives aux affaires courantes et les transmettent aux juges. Tous les archontes président les tribunaux dans les affaires qui sont de leur compétence. Réunis en collège, ils tirent les juges au sort. — Les archontes sortis de charge devenaient membres

1. *Const. Ath.*, p. 43, 1.

de l'Aréopage et ne pouvaient plus redevenir archontes.

Les stratèges, au nombre de dix, commandaient l'armée et la flotte. Ils étaient élus à main levée par l'assemblée du peuple. Leur élection était faite pour un an, mais pouvait être renouvelée : l'histoire d'Athènes présente de nombreux exemples de stratèges ainsi continués dans leur charge : l'exemple le plus célèbre est celui de Périclès. Il arrivait souvent qu'un stratège unique commandât une expédition; mais, d'autres fois, le commandement était partagé. Au temps de la bataille de Marathon, tous les stratèges commandaient à tour de rôle, chacun pendant un jour, et Miltiade, qui voulait la bataille contrairement à l'avis de ses collègues, dut attendre son jour de commandement pour l'engager[1]. Les stratèges, élus pour leur mérite personnel, tenaient dans la cité un rang très élevé. Ils étaient presque toujours choisis parmi les citoyens les plus riches, parmi les grands propriétaires fonciers et les descendants des vieilles familles. Leur situation, considérable par elle-même, le devenait plus encore lorsqu'ils étaient en outre des hommes d'Etat, comme il est arrivé souvent au vᵉ siècle : mais nous avons déjà dit que le cas devint ensuite beaucoup plus rare.

1. HÉRODOTE, VI, 109-111.

§ 5. — LES ORATEURS.

Après avoir parlé des magistratures proprement dites, il faut maintenant revenir à cette espèce de magistrature volontaire qui était exercée par les orateurs, et qui, sans aucun caractère officiel, jouait incontestablement le premier rôle dans la vie politique d'Athènes.

L'Assemblée du peuple, souveraine en droit, mais par elle-même incapable de vouloir et d'agir, ne pouvait cesser d'être une foule inconsistante qu'à la condition d'être dirigée : il lui fallait une âme. L'âme de l'assemblée, ce fut l'orateur, c'est-à-dire l'homme de tête et de parole qui montait à la tribune avec une proposition ferme qu'on pût discuter et voter, et qui était capable de l'expliquer, de la défendre, de la faire triompher. Que cet homme fût stratège ou simple citoyen, s'il faisait adopter son projet de décret, il devenait pour un moment la voix même de la cité. Fort souvent, d'ailleurs, son succès ne se bornait pas là : s'il s'agissait d'envoyer une ambassade à l'étranger, on le désignait comme ambassadeur, le premier de la liste. S'il s'agissait d'une mesure militaire, il pouvait arriver qu'on le nommât stratège. S'il avait souvent du succès dans l'assemblée, il devenait, selon le mot de Démosthène, le « conseiller du peuple », un conseiller habituel et comme attitré,

dont l'autorité allait grandissant : c'était une sorte
de premier ministre de la démocratie. Lors même
qu'il lui arrivait d'être vaincu, s'il avait pourtant
réuni autour de lui une forte minorité, il pouvait
devenir comme le « leader » de l'opposition et
attendre le jour où un nouveau courant d'opinion
lui donnerait l'influence détenue par un rival.
Autour des chefs, des grands premiers rôles,
d'autres se groupaient, des lieutenants. Chaque
opinion importante avait son personnel d'orateurs, son équipe d'hommes d'État. Les partis
s'organisaient spontanément, sous la direction
de leurs orateurs. Il y avait même un mot
dans la langue politique pour désigner cette primauté de l'orateur chef de parti : c'était celui de
προστάτης. Aristote nous donne la succession des
προστάται du peuple et de l'aristocratie depuis
Clisthène jusqu'à Périclès. On pourrait la conti-
nuer presque sans interruption jusqu'à la fin de
l'indépendance athénienne. Cette succession, qui
n'est pas officielle, est aussi régulière qu'une
liste d'archontes : c'est une suite de ministères. La
démocratie avait constitué de la sorte, en dehors
des cadres de la constitution, par le seul jeu
des forces vivantes, une nouvelle espèce de magistrature, qui compte, en somme, tous les plus
grands noms de l'histoire d'Athènes, depuis Thémistocle et Aristide jusqu'à Démosthène. Là, nul

examen préalable, nulle élection, nul tirage au sort. La désignation se fait d'elle-même, par la persuasion subie et acceptée. Rien de plus démocratique en un sens, puisque tout citoyen peut avoir accès à la direction des affaires : mais rien de moins égalitaire au fond, puisque le succès dépend du talent. Que ce succès fût toujours de bon aloi, c'est une autre question, que nous n'avons pas à examiner pour l'instant. Il suffisait de signaler cette correction si simple et si importante apportée par la nature des choses à l'égalité du tirage au sort. En réalité, on ne désigne par le sort que les magistratures pour lesquelles suffit une dose moyenne de bon sens et d'honnêteté, ce minimum de « justice » que Protagoras croyait avoir été réparti par Zeus entre tous les hommes civilisés. Quand une charge exigeait des aptitudes spéciales, on en désignait le titulaire au choix. Quand l'influence à exercer était de premier ordre, la cité ne donnait pas d'investiture proprement dite : elle se bornait à accorder sa confiance, qu'elle restait toujours libre de retirer.

§ 6. — ARMÉE; MARINE; FINANCES.

Une cité n'a pas seulement besoin de magistrats et de chefs : il lui faut des outils de différentes sortes, une armée, une marine, des revenus.

L'armée athénienne se composait de tous les
citoyens en âge de porter les armes (de 20 à
50 ans). Ils étaient inscrits sur une liste (κατάλογος)
où l'on puisait par rang d'âge, selon les besoins.
Les citoyens des trois classes supérieures servaient dans les hoplites, sauf un petit nombre
de jeunes gens riches qui formaient la cavalerie.
Les citoyens de la dernière classe servaient ordinairement dans les troupes légères. L'armée athénienne pouvait mettre en ligne, au milieu du
ve siècle, 30.000 hoplites[1]. Il va de soi que les
effectifs ne comprenaient pas, d'ordinaire, un chiffre
d'hommes aussi considérable, et que les armées
étaient complétées par des troupes légères et par
des alliés. Bien qu'Athènes ne prétendît pas au
premier rang comme puissance militaire continentale (on reconnaissait ce rang à Sparte), son
armée formait une grande force. C'était, à vrai
dire, une milice plutôt qu'une armée professionnelle, à la différence de l'armée spartiate qui
s'exerçait continuellement. Mais il ne faut pas
oublier que les jeunes gens de 18 à 20 ans, avant
d'être inscrits sur les listes de l'armée régulière,
avaient subi un entraînement de deux ans, et
qu'ils entraient dans les hoplites après une complète initiation. L'Athénien, d'ailleurs, était intelligent et courageux, avec un vif amour de la

1. Thuc., II, 13, 2-3 et 8.

gloire : sous un bon chef, il se battait à merveille. Ce qui paraît lui avoir quelquefois manqué, c'est la discipline et la ténacité. Un amusant plaidoyer de Démosthène (*contre Conon*) nous montre un léger désordre se produisant dans une garnison de l'Attique à la suite de libations trop abondantes, et le stratège lui-même employant son éloquence pour mettre fin à une scène qui n'aurait pas dû, semble-t-il, retenir, à ce point, l'attention d'un officier du premier rang. L'intelligence souple des Athéniens leur donnait une supériorité marquée sur les Spartiates dans l'art des sièges : ils avaien porté assez loin l'art de l'ingénieur, tandis que leurs rivaux étaient arrêtés par la moindre bicoque.

On comprend que les guerres continuelles qui remplissent le v⁰ siècle aient durement éprouvé l'armée athénienne, et notamment les classes riches qui formaient les hoplites[1]. Aussi, après la guerre du Péloponèse, les cadres de l'armée furent de moins en moins remplis. On prit l'habitude de payer des mercenaires. Au temps de Démosthène, c'était une affaire que de lever deux mille hoplites : personne ne voulait servir. L'armée, alors, au lieu d'être nationale, devint comme extérieure à la cité, à tel point que certains même de ses chefs étaient plutôt de véritables condottieri que des stratèges athéniens. Mais cet excès, à vrai dire,

1. ARISTOTE, *Polit.*, 1303, A, 7-10.

n'appartient qu'à la dernière période de l'histoire d'Athènes.

Si l'armée d'Athènes était bonne, sa marine était tout à fait supérieure. Les Athéniens avaient toujours été marins. Leur flotte sauva leur indépendance au temps des guerres médiques. Plus tard elle assura leur hégémonie.

Rester les maîtres de la mer était pour eux, depuis Thémistocle, un axiome de leur politique, et, de fait, leur hégémonie ne fut ébranlée qu'au moment où leurs rivaux commencèrent à devenir capables d'armer de grandes flottes et de les conduire à la victoire : ce sont les défaites navales des Athéniens qui entraînèrent la défaite de leurs armées. Aussi leurs trières de combat étaient-elles nombreuses et bien armées. Le port de Phalère et celui du Pirée en contenaient des centaines prêtes à prendre la mer. Les chantiers de Munychie étaient sans cesse en activité. Sur chaque trière, on embarquait de nombreux rameurs (environ cent quatre-vingts), pris parmi les citoyens de la dernière classe et les métèques, quelquefois parmi les esclaves. Chacune, en outre, portait une vingtaine de combattants. Les capitaines expérimentés ne manquaient pas. Sous un stratège comme Phormion, la flotte était invincible par sa supériorité manœuvrière et par sa tactique. Fière des succès de sa flotte, Athènes avait pour elle une vraie prédilec-

tion; et les marins, à leur tour, conscients de leurs
services, très influents par leur nombre dans des
Assemblées où l'on votait par tête, formaient, depuis la bataille de Salamine, un des éléments principaux de la démocratie. Tous les témoignages
sont d'accord sur l'importance prise peu à peu par
la population maritime dans le gouvernement de
la cité. Or, cette population était formée des citoyens les plus pauvres. Les excès de la démocratie athénienne sont toujours attribués par les
anciens à cette prépondérance des marins, du
ναυτικὸς ὄχλος, tandis que réserver le pouvoir aux
hoplites est synonyme d'établir un gouvernement
de réaction modérée.

Une flotte puissante, une armée dont les soldats
s'entretenaient eux-mêmes, il est vrai, mais
recevaient une solde, des magistrats nombreux et
salariés, des tribunaux et des Assemblées qui
touchaient aussi une paie pour remplir leurs fonctions, tout cela, sans compter les dépenses énormes
des fêtes religieuses et des travaux publics, exigeait
des revenus considérables. Le problème financier
était, pour Athènes, d'un intérêt vital, et fut parfois
difficile à résoudre. Car c'était un principe que les
citoyens devaient être libres dans leurs propriétés
comme dans leurs personnes : l'impôt direct leur
semblait une atteinte à la propriété. La dîme
autrefois établie par Pisistrate avait laissé un sou-

venir odieux : on la regardait comme un impôt
de tyrannie. Il fallait cependant de l'argent, et
beaucoup d'argent, pour subvenir aux besoins du
trésor. Où le trouver?

D'abord, l'État était propriétaire. Il possédait
des terres et des maisons, qu'il louait. Il possédait
surtout les mines d'argent du Laurium, qu'il
affermait à des entrepreneurs, et qui furent longtemps d'un bon profit; au milieu du IVᵉ siècle, il
est vrai, le revenu s'en était amoindri, et Xénophon
s'inquiétait des moyens de le relever.

D'autres sources de revenus fort importantes
étaient les impôts de capitation perçus sur les
métèques et sur les esclaves. Les métèques, fort
nombreux et souvent riches, l'acquittaient eux-
mêmes. Pour les esclaves, c'étaient les propriétaires, qui payaient, par une dérogation évidente
à la règle qui excluait les impôts directs. Au contraire, les impôts indirects étaient d'une pratique
générale. Le principal était le droit du cinquan-
tième perçu sur toutes les marchandises qui
entraient au Pirée. Il y avait aussi des droits de
port, des droits de marché. Dans une ville aussi
commerçante qu'Athènes, ces droits formaient un
total élevé. La perception en était faite par des
entrepreneurs qui en achetaient l'entreprise à un
prix ferme. Ajoutons encore les amendes et confis-
cations, qui tenaient une plus grande place dans le

budget athénien qu'on ne l'imaginerait à première
vue, et certainement une trop grande place.
N'oublions pas non plus le butin fait à la guerre
qui, dans ces temps de luttes incessantes et souvent
cruelles, n'était pas une quantité négligeable.

Mais toutes ces sources de revenus auraient été
insuffisantes si deux autres, très importantes, ne
s'y étaient jointes : d'une part, l'argent des alliés,
ensuite les contributions plus ou moins volontaires
qui pesaient sur les riches.

Bien que la propriété fût en principe exempte
d'impôt direct, l'État avait trouvé plusieurs moyens
de remplir le Trésor aux dépens des riches. Dans
les circonstances graves, on leur demandait des
offrandes volontaires (ἐπιδόσεις) qu'il ne leur était
guère possible de refuser. Plus tard, il y eut même
une sorte de contribution de guerre obligatoire,
l'εἰσφορά, qui n'était pas, à proprement parler, un
impôt direct, en ce qu'elle n'était ni régulière
ni rigoureusement tarifée pour chacun, mais qui
n'en pesait pas moins très lourdement sur les
fortunes privées. Les citoyens riches étaient répartis en 20 *symmories*, à raison de 120 par tribu;
les 300 plus riches (15 par symmorie) faisaient
l'avance de la somme nécessaire, et se faisaient
ensuite rembourser en partie par les moins riches.
La somme demandée paraît avoir été quelquefois
très considérable.

Enfin, une dernière forme d'impôt, non moins lourde, était celle des *liturgies*, c'est-à-dire des « services publics », mis à la charge des citoyens les plus riches. L'État se débarrassait ainsi sur les particuliers de certaines dépenses qu'il eût dû sans cela faire lui-même. Les principales liturgies, mais non les seules, étaient la chorégie et la triérarchie. Un chorège devait entretenir et exercer un chœur soit tragique, soit comique, soit cyclique. Un triérarque devait équiper une trière dont la coque était fournie par l'État. Cette dernière liturgie, en particulier, était si onéreuse qu'on fut souvent obligé de grouper plusieurs triérarques ensemble pour y suffire. Au temps de Démosthène, nous voyons l'organisation des symmories appliquée à l'équipement des trières pour alléger un fardeau devenu intolérable. Mais au siècle précédent, vers les débuts de la guerre du Péloponèse, il y avait, chaque année, quatre cents triérarques sur lesquels seuls pesait toute la dépense. Les chorèges étaient désignés par l'archonte éponyme[1], les triérarques par un des stratèges[2]. Le citoyen désigné pouvait essayer d'éviter cette charge en désignant un autre citoyen comme plus riche. Si celui-ci n'acceptait pas, le premier pouvait exiger l'échange des fortunes (ἀντίδοσις) : d'où beaucoup de procès. La triérarchie

1. *Const. Ath.*, p. 56, 2-3.
2. *Ibid.* p. 61, 2.

était, au vᵉ siècle, un fardeau si lourd que l'aristocrate inconnu, à qui nous devons la *République
d'Athènes* conservée sous le nom de Xénophon, en
attribuait l'institution à la volonté du peuple de
ruiner les riches. Il est pourtant remarquable que
beaucoup de citoyens n'avaient pas pour les liturgies autant d'horreur qu'on pourrait le croire.
L'impôt était lourd, sans doute, mais il flattait
l'orgueil de celui qui le subissait. C'était un honneur autant qu'une charge. Un chorège était le
représentant de sa tribu ; il devenait un personnage quasi-sacré et brillait au premier rang dans
les fêtes ; il tenait à bien faire les choses pour
donner une grande idée de sa fortune et de son
dévouement à la cité. Il en était de même du triérarque, qui allait, parfois, au delà de ses obligations strictes pour faire sa cour au peuple. L'ancien
chorège, l'ancien triérarque qui avait plus tard un
procès (et personne, à Athènes n'était à l'abri de
quelque procès), ne manquait pas d'étaler devant
les Héliastes les liturgies qu'il avait remplies, et
c'était là, probablement, un des meilleurs arguments qu'on pût faire valoir, à en juger par la
place qu'il tient dans les plaidoyers attiques. Il
convient d'ajouter, d'ailleurs, que l'élévation du
taux d'intérêt, dans l'antiquité grecque, permettait
à un citoyen riche de reconstituer assez rapidement
son capital, même largement entamé.

Enfin, en dehors de l'argent que l'État demandait sous tant de formes aux citoyens, il y avait celui que lui apportaient les alliés, et c'était là une très forte part de son revenu total, à peu près la moitié[1]. On sait comment, à la suite des guerres médiques, trois ans après Salamine, Aristide organisa, sous la présidence d'Athènes, une puissante ligue maritime pour la défense de la Grèce contre le Barbare. Les cités alliées devinrent vite sujettes, sauf Chios, Lesbos et Samos, qu'Athènes ménageait pour s'en faire un appui contre les autres, dit Aristote[2]. D'abord, chaque cité avait fourni à la ligue sa part d'argent, de vaisseaux et de combattants. L'argent était déposé à Délos, où se réunissaient périodiquement les délégués de la confédération pour délibérer sur les affaires communes[3]. Les alliés étaient alors vraiment « autonomes ». Mais, plus tard, Athènes leur suggéra l'idée de se libérer du fardeau des contributions en hommes et en vaisseaux moyennant une simple redevance en argent. La redevance, qui avait été d'abord de

1. Xénophon (*Anab.* VII, 1, 27) dit qu'au début de la guerre de Péloponèse les revenus d'Athènes s'élevaient à plus de mille talents. Si l'on défalque de ce chiffre les cinq ou six cents talents que rapportait le tribut des alliés, il reste une somme à peu près égale pour les revenus de source athénienne, non compris, bien entendu, le produit des liturgies.

2. *Const. Ath.*, p. 24, 2.

3. Thuc., I, 96, 2.

460 talents, fut portée à 600 talents[1]. Le trésor commun fut retiré de Délos et déposé à l'Acropole. Près de trois cents villes alimentaient de leur argent le trésor fédéral. Les inscriptions nous donnent les noms et nous font connaître la part contributive du plus grand nombre d'entre elles. Athènes se chargea d'organiser la défense commune : elle arma des flottes immenses, et, en somme, fit honnêtement son office, qui fut couronné d'un plein succès. Quand le Barbare cessa d'être à craindre, l'argent affluant toujours, Périclès constitua une forte réserve, puis dépensa le surplus pour embellir Athènes et pour payer les dépenses particulières de l'Etat athénien. Les alliés n'étaient plus consultés : ils étaient devenus peu à peu de simples sujets, tributaires d'Athènes.

Cela dura ainsi jusque vers la fin de la guerre du Péloponèse. Quand la prise d'Athènes eut mis fin à son empire maritime, cette source de revenus se trouva tarie, et il y eut des années difficiles. Une seconde ligue se forma cependant au bout de quelques années, et l'argent des alliés reparut, pour disparaître définitivement lors de la guerre sociale.

De nouveau, la pénurie se fit sentir dans le trésor, et il fallut toute la prudence d'Eubule, puis toute la fermeté habile de Lycurgue, pour

1. Thuc., et II, 13, 3.

restaurer à peu près les finances d'Athènes. Il est vrai qu'alors la grande politique était finie pour elle. En somme, tout le temps qu'Athènes fut vraiment puissante, elle eut besoin d'un grand afflux de richesses du dehors : toute l'organisation de la démocratie reposait sur un salariat politique si étendu que ses ressources propres suffisaient difficilement aux doubles exigences d'une organisation intérieure coûteuse et d'une politique active au dehors.

§ 7. — CONCLUSION.

On voit le caractère ultra-démocratique de cette constitution : la souveraineté appartient au nombre ; toutes les mesures sont prises pour paralyser l'influence de l'aristocratie ; la richesse, malgré les privilèges théoriques accordés aux trois premières classes, subit plus de charges qu'elle ne possède de droits réels ; une égalité jalouse règne partout. Même cette sorte d'aristocratie, conservatrice des traditions, que forme dans nos sociétés modernes une administration bureaucratique compliquée, n'existe pas ou se réduit au minimum : point de bureaux permanents, point de tradition routinière ; tout est dans un perpétuel mouvement.

Les magistrats sont nombreux, n'ont qu'un pouvoir restreint et ne restent en charge que peu de temps. Les lois se font et se défont avec facilité. Les mesures de circonstances s'improvisent au cours d'une assemblée. Les chefs véritables de la politique, les orateurs, ne sont que la voix éphémère d'une majorité changeante. Il semble qu'une logique inflexible, rationaliste et abstraite, ait tout réglé en vue d'une fin nettement conçue, la souveraineté du grand nombre. Aucun frein ne s'oppose à une évolution constante, non plus qu'aux suggestions momentanées inspirées par les circonstances, par les besoins ou les passions de chaque jour.

Jusqu'à quel point les Athéniens avaient-ils conscience de ce caractère de leurs institutions ? Quel idéal se proposaient-ils ? Et qu'en disaient les contemporains, Athéniens ou Grecs, partisans ou adversaires de la démocratie, penseurs ou hommes d'État ?

II. — L'idéal politique athénien.

Les Athéniens étaient très fiers de leur Constitution. Ils ont célébré sur tous les tons le fondateur de leur démocratie, Solon. Ils ont même voulu donner à leurs institutions des titres de noblesse plus vénérables encore en les rattachant, par delà Solon, jusqu'à Thésée lui-même, à mesure que le roi légendaire du συνοικισμός devenait davan-

tage l'incarnation de la cité, et comme le prototype
de tous ses grands hommes[1]. L'éloge de la Constitution athénienne était un des « lieux-communs »
des oraisons funèbres : orateurs et poètes ont riva-
lisé d'enthousiasme à son sujet. Il est curieux
d'écouter d'abord ce qu'ils en ont dit ; car, en la
louant, ils ont montré sous quel aspect elle apparaissait aux Athéniens, quelle signification on lui
donnait, dans quel esprit on l'interprétait ; bref, à
quel idéal politique de l'âme athénienne elle donnait satisfaction. Ce commentaire des institutions
par la littérature contemporaine est le témoignage
le plus autorisé, sinon sur ce que les Athéniens
ont réellement fait, du moins sur ce qu'ils ont
conçu comme l'objet essentiel de leur activité.

Thucydide est le plus ancien et le plus profond
de ces commentateurs. Dans l'*Oraison funèbre*
qu'il attribue à Périclès, il déclare que la grandeur
d'Athènes vient de ses lois et de ses mœurs : ce
sont elles qui ont créé l'héroïsme des guerriers
dont l'orateur fait l'éloge ; c'est à elles qu'il faut
toujours en revenir pour comprendre l'action
d'Athènes. Suit une merveilleuse analyse du régime et de l'esprit de la cité[2]. Chaque phrase de
ce morceau serait à méditer, car on peut dire sans

1. EURIPIDE, *Suppl.*, p. 352-353 ; ISOCRATE, *Panathen.*, p. 130
et suiv.

2. THUC., II, 37-41.

exagération que tous les orateurs et les écrivains qui ont suivi n'ont fait que développer les indications si profondes et si riches du grand historien politique.

« Nous avons, dit Périclès, une Constitution qui n'est faite sur le modèle d'aucune autre, mais qui est plutôt un modèle pour les autres. » Et, après cette fière déclaration sur le caractère unique, original, vraiment autochtone de la constitution athénienne, l'orateur en signale les traits essentiels.

D'abord, l'égalité absolue entre tous les citoyens. Le gouvernement a pour objet l'intérêt de tous, et non d'une oligarchie. Dans les affaires privées, tous sont égaux devant la loi. Dans le maniement des affaires publiques, ni le rang social, ni la fortune n'ont de privilège : c'est la valeur propre des individus, pauvres ou riches, qui leur assure l'influence. Cette égalité est essentiellement libérale.

Même libéralisme dans la vie journalière des citoyens. Ni la loi ni les mœurs ne surveillent tyranniquement leur activité ou leurs plaisirs.

La loi et les mœurs, libérales en tout ce qui regarde les relations individuelles, ne sont sévères et redoutables que pour assurer l'accomplissement des devoirs publics. Sur ce point, les sanctions légales et celles de l'opinion maintiennent une discipline respectée de tous.

Nulle part la vie n'est plus douce qu'à Athènes. Des fêtes publiques qui se succèdent durant toute l'année, des agréments de toute sorte dans la vie des particuliers, font une diversion salutaire au travail.

La situation d'Athènes et l'étendue de son commerce maritime y font affluer les produits de la terre entière, pour la plus grande commodité de l'existence.

Point d'hostilité jalouse à l'égard des étrangers. Point de préparation mystérieuse à la guerre. Athènes n'a rien à cacher; elle ne gâte pas la paix par la préoccupation incessante des combats futurs. Elle se fie au courage naturel de ses citoyens et se tient toujours prête à agir par sa bonne santé morale, sans tension artificielle et exagérée. En fait, elle est forte à la fois sur la mer et sur la terre, et, quand vient l'heure de l'action, elle n'est ni moins brave ni moins redoutable que ses rivaux.

Grâce à cette conduite intelligente, elle peut s'assurer d'autres supériorités. Athènes aime les arts sans tomber dans le goût du luxe, et elle aime la science sans renoncer à l'action. Elle ne méprise pas la richesse, mais n'en fait pas non plus un frivole sujet d'orgueil : la richesse est à ses yeux un utile instrument d'action, et la pauvreté n'est honteuse que pour qui n'a pas l'énergie d'en triompher.

Aussi la démocratie athénienne est intelligente : à Athènes, le citoyen sait faire à la fois ses propres affaires et celles de la cité. On voit là ce qu'on ne trouve nulle part ailleurs : des hommes laborieux, occupés à un métier, et qui en même temps s'entendent à la politique. Tous sont capables, sinon de concevoir le parti à prendre en chaque occurrence, du moins d'en juger sainement. La parole ne leur semble pas nuisible à l'action : ils redoutent, au contraire, dans les décisions à prendre, l'ignorance non éclairée par la parole. Ailleurs, le courage dans les résolutions vient surtout de l'ignorance des difficultés ; à Athènes, il est accompagné de calcul et de réflexion, et la connaissance des dangers à courir ne l'affaiblit pas, ce qui est la marque des âmes vraiment fortes.

Avec cela, Athènes est généreuse. Elle donne sa bienveillance moins par un calcul égoïste que par un élan désintéressé. Elle prévient ses amis par ses bienfaits au lieu de les attendre, et son amitié n'en est que plus sûre ; car le sentiment de l'obligation contractée envers autrui émousse la reconnaissance.

Bref, Athènes est l'école de la Grèce (παίδευσιν τῆς Ἑλλάδος) : nulle part l'individu n'a plus de souplesse énergique pour se plier avec élégance à la diversité des conjonctures et se montrer au niveau de tous les besoins.

Telle est, aux yeux de Périclès, l'image d'Athènes. Voilà un idéal du démocrate athénien, fort différent, à coup sûr, du tableau pessimiste tracé par les adversaires de la démocratie. J'y relève particulièrement ce qui est dit de la compétence relative du peuple en matière politique et ce magnifique éloge de la parole considérée comme le flambeau indispensable des résolutions sages. C'est là une réponse directe à la plus grave et à la plus constante des objections dirigées contre la démocratie. Qu'il faille en rabattre dans la réalité, ce n'est pas la question pour le moment; il suffit d'indiquer ici que les défenseurs des droits du peuple connaissent l'objection et la repoussent. Je signalerai aussi le caractère profondément libéral attribué à l'égalité démocratique. C'est là un point de première importance : car cette interprétation élimine *a priori* toute déviation de l'égalité dans le sens d'une domination tyrannique de l'État ou d'une oppression sociale des individus, quelle qu'elle soit. L'égalité athénienne, dans la pensée des fondateurs de la démocratie, est essentiellement individualiste et libérale : elle implique la soumission aux lois, mais seulement dans le domaine où la loi doit s'exercer, c'est-à-dire dans l'accomplissement des devoirs civiques indispensables à la vie collective de la cité. En d'autres termes, et pour employer le vocabulaire moderne,

l'esprit dont procède cette égalité n'est ni « éta-
tiste » ni « socialiste ». Encore une fois, nous
n'avons là qu'un idéal, qu'il serait imprudent de
confondre avec la réalité sans autre examen. Il
n'en est pas moins fort important d'écouter, sur ce
grave sujet, l'opinion des plus grands esprits, des
plus vraiment « représentatifs » de la pensée athénienne.

L'idéal ainsi tracé par le Périclès de Thucydide
se retrouve, plus ou moins complet, chez tous les
orateurs qui ont, pendant un siècle encore, montré la route au peuple d'Athènes. D'un bout à
l'autre de cette période qui s'étend jusqu'à la
domination macédonienne, ce sont les mêmes
principes qui sont invoqués, la même confiance
tranquille dans la noblesse de ces principes, qui
s'exprime par la bouche des orateurs. Il serait
fastidieux de suivre pas à pas et dans les détails
cet enseignement de la démocratie par l'éloquence. Il suffira de jalonner la route, pour ainsi
dire, et de montrer par quelques exemples comment
la grande voix de Périclès retentit encore en échos
distincts et puissants dans les discours d'un Isocrate
ou d'un Démosthène, chacun d'ailleurs insistant
de préférence sur l'aspect de cet idéal qui répond
le mieux soit à ses préférences propres, soit à
l'objet particulier de son discours. Car on ne
retrouverait guère un autre exemple de cette syn-

thèse à la fois si condensée et si complète. Mais, quels que soient les points qui attirent spéciale- ment l'attention des orateurs, l'image d'ensemble est toujours la même : c'est celle d'une Athènes égalitaire et libre, intelligente et active, amie des arts et capable de se faire craindre, profondé- ment civilisée par-dessus tout.

Le *Panégyrique* d'Isocrate est, à vrai dire, une longue paraphrase du discours de Périclès. On y rencontre la plupart des idées qui avaient été expri- mées déjà par Thucydide, et quelquefois même des imitations littérales ou très directes. Isocrate, le pacifique, n'est ni un admirateur sans réserve de la réalité contemporaine, ni un partisan de la politique belliqueuse qui avait été celle d'Athènes au temps de Périclès. Il n'en est que plus curieux de rencontrer encore, sous sa plume, les mêmes éloges de principe donnés à la démocratie athé- nienne, à son amour de la liberté, à ses fêtes, à ses exploits militaires, à sa puissance maritime, à son hégémonie dans la Grèce. Mais, s'il vante les guerres médiques et les victoires remportées sur les barbares, il déteste les guerres entre Grecs. Il veut pour Athènes l'hégémonie, mais une hégé- monie fondée sur les services rendus, sur la jus- tice et le respect des droits. Ce qu'il vante par-des- sus tout dans Athènes, c'est son esprit de douceur, c'est le règne de la loi, c'est le goût des choses de

8

l'esprit; c'est, en un mot, tout ce qui fait d'elle la capitale de la Grèce (ἄστυ τῆς Ἑλλάδος)[1]. Ceux qui sont disciples chez elle, sont maîtres partout ailleurs; c'est elle qui a fait du nom de Grec moins la désignation d'une race que le nom même de la civilisation[2]. Et cette primauté d'Athènes est inséparable de sa Constitution politique, car la Constitution est l'âme des États (ψυχὴ πόλεως ἡ πολιτεία)[3]. Non qu'il admire tout dans cette Constitution : il fait des réserves sur le tirage au sort[4]; mais, dans l'ensemble, il la préfère à toutes les autres, et surtout à l'oligarchie, qu'il déteste, et qu'il condamne à maintes reprises.

Démosthène, à la différence d'Isocrate, est plutôt belliqueux. Il sait les dangers qui entourent Athènes et la veut forte avant tout, pour se défendre. Il se méfie des conseillers pusillanimes qui endorment sa vigilance et énervent son courage. Il sait d'ailleurs, à l'occasion, gronder le peuple avec une rudesse affectueuse et lui reprocher ses fautes. Mais il aime, lui aussi, cette démocratie qu'il malmène si souvent. Il sait qu'elle est la source profonde de la grandeur athénienne, et que cette grandeur est faite non seulement de

1. *Antidosis*, p. 299.
2. *Panég.*, p. 50.
3. *Aréop.*, p. 14, et ailleurs encore.
4. *Paix*, p. 14.

force matérielle, mais aussi de force morale. Le caractère des Athéniens n'est pas celui des Thébains ou des Spartiates. Il est noble et humain. Il connaît et pratique le désintéressement. Il aime la beauté des idées généreuses. Le rôle historique d'Athènes est un rôle de dévouement à toutes les grandes causes et spécialement à la liberté grecque. Le peuple d'Athènes est le seul qu'on puisse émouvoir et faire vibrer en lui parlant des droits de la Grèce (τὰ κοινὰ δίκαια τῶν Ἑλλήνων). Il est le seul qui puisse se consoler même de la défaite en songeant qu'il a fait son devoir jusqu'au bout et qu'il est resté fidèle à ses traditions.

Tous ces traits concordent. Tous aboutissent à justifier ce que disait déjà Hérodote, que le peuple athénien avait puisé dans le sentiment de sa liberté politique l'enthousiasme qui lui avait permis de triompher dans les guerres médiques. Tous ajoutent à cette affirmation l'idée d'une grandeur intellectuelle et morale qui était liée directement à l'existence de la liberté politique.

II. — Jugements défavorables des Anciens.

Il ne faudrait pourtant pas croire que cette admiration pour la démocratie athénienne fût générale dans le monde grec. C'est le contraire qui est vrai. Sa nouveauté même choquait toutes les

habitudes d'esprit et toutes les traditions. La
Grèce était habituée depuis des siècles à respecter
Sparte, dont l'image s'oppose à celle d'Athènes
comme une antithèse vivante. Dans l'*Oraison
funèbre* de Thucydide, chaque éloge donné à
Athènes est une critique indirecte de Sparte. Il
était inévitable que non seulement les adversaires
politiques de la démocratie, mais aussi les spectateurs désintéressés, dans une Grèce ainsi formée
au respect de l'idéal spartiate, fussent choqués par
un idéal aussi profondément différent et nouveau.

Au temps même de la guerre du Péloponèse,
c'est-à-dire au moment où Thucydide composait
son *Oraison funèbre*, un aristocrate inconnu, dont
l'ouvrage figure parmi les œuvres de Xénophon,
sous ce titre : *la République athénienne*, faisait
une très curieuse et très pénétrante analyse du
caractère de cette constitution. Comme on pouvait
s'y attendre, il la juge détestable. Le reproche
fondamental qu'il lui adresse, c'est précisément
d'être égalitaire. C'est d'avoir détruit le privilège
des nobles et mis au même rang les inconnus.
C'est d'avoir ainsi donné la prépondérance au
nombre, à ceux qu'il appelle les « méchants »
(πονηροί), et réduit à l'impuissance les « bons »
(χρηστοί). Les « bons », les « méchants », c'est
ainsi qu'on désigne couramment, dans l'aristocratie grecque, les riches et les pauvres, les

nobles et le peuple. Ces expressions, avec leurs synonymes, sont tellement usuelles qu'elles ont fini par entrer dans la langue générale et que tout le monde appelle « gouvernement des meilleurs » (ἀριστοκρατία) le régime qui s'oppose logiquement à la « démocratie ». Les démocrates, cependant, emploient plus volontiers le terme « oligarchie » (gouvernement des moins nombreux), qui exprime le même fait sans y joindre une appréciation offensante pour la majorité des citoyens.

Quoi qu'il en soit, la majorité des citoyens, le nombre, aux yeux de notre aristocrate, est irrémédiablement mauvais, et il en indique très nettement la raison : « C'est dans le peuple qu'il y a le plus d'ignorance, d'indiscipline et de méchanceté ; la pauvreté pousse les hommes aux choses honteuses, en produisant le manque d'éducation et l'ignorance par le défaut d'argent[1] ». Ce reproche, dans la pensée de l'auteur, ne s'applique pas uniquement à la démocratie athénienne : il a une portée plus générale. En fait, c'est l'éternelle critique adressée dans tous les temps à la démocratie par ses adversaires.

Il est certain que l'aristocratie athénienne, dans son ensemble, avait une culture plus raffinée que celle du peuple : elle fréquentait les sophistes et les palestres ; elle avait l'habitude du commande-

1. *Rép. Ath.*, I, 5.

ment. Il est certain aussi que beaucoup d'hommes du peuple étaient grossiers et médiocres. Mais il reste à savoir si la supériorité dont se targuait notre aristocrate était aussi absolue qu'il le croit, et si la culture des classes riches leur donnait à un degré éminent les qualités de bon sens, de dévouement au bien public, de respect des lois, de moralité politique, qui sont le fondement nécessaire de la vie des cités ; et, d'autre part, si la majorité des citoyens en était totalement dépourvue. Or, il s'en faut de beaucoup qu'il en soit ainsi. Quand l'aristocratie athénienne a été souveraine, au vi^e siècle, elle a été cruellement oppressive et tyrannique. Quand elle est devenue un parti d'opposition et de minorité, elle a joué un triste rôle : les conjurés de 411, les trente tyrans de 404 n'ont été, ni par l'intelligence politique, ni par la moralité, des modèles qu'on pût proposer à la démocratie. Les uns et les autres ont laissé un souvenir détestable, même à ceux de leurs amis qui n'étaient pas des fanatiques, et rien, dans leurs actes, ne peut se comparer à la conduite d'un Aristide ou d'un Thrasybule. Il faut donc reconnaître que le reproche général adressé par notre pamphlétaire aux démocrates manque d'autorité dans la bouche d'un représentant du parti le plus violent et le plus sectaire. Quant à la part de vérité qu'il peut contenir, nous la verrons mieux quand nous étu-

dierons la démocratie athénienne en elle-même,
non plus simplement dans son organisation extérieure, mais dans ses habitudes de pensée et
d'action.

Il est plus intéressant d'écouter notre aristocrate dans celles de ses observations qui ont un
caractère plus objectif et qui, parfois, se tournent
en éloges involontaires.

Bien qu'il accuse la démocratie d'ignorance et
de grossièreté, il lui reconnaît une grande intelligence pour le mal, ou du moins pour le maintien
de sa domination propre et la satisfaction de ses
intérêts. Il montre à merveille comment toutes les
institutions sont combinées en vue de cette fin. Il
y a là, sur l'organisation des tribunaux, sur les rapports avec les alliés, sur les fêtes publiques, sur le
commerce, une foule d'observations très ingénieuses
et très pénétrantes. Elles sont même trop ingénieuses, en ce qu'elles rapportent tout à un dessein
prémédité qui n'a pu exister à ce degré: il y a moins
de calcul dans les choses humaines. Mais un
observateur aussi clairvoyant ne pouvait manquer
d'accumuler les vérités intéressantes. Quelques-
unes, peu favorables à la démocratie athénienne,
sont à retenir, malgré l'intention générale malveil-
lante, parce qu'elles sont confirmées d'autre part:
notamment ce qu'il dit sur la vénalité de certains
magistrats ou orateurs. D'autres, favorables au

peuple, tirent une valeur particulière du dessein
antidémocratique de l'ouvrage. Par exemple, à
propos du nombre des juges, qu'on trouvait souvent excessif, il fait remarquer que ce nombre
les mettait plus à l'abri des intrigues et de la
vénalité. Ailleurs, parlant de l'espoir que les aristocrates peuvent fonder sur le mécontentement
des citoyens frappés d'*atimie*, c'est-à-dire privés
de leurs droits par jugement, il fait remarquer
que cet espoir est fragile, parce que les condamnations de ce genre sont rarement injustes, et il
rend ainsi, sans y penser, un éclatant hommage
à cette démocratie qu'il n'aime pas.

Quoi qu'il en soit d'ailleurs de ses critiques, le
caractère essentiel de la constitution athénienne
est marqué avec la clairvoyance d'une intelligence
politique très vive, rendue encore plus pénétrante
par la haine.

Mêmes critiques à peu près et mêmes constata-
tions chez les philosophes, avec les nuances qui
tiennent à la conception que chacun se fait de
l'État et à son tour d'esprit particulier.

Nous ne connaissons l'opinion de Socrate qu'indirectement par quelques mots que lui attribue
Xénophon. Mais il n'est pas douteux que le père
de l'intellectualisme, qui liait la vertu au savoir,
et qui ne trouvait de savoir véritable que dans la
dialectique, dut éprouver quelque mépris pour

ces assemblées politiques, formées, comme il le dit quelque part, de foulons, de cordonniers, de maçons, de forgerons, de paysans, de petits marchands, de gens qui ne songent qu'à vendre cher ce qu'ils ont acheté bon marché, en un mot de tout ce qu'il y a dans la cité de plus inintelligent et de plus misérable[1].

Aux yeux de Platon, les Athéniens sont d'aimables fous. On sait quel était son idéal de gouvernement : une caste de magistrats et de guerriers, formés par une éducation philosophique très complète, vivant à part dans la communauté des femmes et des biens, et gouvernant, du haut de leur sagesse, la foule des ignorants et des travailleurs. La République athénienne, qui n'assure nulle place d'honneur au philosophe, qui donne à de grossiers matelots les mêmes droits qu'à un Socrate, lui paraît une étrange absurdité. Le bel ordre qu'il veut voir régner partout, dans les âmes individuelles comme dans les cités, par le règne de l'intelligence gouvernant les passions nobles et les passions inférieures, cette harmonie du char symbolique où le cocher νοῦς (la raison) dirige les coursiers θυμός et ἐπιθυμία (le courage et le désir), il n'en trouve nulle trace à Athènes. Le gouvernement athénien est une anarchie d'ignorance et de grossièreté où la philosophie n'a pas

1. *Mémor.*, III, 7, 5-6.

de place[1]. Le peuple est affranchi de toute crainte à l'égard des lois[2]. Même dans les choses de l'art et de l'éducation, comme au théâtre, ce ne sont pas les juges compétents qui ont le dernier mot : c'est la foule qui règne seule et ses opinions font loi[3]. L'égalité démocratique est le comble de la déraison ; la liberté sans mesure aboutit à l'anarchie, et celle-ci aboutit fatalement à la tyrannie[4]. — Et cependant, si le théoricien, chez Platon, est impitoyable et absolu, l'artiste, l'homme de goût, se laisse aller à de merveilleuses inconséquences. Il en est de ses jugements sur Athènes comme de ceux qu'il prononce sur Homère : il chasse Homère de la République, mais il l'adore. Il trouve Athènes insensée, mais il est épris d'elle. Il exprime quelque part son admiration pour Périclès, qui fut pourtant un grand démocrate[5]. Il reconnaît que l'Athènes des guerres médiques s'est montrée capable de discipline volontaire et de dévouement[6]. Cette tendresse invincible pour la cité absurde et charmante s'exprime délicieusement dans les paroles qu'il prête au Lacédémonien Mégillos, un des personnages du dialogue des

1. *Rép.*, p. 492, B-C ; 496, C-E.
2. *Lois*, p. 699, C.
3. *Lois*, p. 701, A (sur la *théatrocratie*).
4. Voir tout le Livre VIII de la *Rép.*, surtout p. 556 et suiv.
5. *Phèdre*, p. 269, E.
6. *Lois*, p. 698.

Lois[1]. Celui-ci est proxène des Athéniens à Sparte, par tradition de famille, et il doit à cette hérédité une sympathie persistante pour les Athéniens. Il les défend contre ses propres concitoyens quand ceux-ci les attaquent. « Votre langage, dit-il, sonne doucement à mes oreilles, et ce qu'on dit communément des Athéniens que, quand ils sont bons, ils le sont plus que les autres, me semble tout à fait véritable : leur vertu, en effet, ne résulte d'aucune contrainte ; elle est un pur don des dieux et n'a rien d'artificiel. » Le malheur, aux yeux de Platon, c'est que cette vertu exquise n'a pas de privilège dans la cité. Voilà pourtant, en passant, un bel éloge de la liberté athénienne, chez ce hautain contempteur de la démocratie[2].

Aristote n'a pas de ces dédains transcendants. Il ne condamne aucune forme de gouvernement *a priori*. La monarchie, l'aristocratie, la démocratie sont des formes légitimes d'organisation politique : chacune peut avoir sa raison d'être dans la

---

1. *Lois*, p. 642, B-D (Livre I, Ch. 11).
2. Je ne parle pas du *Ménexène* où Platon, obligé par les règles de l'oraison funèbre de célébrer la Constitution athénienne, s'en tire en déclarant qu'elle est une véritable aristocratie, malgré son nom, parce qu'elle appelle aux fonctions les meilleurs des citoyens. Le passage est d'ailleurs fort court : ce spirituel paradoxe ne comportait pas de longs développements.

nature des choses. Si la supériorité intellectuelle
et morale est le privilège d'une famille ou d'une
classe, la monarchie ou l'aristocratie sont nécessaires et bonnes. Mais si aucune supériorité de ce
genre n'existe, la démocratie est un régime raisonnable. Toutes les formes de gouvernement ont
d'ailleurs leurs périls propres. Le salut, pour la
démocratie comme pour les autres, ne peut con-
sister que dans la modération, qui ne pousse à
l'extrême aucun principe et qui fait une part à
tous les intérêts. La sagesse est la loi suprême des
gouvernements comme des individus. La constitution de Solon était sage; mais peu à peu la démocratie athénienne a dévié vers l'exagération de
l'égalité, et elle s'est écartée de la droite raison[1].
La bonne démocratie est celle qui reste moyenne
ou modérée (μέση). Aristote déclare d'ailleurs que
cette démocratie moyenne doit contenir plus
d'éléments démocratiques que d'éléments oligar-
chiques[2]. On reconnaît, dans ces critiques pondérées, le philosophe du « juste milieu », qui
place toute vertu à égale distance des extrêmes, et
aussi l'observateur infatigable qui ne veut puiser la
connaissance des choses que dans l'étude des faits
réels. Cette critique, cependant, reste théorique

1. *Polit.*, II, p. 1273, B, 35-1274, A, 21. Mêmes idées dans
Const. Ath., surtout 23 et 28.
2. *Polit.*, p. 1302, 10-15.

en partie, comme il est naturel chez un philosophe, et s'adresse plutôt à l'organisation même de la cité athénienne qu'à son esprit et à ses actes. Reste donc à la confronter avec les faits.

Un autre témoin contemporain, Isocrate, également disciple de Socrate, a dirigé contre le régime démocratique de son temps des critiques intéressantes ; mais elles portent sur des détails de conduite plus que sur les principes : Isocrate déclare à maintes reprises qu'il n'est pas un ennemi de la démocratie; il rêve seulement d'une démocratie plus sage que celle où il vivait, d'une démocratie ornée de toutes les vertus qu'il attribue à l'âge de Solon. Nous aurons à tenir grand compte de ses observations, mais plus loin, quand nous étudierons ce qu'a été en fait la vie politique d'Athènes.

Les autres critiques de la démocratie athénienne, tels que Polybe et Plutarque, ne sont plus des contemporains. Leurs objections méritent d'être examinées, bien que Polybe soit plutôt un aristocrate de parti pris, et que Plutarque ait perdu en grande partie le sens des réalités politiques; mais leurs appréciations ne sont que des opinions personnelles, analogues à celles que des modernes peuvent exprimer sur les choses de l'antiquité, et sans valeur documentaire. Aussi n'avons-nous pas à nous y arrêter pour le moment.

Arrivons donc à l'étude objective de la réalité athénienne. Nous avons vu les cadres tracés par Solon, Clisthène, Périclès, à l'activité de la démocratie. Nous avons signalé le caractère incroyablement égalitaire de cette organisation. Nous avons noté le scandale qu'elle provoque chez les aristocrates et chez les théoriciens. Mais les formes de gouvernement sont des abstractions, des cadres vides. Il nous reste à voir ce que ces formes recouvraient de réalité vivante, quels hommes ont usé de ce gouvernement, à quelles règles ils ont obéi et quels effets ils ont réalisés. L'égalité, en effet, telle qu'elle apparaît dans la constitution athénienne, peut aboutir à des résultats fort différents selon l'esprit du peuple qui la proclame : elle peut conduire à la tyrannie d'un seul, à l'oppression des individus par l'État, au socialisme, ou au contraire à l'anarchie. Tout dépend de la manière de l'appliquer. Les formules politiques ne sont rien en dehors de l'usage qu'on en fait. Il faut donc examiner, loin de toute opinion préconçue, ce qu'étaient les Athéniens et ce qu'ils ont tiré des principes posés par leurs hommes d'État.

CHAPITRE III

La démocratie athénienne : l'esprit et les mœurs.

I. — Qualités naturelles de l'Athénien.

Les dons naturels de l'Athénien étaient grands. C'était comme un mélange harmonieux des qualités grecques les plus diverses : placé par la géographie au centre de la Grèce, mêlé par l'histoire et la politique à la vie maritime et à la vie continentale, il formait comme le trait d'union entre Ioniens et Doriens, prenant aux uns et aux autres ce qu'ils avaient de meilleur et corrigeant les uns par les autres. L'auteur de la *République d'Athènes* notait déjà ce trait caractéristique : le langage même d'Athènes lui servait de preuve;

e dialecte attique était un « mélange », une moyenne,
comme nous dirions aujourd'hui, entre l'ionien et
e dorien. Il en était de même des qualités intel-
ectuelles et morales de l'Athénien.

§ 1. — INTELLIGENCE ET VOLONTÉ.

Son intelligence était vive et pénétrante. La
finesse athénienne était proverbiale. Cette promp-
titude à comprendre s'appliquait à tout, aux
choses de la vie pratique comme aux idées. L'Athénien était un commerçant et un homme d'affaires
très avisé. Il aimait aussi les théories. La rapidité
de sa conception était servie par une égale facilité
à s'exprimer : les mots ne lui manquaient jamais
pour dire ce qu'il pensait. Il était, naturellement,
subtil et discuteur. Son imagination lui faisait voir
les choses dont il parlait ; elle animait, pour lui, les
abstractions. Elle le rendait éloquent. Dans les
faits particuliers, il découvrait, sans peine, les
idées générales qui s'y trouvaient impliquées : il
était généralisateur et philosophe. Ce goût de
généraliser, servi par une imagination vive, avait
de grands avantages et quelques inconvénients :
il voyait les choses d'ensemble et de haut ; mais il
risquait parfois de les voir plus simples, plus systématiques qu'elles n'étaient réellement. Très
artiste, très sensible à la beauté des formes, il

aimait les conceptions qui lui présentaient une belle image de la réalité, et il manquait parfois de la patience nécessaire aux recherches prudentes et méthodiques. Ses qualités intellectuelles étaient de celles qui font les grands artistes et qui peuvent égarer quelquefois un politique, par trop de hardiesse spéculative et trop de complaisance pour ses propres idées; mais il ne péchait jamais par lenteur ou lourdeur d'esprit.

Sa volonté était prompte comme son intelligence, et capable de résolutions énergiques. Il savait se décider et entreprendre. Il était naturellement courageux et ne reculait pas devant un obstacle. Il était même capable de ténacité dans ses desseins, quand la volonté forte d'un chef énergique s'imposait à lui. Mais sa nature, à vrai dire, était plutôt inconstante et légère. Sa volonté était trop dominée par son imagination. Celle-ci, vive et mobile, tantôt lui suggérait de nouveaux desseins, et tantôt grossissait, à ses yeux, l'importance d'une déception momentanée.

De là, dans l'histoire d'Athènes, des paniques fréquentes, de brusques mouvements d'opinion en sens opposés, des enthousiasmes excessifs et des colères subites, de grands projets suivis de découragements. Ce peuple intelligent manquait certainement de sang-froid, par conséquent aussi d'esprit de suite. Quand il était découragé d'agir, cette même vivacité d'imagination lui donnait le change par des illusions agréables : il se consolait de son inaction par de belles paroles et de vaines espérances. Il était capable de faire de grandes choses, mais surtout à la condition de les faire vite.

§ 2. — HUMANITÉ

Les éloges donnés par les orateurs à l'humanité athénienne (φιλανθρωπία) n'étaient pas immérités. Le Grec, en général, était doux et humain, en comparaison avec les barbares. Il n'aimait pas les supplices raffinés et cruels, comme les Asiatiques. Il n'avait pas le goût de la violence, comme les Thraces. C'était un civilisé. Mais les Athéniens en particulier s'attribuaient, à cet égard, le premier rang entre les Grecs, non sans raison. Cela ne veut pas dire qu'ils fussent toujours d'accord avec le sentiment moderne, soit dans la vie privée, soit dans la vie publique. Ils ne se faisaient pas scrupule de passer au fil de l'épée une garnison prisonnière, de vendre comme esclaves des vaincus, de maintenir leur suprématie sur les alliés par des exemples sanglants en cas de révolte, de punir de l'exil ou de la mort leurs propres généraux ou leurs hommes d'État lorsqu'ils les jugeaient coupables, de soumettre les esclaves à la torture pour leur arracher des aveux ou des dénonciations devant la justice. N'en soyons pas trop scandalisés : des vestiges analogues de la barbarie primitive ont subsisté longtemps dans l'Europe moderne, et il n'y aurait pas à remonter au delà d'un siècle pour trouver, dans notre propre histoire, des exemples de cruauté tout aussi choquants que ceux que peut offrir l'histoire d'Athènes. Ces souvenirs doivent nous rendre justes pour les Athéniens et nous amener à reconnaître que leur humanité était réelle. L'insistance même avec laquelle ils vantent leur propre douceur prouve au moins qu'ils avaient un sentiment profond de la beauté morale qui réside dans le respect de la vie humaine et dans l'horreur des souffrances inutilement infligées à nos semblables. Et des faits nombreux attestent que ce sentiment se traduisait en actes. S'ils admettaient encore l'emploi de la torture judiciaire à l'égard des esclaves, ils la rejetaient à l'égard des hommes libres. S'ils appliquaient la peine de mort plus souvent que nous ne voudrions, c'était du moins par le procédé le moins barbare et le moins sanglant, par l'emploi de la ciguë.

Ces esclaves mêmes, qui étaient en dehors de la cité, n'étaient pas des parias abandonnés sans défense à tous les caprices. Ils étaient protégés par la loi contre les violences de leurs maîtres. Ils l'étaient plus encore par les mœurs. L'auteur de

la *République d'Athènes* nous apprend qu'un esclave
ne se distinguait pas, en général, d'un homme du
peuple, et que, dans la rue, il ne se dérangeait pas
de son chemin devant un riche ou un noble. La
littérature nous montre sans cesse l'esclave domes-
tique vivant avec ses maîtres sur un pied de fami-
liarité aisée où les sentiments affectueux trouvaient
souvent place. Alcidamas disait déjà, au commen-
cement du IVᵉ siècle, que la nature ne faisait pas
d'esclaves. Aristote lui-même, théoricien de l'esclavage, n'en reconnaissait la légitimité que dans
le cas d'une infériorité intellectuelle et morale
incontestable chez l'esclave. Et il parlait de l'amitié
(φιλία) qui existait souvent entre maîtres et esclaves.
Il disait enfin qu'il fallait user envers eux de persuasion plus que de contrainte, et qu'il fallait « les
exhorter encore plus que des enfants[1] ». Il n'était
pas rare qu'un esclave honnête et intelligent, après
avoir été l'homme de confiance de son maître, fût
affranchi par lui et devînt son associé ou son successeur dans sa banque ou dans son commerce.

La vie de famille, à Athènes, a un caractère
marqué de liberté et de douceur. La femme est,
beaucoup plus souvent qu'on ne le croit, l'associée
et l'amie de son mari. Les plaidoyers athéniens
nous montrent des types de femmes tout modernes,
par la confiance affectueuse dont on les entoure,

1. *Polit.*, I, 5, p. 1260, B, 6.

par l'énergie qu'elles savent déployer pour défendre les intérêts de leurs enfants. Les filles sont héritières et, quand elles se marient, leur dot leur assure, dans le ménage, un rôle respecté : plus d'une paraît avoir été le véritable maître dans la maison. Les fils sont élevés avec une douceur intelligente et affectueuse : ils respectent leurs parents et les aiment. La théorie des deux éducations, celle qui se fonde sur la crainte et celle qui fait appel à l'affection des enfants, est d'origine athénienne. Mais le père athénien était le plus souvent de la seconde école, et c'est au Micion des *Adelphes* qu'il ressemblait en général, plutôt qu'à son contradicteur. Peut-être était-il trop, parfois, le camarade de son fils ; mais, assurément, il ne péchait pas par excès de dureté. La femme de Socrate étant d'humeur difficile, le philosophe apprend à ses fils à ne pas s'en irriter, mais à considérer le dévouement profond qui se dissimule parfois chez leur mère sous ces dehors désagréables. La femme d'Ischomaque, dans l'*Économique* de Xénophon, soigne ses esclaves malades et les aime. Athènes a construit des hôpitaux, payé des médecins publics, assisté les infirmes, protégé les orphelins.

Cet esprit d'humanité se manifeste avec éclat dans la vie publique. Nulle part les luttes politiques, dans l'antiquité, n'ont été plus clémentes qu'à Athènes. Après l'expulsion des Pisistratides, ceux de leurs parents qui n'avaient pas été associés à leur pouvoir furent laissés libres de rester dans la ville, et ce n'est que plusieurs années après la Révolution qu'un d'eux, devenu suspect d'aspirer à la tyrannie, fut frappé d'ostracisme, ce qui n'était pas bien cruel. Après la chute des Trente, le premier soin de Thrasybule est d'effacer la trace des discordes en faisant voter une amnistie générale, et cette amnistie fut constamment observée, malgré l'horreur des crimes commis par les Trente. On ne trouve rien, dans l'histoire d'Athènes, qui rappelle à aucun degré ces troubles féroces de Corcyre dont Thucydide nous a laissé une description éloquente. Aucune histoire n'est moins sanglante que celle de la démocratie athénienne. Même à l'égard des alliés, qui se plaignaient volontiers de la dureté du joug athénien, il est juste de tenir compte de l'observation que fait Thucydide : s'ils étaient souvent en butte à des procès, cela tient à ce que la cité ne leur imposait pas sa domination par la force seule, comme d'autres l'auraient fait à sa place, et qu'elle les admettait à faire valoir librement leurs réclamations. Les violences qu'on rencontre dans l'histoire d'Athènes sont surtout le fait des groupes aristocratiques qui se vengent, durant quelques périodes éphémères de réaction, de l'abaissement politique où ils

avaient été réduits. Mais la démocratie, consciente
de sa force, n'aime pas à en abuser, et s'abandonne, sans crainte, à ses instincts naturels, qui
la portent vers l'oubli des crimes impuissants et
le rétablissement de la paix intérieure. Une sorte
d'indulgence facile, ennemie des longues rancunes,
lui rendait aisé le pardon des injures.

§ 3. — MORALITÉ.

Montesquieu prétend, après Aristote, que le
principe du gouvernement républicain est la vertu.
Nous dirions aujourd'hui : le sentiment du devoir
et la moralité générale. Que valait la moralité
athénienne? Il est toujours difficile de généraliser
en pareille matière. Le Périclès de Thucydide et
les orateurs nous parlent du respect de la loi
comme d'un sentiment très fort à Athènes. Polybe,
au contraire, est très sévère pour les Grecs, qu'il
accuse d'égoïsme et de mauvaise foi, et auxquels
il préfère de beaucoup les Romains. Mais Polybe
n'a connu directement que les Grecs de la décadence, les Grecs qui se déchiraient en des luttes
sauvages, ou ceux qui venaient à Rome chercher
fortune et aventures. D'autre part, les orateurs
sont suspects de complaisance. Sans viser à une
précision impossible, on peut dire, je crois, que la
vérité, pour l'Athènes du ve et du ive siècle, semble

avoir été à égale distance de ces affirmations
extrêmes. La moralité privée, fort médiocre dans
une minorité bruyante qui attirait surtout l'attention, devait être suffisante dans la majorité obscure
de la population, attachée à son sol et à ses traditions. Athènes n'était pas une de ces grandes
villes cosmopolites, du genre d'Alexandrie ou de
la Rome des Césars, où s'accumulent les vices du
monde entier. Les foulons et les maçons, dont parle
Socrate, les paysans qui venaient vendre leurs produits à l'Agora, devaient être en majorité de braves
gens, ni meilleurs, ni pires que tous ceux qui
vivent d'une vie normale.

Ce qui est vrai, cependant, c'est que les vices
dont parle Polybe, et qui s'étalèrent quand les
circonstances leur donnèrent l'essor, n'étaient pas
sans avoir quelques racines dans certaines tendances fondamentales de l'esprit grec. Ce qui
maintient la moralité chez les hommes, c'est une
forte discipline intérieure ou extérieure : discipline des mœurs publiques et des lois, ou discipline d'une tradition morale vigoureuse. Dans la
Grèce, en général, et particulièrement à Athènes,
ces deux sortes de disciplines étaient certainement
moins fortes qu'elles ne l'ont été à d'autres
époques et dans d'autres pays.

La morale, depuis longtemps, ne se présentait
plus à l'esprit d'un Grec et d'un Athénien sous la

forme d'un code de préceptes indiscutés. L'impératif catégorique de la vieille morale religieuse, qui n'avait jamais eu lui-même un contenu très riche, s'était fort affaibli, et la vertu s'offrait à la pensée plutôt comme une manière judicieuse de régler sa vie en vue du bonheur personnel que comme un commandement inviolable.

L'homme vertueux était un sage plutôt qu'un saint. La doctrine constante des philosophes grecs, qui fondent la vertu sur la recherche du bonheur, a des racines dans le sentiment populaire. Ils entendent le bonheur au sens le plus élevé, mais le vulgaire avait une invincible tendance à justifier la vertu en se disant que c'était une bonne affaire. Le sens de l'utile est si vif chez ce peuple avisé qu'il lui est très difficile d'en séparer la notion de celle même du devoir. Le désintéressement absolu lui semble un non-sens. Il est d'ailleurs trop idéaliste et trop fin pour tenir uniquement, ou même principalement, aux biens d'ordre matériel : la gloire, qui agrandit l'individu, lui semble le premier des biens. Il est, en outre, assez intelligent pour comprendre que le bien de l'individu est, dans une certaine mesure, inséparable de celui de la cité.

Le patriotisme est chez lui très fort, parce qu'il l'appuie à la fois sur la gloire de la cité et l'intérêt personnel. Mais, dans son amour même de la cité,

7

l'Athénien reste ce qu'il est toujours, un individualiste irréductible. Aussi longtemps que l'intérêt de la cité et l'intérêt individuel ne se séparent pas dans son esprit, sa moralité reste forte. On comprend que l'affaiblissement de la cité risquât de le réduire à l'égoïsme.

Dans la période qui nous occupe, cette séparation n'est pas encore accomplie, surtout au début, et c'est ce qui fait qu'on ne doit pas accepter à la légère les affirmations pessimistes de Polybe. Mais on voit aussi que la source du mal existait déjà. Ajoutons enfin que la légèreté aimable et un peu sceptique de l'esprit athénien ne prédisposait pas ce peuple aux « haines vigoureuses »

> Que doit donner le vice aux âmes vertueuses.

L'Athénien n'a rien d'un Alceste : il est tout le contraire d'un intransigeant. C'est un homme qui comprend tout, comme Philinte, et qui se résigne aux choses parce qu'il les comprend. Quand elles sont vilaines, il trouve à la fois plus commode et plus intelligent d'en rire que de s'en indigner : cette attitude plaît à sa nonchalance autant qu'à son dilettantisme. Démosthène avait certainement raison quand il reprochait aux Athéniens de ne pas poursuivre d'une haine efficace les traîtres avérés, mais d'en sourire plutôt et de s'en accommoder[1]. Chez

1. Voir aussi Isocrate, *Paix*, 50.

ce peuple intelligent et vaniteux, la haine contre
le vice ne devenait vraiment forte que si elle se
doublait d'une haine personnelle contre le vicieux :
l'intransigeance morale avait besoin de s'appuyer
sur quelque chose de plus concret et de plus individuel.

Tout cela ne crée pas, évidemment, de l'immoralité proprement dite, mais ce n'est pas là, non
plus, une atmosphère particulièrement favorable
au développement de la moralité. Moitié nonchalance, moitié dilettantisme, cela fait une sorte de
légèreté morale qui peut bien suffire à la vie quotidienne, quand les circonstances sont favorables,
mais qui ne soutient pas les faibles, n'intimide
pas les méchants, et risque d'entraîner même les
honnêtes gens à des compromis qui ne sont pas
sans danger. La moralité athénienne, par conséquent, ou, pour parler comme Montesquieu, la
vertu athénienne, semble bien avoir été, dans ses
racines et dans ses principes, plutôt vacillante, et
n'avoir pas offert à la Constitution tout le support
qu'elle aurait eu besoin d'en recevoir. La vertu
athénienne semble avoir été plutôt affaire d'heureux tempérament, de bon sens avisé, de sentiment délicat de la beauté, que forte et vigoureuse
discipline morale. C'est une vertu d'instinct plutôt
que de devoir. En cela encore, les Athéniens sont
avant tout des imaginatifs et des artistes, des spé-

culatifs et des dilettantes, plutôt que des hommes de foi et de conviction profonde.

D'autre part, les habitudes générales de la cité ne suppléaient pas à cette faiblesse du ressort moral intérieur par une forte armature extérieure de discipline collective. Thucydide célébrait la liberté de la vie athénienne. Il avait raison. Une partie de la beauté d'Athènes vient de là. Selon le mot de Platon cité plus haut, les honnêtes gens, à Athènes, semblaient plus honnêtes qu'ailleurs, parce que rien, sauf leur conscience, ne les forçait d'être vertueux. Mais les meilleures choses ont leurs inconvénients. Cet Athénien que ni les lois, ni l'opinion ne tenaient en bride avait besoin, pour être vertueux, d'un rare équilibre de qualités naturelles. Mais beaucoup profitaient de cette liberté d'allure pour en prendre à leur aise avec la morale, et ce n'est pas sans raison qu'Aristote parle à maintes reprises du laisser-aller, du relâchement (ἄνεσις) de la vie démocratique, où chacun vise avant tout à faire ce qui lui plaît, où personne n'obéit, où les femmes et les esclaves ne connaissent aucune loi.

La douceur même des mœurs risque de glisser insensiblement vers une aimable anarchie, et l'on ne saurait affirmer que les Athéniens aient été tout à fait exempts de ce mal. La comédie de Ménandre, si délicieusement humaine, et où la civilisation

athénienne se présente sous des traits d'une bonne
grâce si séduisante, n'est cependant pas sans nous
avertir qu'une sorte d'épicurisme pratique avait
dû préparer les voies depuis longtemps aux doctrines du grand théoricien de la morale du plaisir [1].

1. Au sujet de la moralité athénienne, je ne crois pas devoir
m'arrêter ici à deux reproches qu'elle a souvent encourus :
l'indulgence de l'opinion à l'égard des courtisanes et l'amour
de la beauté virile. Dans une étude sur la morale grecque, il y
aurait à examiner ces deux points. Tout ce que j'en veux dire
ici, c'est qu'on ne doit pas juger ces mœurs selon nos idées
modernes, ni en tirer des conséquences absolues relativement
à la moralité générale de l'Athénien, au sens large du mot.
L'indulgence de l'opinion à l'égard des courtisanes repose sur
une conception théorique de la morale différente de celle
des peuples chrétiens; mais il ne faudrait pas croire que la
pratique fût fort différente de ce qu'elle est dans le monde
moderne ni qu'elle aboutît généralement au dévergondage.
Il en est de cette tolérance comme de la liberté du langage qui,
chez certains hommes ou à certaines époques, est surtout
affaire de mode, de circonstances, de tour d'esprit, et n'implique
pas de mauvaises mœurs : l'honnête Pline le jeune se croyait
tenu, en vers, à être un peu inconvenant. Quant à l'amour
viril, répandu dans toute la Grèce, et si choquant pour nous, il
serait tout à fait injuste de le confondre avec la honteuse cari-
cature que le monde moderne nous en peut offrir. Il n'était
souvent qu'une amitié esthétique et passionnée, où la morale
même pouvait trouver place sous la forme des plus nobles
vertus viriles ou des sentiments les plus délicats. Que les
Athéniens, comme tous les Grecs, fussent gouvernés par
la beauté plus que par l'impératif catégorique, c'est ce que nous
avons déjà dit; mais il n'en résulte pas qu'ils fussent adonnés
à une sensualité grossière capable d'affaiblir en eux le ressort
de l'action noble : c'est ce qu'il importe de bien comprendre.

II. — L'éducation générale.

L'éducation athénienne, celle de l'École et celle de la vie, fortifiait ces dispositions naturelles, sans y ajouter peut-être la dose de sérieux moral et de discipline volontaire qui sont nécessaires aux dons les plus précieux de l'intelligence et de la sensibilité pour leur donner toute leur efficacité pratique dans les difficultés de la vie réelle.

§ 1. — L'ÉCOLE

L'enseignement de la jeunesse, à Athènes, était libre. L'État n'avait pas d'école à lui ; il n'enrégimentait pas les enfants, comme à Sparte ; il abandonnait à l'initiative privée le soin de la première éducation. C'est de quoi se plaignent les laconisants, comme Xénophon, et les philosophes, comme Platon et Aristote. Les écoles privées, il est vrai, paraissent avoir été assez nombreuses pour satisfaire aux besoins de la population, et le désir de l'instruction était général chez ce peuple intelligent. A défaut de prescriptions légales, une tradition communément acceptée réglait les programmes de l'éducation : on enseignait aux enfants la musique et la gymnastique. La gymnastique préparait le futur citoyen à ses devoirs militaires, en formant son corps par des exercices harmonieux. Sous le nom de musique, on entendait tous les arts qui relèvent des Muses, non seulement le jeu de la cithare et le chant choral, mais aussi la lecture, l'écriture, le calcul élémentaire.

Le jeu de la cithare et le chant choral préparaient le jeune homme à tenir sa place, au besoin, dans les fêtes religieuses de la cité. L'éducation musicale proprement dite avait d'ailleurs, aux yeux des Grecs, une valeur morale très grande. Aristophane, en retraçant dans les *Nuées* l'image de l'ancienne éducation, insiste sur le caractère grave, austère, presque religieux, de ces théories de jeunes Athéniens qui chantaient ensemble l'hymne à Pallas « persépolis » (preneuse des villes), tandis qu'ils se rendaient à l'école de leur quartier, en bon ordre, insensibles aux intempéries, vêtus d'un simple manteau qui les abritait de la neige. Le rythme même, par sa vertu propre, « rythmisait les âmes », selon l'expression de Platon, c'est-à-dire les habituait à l'ordre et à l'harmonie. Il en était de même de la lecture : aussitôt les lettres apprises, on faisait lire aux enfants les poètes, surtout les lyriques et les élégiaques et l'on insistait sur les leçons morales qui se dégageaient de ces textes. On voit, par les discours des orateurs et les citations fréquentes des poètes, que les morceaux les plus beaux étaient appris par cœur et restaient dans la mémoire du jeune Athénien, comme un viatique et une exhortation durable à bien vivre. « Si nous apprenons, étant jeunes, les vers des poètes, dit Eschine, c'est pour mettre leurs préceptes en pratique[1] ». Cette préoccupation morale était d'ailleurs dominante, chez les Grecs, en toute matière littéraire. La beauté de la forme était indispensable, mais elle n'était pas sa propre fin : elle n'était qu'un moyen de mieux traduire la pensée. La théorie de l'art pour l'art est étrangère à la Grèce classique : ce sont les cénacles alexandrins qui l'ont inventée. Les penseurs du ve et du ive siècles sont d'accord avec le sentiment populaire pour chercher avant tout dans l'œuvre d'art une utilité morale et sociale.

L'éducation ainsi comprise était la vieille éducation traditionnelle d'Athènes, celle qu'on peut appeler l'éducation normale du futur citoyen athénien. Elle prenait l'enfant au sortir du gynécée, vers l'âge de six ans, et le conduisait jusqu'à dix-huit ans, l'âge de l'éphébie Il n'est pas douteux qu'elle ne fût très supérieure à ce que nous appelons aujourd'hui l'enseignement primaire : c'était à la fois un enseignement primaire et un enseignement secondaire. Elle enseignait les éléments indispensables et contribuait à former l'adolescent;

1. *Ctésiphon*, § 73.

elle lui donnait les premiers outils du savoir et nourrissait son esprit de ce qu'il y avait de plus noble et de plus beau dans la tradition poétique du passé. Mais la question est de savoir combien d'enfants la recevaient réellement et dans quelle mesure elle formait l'ensemble du peuple athénien. Il est difficile d'arriver sur ce point à la précision qui serait désirable. Pour les enfants dont les familles appartenaient aux trois premières classes, la réponse n'est pas douteuse : cette éducation était pour eux une réalité. Mais que faut-il penser des enfants les plus pauvres, de ceux dont les familles appartenaient à la classe des « thètes » ? On ne saurait, à leur égard, être aussi affirmatif. Cependant, l'impression générale qui résulte des textes est que la plupart des Athéniens devaient avoir reçu au moins une part de cette éducation et que les illettrés absolus étaient relativement rares. Ne savoir « ni lire ni nager » était l'expression proverbiale par laquelle on désignait à Athènes ceux qui n'avaient reçu aucune espèce d'instruction[1]. Mais presque tout le monde savait lire et nager. Le charcutier d'Aristophane, dans les *Chevaliers*, est donné comme un type d'ignorance et de grossièreté : or, il sait lire, pas trop bien, il est vrai. L'homme « qui ne sait pas ses lettres » (ἀναλφάϐητος), est une

1. PLATON, *Lois*, p. 689, D.

espèce de monstre dans la société athénienne. Les
ennemis de la démocratie parlent souvent de
l'ignorance du peuple, de son défaut d'éducation
(ἀμαθία, ἀπαιδευσία); mais ce qu'ils appellent de ce
nom est évidemment tout autre chose que l'ignorance des premiers éléments du savoir : il s'agit
surtout, chez ces critiques, de l'absence d'une culture supérieure et vraiment humaine, au sens philosophique de ce mot. On raconte qu'un paysan,
ne sachant pas écrire, pria son voisin, à l'Assemblée, d'inscrire sur sa coquille le nom d'Aristide,
qu'il voulait frapper d'ostracisme, et que ce voisin,
inconnu de lui, était justement Aristide lui-même,
qui inscrivit son propre nom. La chose est peut-
être vraie ; mais le fait seul que chaque citoyen,
dans les votes sur l'ostracisme, devait lui-même
écrire le nom du personnage contre lequel il voulait voter prouve bien qu'en somme la connaissance de l'écriture était supposée par le législateur
comme étant très ordinaire chez les Athéniens. Il
n'y a pas, chez les orateurs, un seul passage qui
implique le contraire. N'oublions pas que dix
mille Athéniens chaque année étaient appelés à des
fonctions qui supposaient la connaissance des
premiers éléments, ne fût-ce que pour connaître les
lois, tenir des comptes et les justifier en sortant de
charge. Il faut même aller plus loin. Une certaine
connaissance des poètes, telle qu'on pouvait la

recevoir à l'école, devait être fort répandue. On ne
s'expliquerait pas sans cela les innombrables allusions littéraires des comédies d'Aristophane et le
goût général de la comédie athénienne pour les
parodies. Il est vrai que l'éducation littéraire de
l'École se complétait ensuite au théâtre, qui
s'adressait à tous les citoyens. Nous y reviendrons
tout à l'heure. Mais il reste évident qu'un public
absolument illettré n'aurait pu goûter Eschyle,
Sophocle, Euripide et les poètes comiques, avec
la ferveur que tous les témoignages nous font connaître. Si la connaissance de la lecture et de l'écriture était assez répandue dans le peuple, il ne
faut d'ailleurs pas en conclure qu'on lût beaucoup.
Les livres étaient rares et il n'y avait pas de biblio-
thèques publiques. Euripide, dit-on, fut un des
premiers à réunir une collection de livres importante. La foule se servait de ses connaissances
élémentaires surtout pour les usages pratiques.
On écrivait ses comptes ; on lisait les inscriptions
publiques. La culture proprement dite, pour l'ensemble du peuple, était surtout orale, et se faisait
par des récitations, par les représentations dramatiques, par l'audition des orateurs.

Vers le milieu du v⁰ siècle, l'éducation traditionnelle reçut un accroissement considérable. C'est le
moment où la sophistique et la rhétorique font
fureur. Sophistes et rhéteurs abordent tous les

sujets. Quelques-uns s'attachent surtout au langage, à la grammaire, aux secrets de l'éloquence. D'autres abordent de préférence les sujets philosophiques et moraux ; d'autres encore dissertent sur les questions techniques les plus variées, comme la médecine ou l'escrime. En même temps Socrate analyse dialectiquement les idées. Chaque sophiste a ses disciples, à qui il fait généralement payer son enseignement, et fort cher. C'est une sorte d'enseignement supérieur qui s'organise. Au siècle suivant, cette organisation s'achève et se complète. Isocrate tient une véritable école de philosophie pratique et d'éloquence. L'Académie de Platon, plus tard le Lycée d'Aristote deviennent comme des essais d'Universités. Tout ce mouvement intellectuel a une importance de premier ordre, mais il faut en bien comprendre la nature. Ces leçons ne s'adressent pas à tout le monde, comme l'ancienne éducation : elles sont réservées par la force des choses à une élite, soit en raison des frais qu'elles entraînent, soit à cause des loisirs qu'elles supposent, à un âge où les citoyens ordinaires sont absorbés par les nécessités de la vie : car elles ne conviennent qu'aux éphèbes et aux hommes faits. C'est alors pour la première fois qu'il s'établit, au point de vue de l'éducation, une ligne de démarcation bien nette entre les riches et les pauvres. Aussi ne faut-il pas exagérer l'influence de

la philosophie sur l'ensemble de la vie sociale athénienne. Les hommes « cultivés » (πεπαιδευμένοι,
comme dit Isocrate) ont souvent une tendance à
s'isoler de la vie publique, à s'enfermer dans leurs
études, dans l'ombre de l'École : le goût de la vie
« scolastique », l'éloignement des hommes de
pensée à l'égard de l'action et de la place publique
deviennent fréquents. Pour quelques orateurs et
hommes d'État sortis de l'École d'Isocrate, il y a
beaucoup plus de rhéteurs et de philosophes qui
abandonnent la vie pratique. La plupart des grands
orateurs et des hommes d'État du iv⁰ siècle sont
encore des hommes qui se sont formés à l'ancienne manière, par la pratique des affaires, à
laquelle ils ont seulement ajouté une connaissance
plus méthodique des procédés de l'éloquence et
quelques nobles vérités morales, grâce surtout à la
prédication oratoire d'Isocrate. L'influence de cette
révolution intellectuelle, fort grande sur le développement de la spéculation et de la pensée pure, l'a
été beaucoup moins sur la vie politique de la démocratie athénienne. Ce n'est pas que celle-ci y soit
restée complètement étrangère, ni que certaines
des idées nouvelles n'aient pénétré par infiltration
dans les couches profondes du peuple. Mais cette
action a été partielle, intermittente, et, en somme,
l'éducation générale du peuple athénien, qui nous
occupe surtout, n'en a pas été gravement modifiée.

Au sortir de l'enfance, les jeunes citoyens destinés à devenir hoplites, c'est-à-dire ceux des trois
premières classes, entraient dans l'éphébie, qui
durait deux ans. Nous avons vu qu'à l'origine le
service des éphèbes était surtout un apprentissage
du métier militaire. Au IVe siècle, on voit les études
proprement dites, la culture de la philosophie et de
la rhétorique, y tenir une place de plus en plus
grande. Mais en même temps le nombre des
éphèbes semble devenir plus restreint, de sorte
que cette culture supérieure garde son caractère
aristocratique. Elle paraît d'ailleurs, comme tout
ce qui touche à l'éducation athénienne, avoir été
fort libre et nullement soumise à des règlements
étroits : beaucoup d'éphèbes, probablement, furent
élèves d'Isocrate, mais ce n'était pas une obligation. Quant aux exercices militaires, ils donnaient
au jeune homme, outre l'instruction technique,
certaines habitudes de discipline, tempérées sans
aucun doute par le laisser-aller des mœurs athéniennes. Ce que le jeune Athénien y gagnait surtout, à ce qu'il semble, c'était un sentiment plus
vif de l'honneur militaire et du devoir patriotique.
A son entrée dans le Collège des éphèbes, il prê-
tait un serment dont l'idée générale nous a été
conservée par l'orateur Lycurgue[1], et qui est d'une
belle allure martiale et civique.

1. LYCURGUE, *Léocrate*, p. 76.

L'éducation qu'on reçoit à l'école et dans la jeunesse n'est qu'une petite partie de l'éducation que
tout homme acquiert au cours de sa vie. Celle de
l'Athénien se continuait indéfiniment, avec plus
d'intensité peut-être que celle d'aucun autre adulte,
grâce à un ensemble de coutumes et d'institutions
dont il est indispensable de dire quelques mots.

§ 2. — LA RELIGION.

La religion tient une grande place dans la vie
de l'Athénien, mais son rôle y est fort différent de
celui qu'elle remplit chez les modernes. Le chris-
tianisme comporte à la fois des dogmes et une
morale : c'est un système solidement lié, qui peut
prendre un empire extrêmement fort sur la pensée
et sur la conduite de ses fidèles. Chez beaucoup
d'entre eux la religion crée une vie intérieure
intense ; elle gouverne la pensée et fortifie la conscience. Rien de tel dans la religion grecque, surtout envisagée dans ses deux formes les plus
anciennes et les plus universelles, la religion de la
cité et les religions locales ou familiales. Elle ne
contient aucun véritable dogme, parce qu'elle
remonte à un temps où l'idée même du dogme,
née dans les écoles philosophiques, était étrangère à l'esprit humain. Il suffit, pour satisfaire au
devoir religieux essentiel, de croire à la puissance

du dieu et de lui offrir les sacrifices traditionnels.
Quant à la nature des dieux et à leur histoire, on
est libre d'en croire les vieilles légendes ou les
fantaisies des poètes, mais rien de tout cela ne
s'impose avec autorité à la croyance des dévots :
chacun en juge à son gré, selon ses lumières ou
selon son goût. Point de livre sacré, unique, qui
conserve, à l'exclusion de tout autre, le dépôt des
traditions ; point de clergé qui en maintienne l'intégrité, qui les interprète souverainement et qui
en impose le respect, au besoin par la force
publique. Tous les vieux récits sont inspirés par
les Muses ; mais les Muses, selon le mot d'Hésiode,
savent à la fois des mensonges qui ressemblent à
la vérité, et des choses qui sont vraies. Nulle
autorité ne fait le départ des unes et des autres. La
raison des individus se prononce à cet égard en
toute liberté. L'évolution des croyances n'est
enchaînée par rien d'extérieur ni de supérieur à la
pensée critique individuelle. Libre à chacun de
s'édifier à sa guise au récit des vieilles légendes
et d'en tirer, selon ses forces, la substance intellectuelle et morale dont il lui plaira de s'alimenter.
Or, que disent ces légendes et quelles ressources
lui offrent-elles ?

Ces ressources sont médiocres. C'est une grande
erreur de croire que les termes « religion » et
« moralité » soient toujours et partout reliés l'un

à l'autre par un rapport nécessaire et qu'ils constituent, comme le disait Brunetière, une « équa-
tion fondamentale ». D'où est venue, dans les premières sociétés humaines, l'idée religieuse, et
qu'a-t-elle été à l'origine? L'hypothèse la plus
probable est que la religion est née d'un effort de
l'humanité pour s'expliquer les forces mysté-
rieuses et redoutables qui l'enveloppaient de
toutes parts et qu'elle avait un intérêt primordial
à se concilier. De nombreuses survivances de cet
état d'esprit tendent à confirmer l'hypothèse d'une
conception de ce genre, qui n'impliquait en soi
aucune préoccupation morale proprement dite,
s'il est vrai que la morale est essentiellement la
règle de la vie collective et individuelle dans les
sociétés humaines. Les origines de la religion
grecque nous échappent, bien entendu, d'une
manière à peu près complète. Homère et Hésiode,
dont les poèmes, selon le mot d'Hérodote, ont
constitué en Grèce la science des dieux (θεολογίη),
sont d'une date relativement récente, et supposent
derrière eux un immense passé. Or, dans ces
poèmes eux-mêmes, la conception religieuse est
foncièrement naturaliste et n'a que des rapports
indirects avec la morale. Les contemporains de
l'épopée grecque se représentent le monde comme
régi par des forces anthropomorphiques qu'ils
appellent des dieux. Ces dieux sont conçus à

l'image des rois de la société humaine. Ils sont
les rois du ciel et des enfers. Ils gouvernent leur
empire à peu près comme les rois des cités gouvernent leurs peuples, avec un mélange de raison,
d'intelligence harmonieuse, de justice, de bienveillance pour les hommes, et aussi de caprice,
de fantaisie irresponsable, parfois de cruauté. Ils
sont beaucoup plus puissants que les rois de la
terre, mais ils n'en diffèrent pas essentiellement
par la psychologie. S'ils en diffèrent, ce n'est pas
toujours à leur avantage. Ils sont considérés
comme les défenseurs de la Thémis, c'est-à-dire
des lois constitutives de la société, parce que
tout ce qui existe, les cités aussi bien que la
nature physique, est soumis à leur domination.
Mais, dans le détail de leurs actes, ils sont souvent plus capricieux et plus inhumains que les
rois, parce que leur puissance est plus grande, et
que, pour les hommes de ce temps, le véritable
frein de la volonté, ce n'est pas tant la force d'une
raison capable de concevoir l'idée supérieure du
bien que les dangers encourus par l'abus de la
puissance. En outre, la confusion qui se fait dans
les esprits entre les dieux anthropomorphiques et
les forces amorales de la nature physique con-
duit à leur attribuer des actes qui, jugés au point
devue de la morale humaine, apparaissent dès lors,
pour qui réfléchit, comme peu conciliables avec la

moralité. Il est vrai qu'à cette date l'homme ne s'arrête guère à ces antinomies et que, soit par irréflexion, soit par un sentiment obscur du caractère naturaliste des dieux, la piété n'en est pas choquée; car c'est la force, après tout, dont l'idée domine encore dans la morale humaine.

Plus tard, au contraire, la morale humaine fait un grand pas et la religion s'en trouve atteinte. Ce progrès de la moralité vient de la constitution des cités libres. L'idée du bien public, celle de la loi considérée comme l'expression de la raison collective, se substituent dans la vie des nations à la vieille conception de la justice royale, arbitraire et souvent capricieuse. Un idéal de justice humaine nettement distinct de la force inconsciente et amorale des lois naturelles apparaît avec une clarté croissante à des esprits plus capables de réflexion. De là, chez les hommes qui pensent, deux attitudes en face de la religion traditionnelle : les uns, au nom de la morale nouvelle, invectivent les anciens dieux et rompent avec la tradition; les autres, obéissant aux mêmes influences, mais plus conservateurs et plus modérés, corrigent les vieux mythes, en adoucissent ou en effacent les détails choquants, et travaillent ainsi à moderniser la vieille religion pour la rendre acceptable à leurs contemporains. Au premier groupe se rattache Xénophane, le philosophe poète du vi⁰ siècle, dont

les attaques contre la religion populaire ouvrent
de loin la route au scepticisme des sophistes et de
certaines écoles philosophiques. Théognis lui-
même, l'aristocrate de Mégare, a parfois des
accents de colère qui trahissent, sinon le scepticisme, du moins un étonnement scandalisé à
l'égard du gouvernement des olympiens. Dans le
second groupe, nous trouvons quelques-uns des
plus grands noms de la littérature au vi⁰ et au
vᵉ siècle, depuis Solon jusqu'à Pindare, Eschyle,
Hérodote. Ceux-là tracent véritablement la voie
large et civique où va s'engager la pensée populaire. Ils sont les fondateurs d'une religion nouvelle, greffée sur l'ancienne, où, à côté des vieux
mythes, demeurés vénérables, mais nullement pris
à la lettre par les hommes de culture moyenne, vont
prendre place peu à peu la plupart des conceptions
modernes nées du développement des cités et du
progrès de la civilisation. De là va sortir la religion littéraire et politique des artistes et des orateurs. Nous y reviendrons tout à l'heure, et nous
verrons ce que cette religion de l'art a fait pour
l'éducation morale et intellectuelle du peuple athénien. Mais déjà nous nous éloignons de la religion
proprement dite. Celle-ci, sous sa forme traditionnelle, se compose surtout de rites et de cérémonies. Elle se transforme, elle aussi, en ce sens
qu'elle devient plus civique et moins familiale, par

un changement analogue à celui qui s'opère dans
la société politique. De plus, elle emprunte beaucoup à l'art pour ses cérémonies, et y introduit
ainsi plus de beauté intellectuelle et morale.
Mais, dans son fond, elle reste identique à elle-
même : elle n'a ni théologie ni morale propre.
Elle ne prêche pas, elle n'instruit pas, elle ne
parle pas aux hommes de leur salut. Si elle s'en-
richit, c'est par le dehors, non par le dedans ; le
lien entre cette théologie extérieure et les rites,
loin de se resserrer, tend à se relâcher. Elle ne
garde guère en propre qu'un vieux fonds de
croyances vagues dont beaucoup sont des survivances très lointaines et ne s'imposent que par une
habitude atavique.

Dans la conception de la Némésis, ou dans celle
du rôle des Erinnyes, il y a des vestiges d'une
pensée très ancienne où les règles de l'action
étaient différentes de l'idéal de justice conçu par
une société plus civilisée. On attribuait vague-
ment aux dieux la protection des justes et la puni-
tion des coupables ; mais l'idée même de justice
et celle d'injustice n'avaient rien de précis. Les
sanctions n'étaient pas mieux définies. Les vieilles
croyances se rapportaient surtout à des récom-
penses et à des punitions terrestres, soit pour
l'auteur de l'acte, soit pour ses descendants : l'antique notion de solidarité familiale s'y montre

partout. L'idée d'une vie future appartenait au
domaine des légendes à l'égard desquelles la
croyance était libre. Bref, toute cette vieille religion traditionnelle n'était une règle ni pour la
pensée ni pour les mœurs, et la vie religieuse s'y
réduisait à la pompe des cérémonies, d'ailleurs
émouvantes et poétiques dans bien des cas.

C'est la pauvreté même de cette vie religieuse,
devenue peu à peu insuffisante pour des con-
sciences déjà plus affinées, plus affamées de justice individuelle et d'idéal, qui amena au vi⁰ siècle
le développement des mystères. Là, on trouvait des
affirmations catégoriques sur la vie future, une
règle de vie plus ferme, des espérances plus conso-
lantes, et surtout une idée plus nette du mérite et
du démérite acquis par la conduite personnelle de
chacun, indépendamment des actes de ses ancê-
tres. Il y avait à Éleusis quelques germes d'une
doctrine et d'une morale religieuses. Au v⁰ siècle,
un grand nombre d'Athéniens étaient initiés. Mais
cette religion des mystères était encore bien superficielle : quelques spectacles, quelques formules à
demi-magiques, quelques observances surtout
extérieures. Et tout cela seulement à de certaines
époques de l'année, d'une manière intermittente.

Je ne parle même pas des superstitions populaires, initiations, paroles magiques, oracles de
rencontre qui se débitaient dans les carrefours:

c'étaient là des formes de religion tout à fait inférieures, qui s'adressaient surtout aux gens de la
plus basse classe, et qui ne modifiaient guère, ni
en bien ni en mal, des esprits tout à fait dépourvus
de culture.

Sous aucune de ses formes, même les plus
hautes, la religion grecque n'était donc, par elle-
même et dans son fond, capable de donner à ses
fidèles une éducation vraiment forte. Les Athéniens étaient un peuple dévot. Nulle part les dieux
n'avaient plus de fêtes qu'à Athènes. Sans être
aussi superstitieux que les Romains, ils attachaient
une grande importance à se faire bien venir des
dieux. Ils croyaient aux présages et aux oracles.
On ne voit pourtant pas que leur piété les ait
jamais éclairés ou fortifiés. C'est que leur religion,
encore une fois, était incapable d'une efficacité de
ce genre. Elle ne pouvait aboutir, en principe, qu'à
des actes superstitieux. Heureusement, elle avait
un mérite d'un autre genre, et un immense mérite,
qui rachète bien des insuffisances : ce fut d'offrir à
l'art, à tous les arts, des occasions et une matière;
et par là, par la liberté même qu'elle laissait aux
artistes, elle leur permit de verser à profusion,
dans les moules traditionnels de ses vieilles légendes,
la riche substance de leurs pensées, formées par une
culture très noble et rendues sensibles à tous par la
beauté d'une forme incomparable.

§ 8. — L'ART.

On ne saurait exagérer l'influence de l'art dans
l'éducation de l'Athénien. L'art, en effet, à Athènes,
n'est pas l'affaire de quelques cénacles ou d'une
classe d'amateurs éclairés : il est vraiment la chose
de tous, et cela, non seulement sous les espèces
de l'architecture religieuse ou de la sculpture, ou
de la peinture, mais aussi dans ses plus belles et
ses plus importantes formes littéraires. Athènes, à
cet égard, présente un exemple unique au monde.
Notre Moyen âge a connu une grande architecture
religieuse, qui a été pour le peuple entier une
source d'émotion et d'enseignement, et, dans cette
architecture, les images taillées en pierre, ainsi
que la peinture des vitraux, ont trouvé place pour
aider à l'enchantement. Mais la littérature, à la
même époque, est restée à un rang fort inférieur.
A Athènes, tout marche de front. En même temps
que s'achèvent les propylées et le Parthénon, les
statues de Phidias et les peintures de Polygnote,
trente mille spectateurs applaudissent les poètes
tragiques au théâtre de Dionysos, ou se délectent
aux comédies d'Aristophane, et c'est aussi pour la
foule qu'Homère est récité, que les chœurs cycli-
ques chantent et dansent, que les premiers orateurs artistes déroulent leurs raisonnements et

leur merveilleux langage. Un peu plus tard, au
IVᵉ siècle, cette grande floraison d'art public est
certainement moins intense, et les artistes, dans
la plastique aussi bien que dans la littérature,
s'adressent plus souvent à une clientèle particulière, à des amateurs ou à des lettrés proprement
dits : mais ce n'est encore là qu'une tendance partielle. Athènes reste toujours la ville des monuments incomparables, des fêtes dramatiques et
musicales, de l'éloquence sans égale. Laissons de
côté l'éloquence, que nous retrouverons tout à
l'heure en parlant de l'éducation politique du
peuple. Pour ne parler ici que des arts plastiques
et de la poésie, quel genre d'enseignement la foule
en recevait-elle ? C'était à coup sûr la plus belle
leçon d'idéalisme raisonnable, de civilisation
noblement humaine, qui ait jamais été donnée à
l'ensemble d'une nation.

Quand un Athénien contemplait l'Athéna Pro-
machos, ou la Parthénos, ou la Lemnienne, il con-
cevait la grande protectrice de la cité comme une
puissance d'intelligence et de douceur qui était la
plus haute personnification de l'éternelle raison et
de l'éternelle beauté. Une pareille image dépassait
infiniment et complétait de la manière la plus
admirable les médiocres leçons de la religion proprement dite. C'était vraiment alors, et non dans
les vieilles légendes enfantines, qu'il apercevait la

8

grandeur de ses dieux, et ces dieux n'étaient autres que la perfection même de l'humanité. La beauté de leurs formes visibles était la traduction d'une beauté morale faite des qualités les plus exquises que l'esprit humain pût concevoir, une ferme raison appuyée sur une force sûre d'elle-même et enveloppée de bonté sereine. Les frises du Parthénon lui disaient la noblesse de l'ordre, de la discipline harmonieuse qui associe toutes les volontés dans une œuvre commune. Les frontons lui chantaient la grandeur des dieux et l'intelligence d'Athéné s'épanouissant au front de Zeus. L'édifice lui-même, fleur merveilleuse de force et de grâce, lui prêchait la beauté d'une puissance qui se possède. Tout un peuple de dieux et de héros, répandu autour des temples et sur les places publiques, lui suggérait des idées analogues. Aristote, qui n'est pas un enthousiaste, a dit quelque part que, s'il existait une race d'hommes semblable aux images que les sculpteurs ont faites des dieux, tous les hommes aussitôt reconnaîtraient en eux leurs maîtres et s'empresseraient de leur obéir[1]. La vue de toutes ces images, multipliées à profusion, était pour l'Athénien comme une exhortation incessante à cultiver en lui-même et à respecter chez les autres la perfection de la grandeur humaine.

La tragédie lui donnait les mêmes leçons, et

1. *Polit.*, I, 5, p. 1254, B, 33.

quelques autres encore. Il n'y a rien de plus surprenant que l'extrême beauté du langage dans
cette tragédie qui s'adressait à tout un peuple. Ce
langage possède une subtilité d'analyse et une
force éclatante de synthèse qui défient toute comparaison. Le style des chœurs, en particulier,
abonde en mots merveilleux qui suscitent à la fois
une foule d'images et de sentiments. Est-ce à dire
que tout Athénien pût en démêler à l'audition le
sens riche et plein? Non, sans doute : il sentait
plus qu'il ne comprenait. Il entrevoyait comme
dans un éclair l'émotion profonde d'un Eschyle,
la pensée subtile et forte d'un Sophocle. Mais il
suffisait qu'il en eût reçu le choc immédiat pour
que son esprit gagnât à cette épreuve un surcroît
d'agilité et de pénétration, et pour qu'un noble
idéal s'éveillât dans les profondeurs obscures de
sa conscience. Et les héros de la tragédie lui faisaient connaître la vie humaine. Ils agitaient, chez
Eschyle, les grands problèmes de la destinée, dont
ils étaient les victimes. Ils proclamaient, chez
Sophocle, la puissance de la volonté, tendue vers
une fin généreuse. Ils exprimaient, chez Euripide,
toutes les souffrances de la passion, toutes les
délicatesses exquises des âmes faibles et doulou-
reuses.

Mais ce n'était pas tout encore : les poètes
n'oubliaient pas que le privilège de parler à la

cité assemblée leur imposait le devoir de lui faire
entendre de sages conseils. Les allusions aux
choses publiques, soit sous forme directe, soit sous
forme allégorique, sont fréquentes dans la tragédie. Thésée y personnifiait la grandeur bienfai-
sante d'Athènes. Dans une foule de passages, on
trouve, avec l'éloge de la liberté, des avertissements
en faveur de la modération, le conseil de mépriser
les démagogues, l'éloge des hommes d'État sages
et justes. Partout s'exprime le respect de la conscience, l'amour de la justice, le dévouement à la
chose publique, la beauté du patriotisme. La tragédie est une prédication en même temps qu'une
œuvre d'art.

La comédie du v⁰ siècle, avec sa fantaisie exubérante et bouffonne, aborde toutes les questions
politiques du moment. Elle les tranche avec une
rude gaieté, et souvent avec une injustice fla-
grante. Satirique par essence, caricaturale avec
délices, elle s'attaque aux hommes autant qu'aux
idées, et par là elle n'est pas toujours d'un
bon exemple. Mais à coup sûr elle fait réfléchir
tout autant qu'elle amuse, et l'Athénien, qui venait d'entendre les *Acharniens* ou la *Paix*, empor-
tait du théâtre une ample matière à méditations.
Au iv⁰ siècle, la politique disparaît peu à peu de la
comédie, mais la discussion des idées d'abord,
ensuite la peinture des mœurs privées y tiennent

la première place, et la grâce du langage en fait
une merveilleuse école d'atticisme.

Si l'on ajoute à tout cela les récitations d'Homère, toujours vivantes, et les exécutions musicales, de plus en plus nombreuses et magnifiques,
on imaginera sans peine quelles fêtes d'art inin-
terrompues la vie quotidienne offrait à l'Athénien
du v⁰ et du iv⁰ siècle, et quelle éducation perpétuelle il en tirait. Éducation plus artistique que
morale, évidemment, plus propre à éveiller l'imagination et la finesse du goût qu'à tremper la
volonté et à fortifier le caractère, c'est incontestable. L'art ne peut, à lui seul, gouverner toute la
vie. Il reste nécessairement confiné dans le domaine de la contemplation. Il est une force plus
spéculative que pratique. Mais il est juste de dire
que, dans ce domaine au moins, le seul qui lui
appartienne, il a rempli son rôle à Athènes excel-
lemment, et qu'il a contribué, plus que partout
ailleurs, à faire du peuple qui s'en nourrissait une
race supérieurement humaine et civilisée.

§ 4. — LA SCIENCE.

Il eût été bon, sans doute, qu'à côté de cet art
admirable une science solide contribuât à l'éducation de l'Athénien, en lui enseignant la probité

intellectuelle, le goût du vrai inaltéré, la soumission au fait prouvé, l'énergique et patient labeur
de la recherche. Nous avons vu que la science
naissante avait eu peu d'action sur le peuple pris
en masse, et qu'elle s'était confinée dans des cer-
cles restreints. Il faut ajouter que ce ne fut pas
un mal. La science de ce temps se présente sous
une forme essentiellement dialectique et logique ;
elle renferme une forte dose d'arbitraire ; la culture
oratoire s'y mêle sans cesse et la gâte. Ce n'était
pas là une culture sans danger pour la foule,
plus capable de s'assimiler, en ces matières,
le mauvais ou le médiocre que le bon, et qui
n'était que trop disposée à tomber dans un dilettantisme sceptique.

Les effets moraux produits par ce mouvement
intellectuel sur la classe riche et instruite montrent
assez combien ce danger était réel. On voit bien
ce qu'un Alcibiade et un Critias ont gagné en ressources dialectiques à fréquenter les sophistes et
les philosophes. Mais on voit encore mieux ce
qu'ils y ont acquis de scepticisme moral et d'indépendance de conscience à l'égard des principes
de conduite sur lesquels repose la vie sociale.

Xénophon distingue quelque part, entre les disciples de Socrate, ceux qui étaient attirés vers lui
par l'exemple de sa vie si pure et ceux qui recher-
chaient surtout dans ses discours le modèle d'une

dialectique propre à dissoudre tous les principes et tous les scrupules. Au dire du même Xénophon, qui n'est pas suspect de partialité pour la démocratie, les riches d'Athènes, les cavaliers et les hoplites, tous gens plus ou moins instruits et cultivés, étaient les plus indisciplinés des Athéniens, et se faisaient une sorte de gloire de mépriser l'obéissance aux lois[1]. A vrai dire, la science proprement dite se cherchait encore. Il n'y a pas à regretter que, dans l'état imparfait où elle était, les circonstances l'aient éloignée de la foule, qui ne pouvait y trouver un principe de force et de vertu. L'agnosticisme d'un Protagoras ou d'un Gorgias risquait d'aboutir dans la pratique à un scepticisme dissolvant.

La religion philosophique de Socrate s'appuyait sur une dialectique trop subtile pour des intelligences mal préparées : c'est surtout la partie destructive du socratisme qui frappait la foule, et par là Socrate rejoignait les sophistes sur le terrain du scepticisme.

Quant aux disciplines positives des géomètres, des médecins, des physiciens, il est clair qu'elles étaient trop spéciales pour agir encore sur le grand nombre et même pour être comprises. Le *Strepsiade* d'Aristophane ne voit dans les sciences nouvelles qu'un art de ne pas payer ses dettes. L'étude des

1. *Mémor.* II, 5, 19.

phénomènes célestes lui paraît de même ordre
que les pratiques des sorcières de Thessalie.

C'est bien ainsi que la foule devait entendre les
choses, et le temps n'était pas venu où la science
naissante pouvait sortir de l'École sans dommage
pour l'esprit public.

§ 5. — LA VIE.

Mais la vie proprement dite est, en tout pays et
en tout temps, une grande école. Les anciens distinguaient déjà très nettement la différence des
caractères intellectuels et moraux que produisait
dans les cités leur manière de vivre, selon qu'elles
demandaient habituellement leurs ressources à
l'agriculture ou au commerce maritime et à l'industrie. Chez les agriculteurs, ils avaient noté un
esprit plus traditionnel et plus solide, chez les
commerçants et les marins, au contraire, une
imagination plus vive et plus mobile. Il serait imprudent de généraliser cette remarque au point
d'en faire une loi rigoureuse. Les faits sociaux
sont trop complexes pour se ramener à des lois
aussi simples. Celle-ci renferme pourtant, toutes
choses égales d'ailleurs, une part notable de vérité. Or, Athènes était une cité essentiellement
maritime et commerçante, et l'influence de cette
manière de vivre s'exerçait dans le sens même des

instincts innés de la population, plutôt qu'elle ne les corrigeait et les réglait. La situation géographique d'Athènes avait toujours favorisé ces tendances voyageuses et aventureuses. Le rôle de la marine pendant les guerres médiques, ensuite l'établissement de la confédération de Délos et la politique impérialiste qui en avait été la conséquence, avaient travaillé dans le même sens.

Cependant, jusqu'à la guerre du Péloponèse, une sorte d'équilibre avait été maintenu entre la vie rurale et la vie maritime. Thucydide nous parle du goût très vif des Athéniens pour leurs champs et de l'habitude où ils étaient de vivre le moins possible à la ville. La guerre du Péloponèse rompit ces habitudes. Durant les invasions spartiates, les campagnards furent obligés de se réfugier dans Athènes. Beaucoup y restèrent. La vie urbaine était séduisante, avec ses fêtes religieuses incessantes, ses assemblées politiques, ses travaux moins durs que ceux des champs. Les étrangers affluaient dans la ville et au Pirée. Le sol de l'Attique, trop maigre, ne suffisait pas à produire le blé nécessaire à une population relativement considérable. Il fallait donc exporter pour pouvoir acheter du blé. Au IVᵉ siècle surtout, nous voyons la place que tiennent les importations de blé dans les préoccupations des hommes d'État. On en fait venir notamment des royaumes à demi-barbares

qui bordaient le Pont-Euxin, et le libre transit du
Bosphore est, pour Athènes, une question de vie
ou de mort. Avec quoi payer ces achats ? D'abord
avec certains produits naturels du sous-sol attique :
le marbre des montagnes et l'argent du Laurium ;
ensuite avec des objets fabriqués, surtout des
armes, des bijoux, des poteries, des objets d'art.
Xénophon, dans le traité des *Revenus*, insiste particulièrement sur les carrières de marbre et sur
les mines d'argent, qu'il veut voir exploiter avec
plus d'activité et plus de méthode.

On sait l'importance des fabriques d'armes à
Athènes et l'extraordinaire diffusion de la céramique athénienne dans tout le monde ancien.
L'industrie et le commerce se substituaient ainsi
peu à peu à la vie agricole. La marine, indispensable à tout ce mouvement d'importation et d'ex-
portation, s'en accroissait d'autant. La pêche, le
cabotage, les voyages au long cours suivaient le
même progrès. De grandes banques se fondaient
et enrichissaient une nouvelle classe d'hommes,
parmi lesquels les anciens métèques et les affranchis n'étaient pas rares. Bref, Athènes devenait de
plus en plus une capitale industrielle, commer-
ciale, artistique, et cette transformation exagérait
encore les tendances naturelles de l'esprit athénien à une mobilité un peu aventureuse. Ces marins, ces hommes d'affaires, ces artistes, en

relation avec toutes les cités du monde grec et
une partie du monde barbare, y gagnaient en
intelligence des hommes et des choses, en hardiesse de vues. Ils gardaient de bonnes habitudes
d'activité. Ils apprenaient à calculer les risques et
à les affronter. Ils accroissaient en eux-mêmes le
sentiment de la grandeur d'Athènes. Et c'étaient
là des avantages. Il y avait pourtant un revers à la
médaille : le souci de l'intérêt personnel, le goût
de l'argent et du bien-être se développaient en
même temps que cette forme d'activité. Au v⁰ siècle,
c'étaient surtout les monuments publics qui étaient
magnifiques : la vie des particuliers était simple.
Au iv⁰, le luxe privé s'accroît très sensiblement.
L'individualisme, inné chez le Grec et surtout chez
l'Athénien, tend à se transformer en égoïsme. Les
sacrifices désintéressés au bien public semblent
plus pénibles. La politique elle-même peut apparaître à quelques-uns comme une affaire personnelle encore plus que comme le soin de l'intérêt
général.

On dit souvent que le travail était peu honoré
dans la Grèce antique et que l'idéal de la vie,
pour un homme libre, était de s'adonner à la politique et à la pensée pure. Pour ce qui est d'Athènes,
en particulier, il y a des distinctions à faire. Les
philosophes méprisent, en effet, le travail manuel.
Aristote, comme Platon, exclut de la cité idéale le

manœuvre, celui des champs et celui de la ville (βάναυσος, γεωργός), dont l'activité n'exige que des muscles et ressemble à celle de l'esclave[1]. Ils méprisent aussi le commerce du petit détaillant, du κάπηλος, qui achète et revend par routine, avec un maigre profit, moyennant une faible dépense d'intelligence, et qui n'a pas le temps de cultiver son esprit. En cela, ils sont certainement d'accord avec le sentiment de la classe cultivée d'Athènes; mais on trouverait sans peine, chez les modernes, l'expression fréquente de sentiments analogues. Si l'on réfléchit que beaucoup de ces occupations inférieures étaient accomplies dans l'antiquité par des esclaves, il est encore plus naturel qu'il en rejaillît quelque dédain sur les hommes libres qui les exerçaient. Il est certain aussi qu'un Platon, un Aristote avaient peu de tendresse pour le genre d'activité d'un grand commerçant (ἔμπορος) ou d'un artisan d'ordre supérieur (τεχνίτης). Aristote ne veut pas que la cité idéale fasse plus de commerce extérieur que ne l'exigent ses propres besoins. Il lui défend d'être un marché universel, et ne voit dans cette extension des affaires commerciales qu'une preuve d'avidité contraire à la vraie morale et à la bonne politique[2].

Cette opinion se comprend de la part de pen-

1. *Polit.*, p. 1328-1329, Cf. cependant Xénophon, *Mém.*, II, 7.
2. *Polit.*, IV, p. 1327, A, 27-31.

seurs adonnés à la science pure et enivrés de l'enthousiasme que leur inspire la recherche de la vérité désintéressée. Un sentiment analogue n'est pas rare chez les spéculatifs de tous les temps. Mais on ne saurait dire qu'une telle manière de voir fût générale dans la société athénienne. C'est le contraire qui est vrai. Thucydide loue expressément la constitution démocratique d'avoir ouvert la vie publique aux travailleurs (πρὸς ἔργα τετραμμένοις) et leur reconnaît une aptitude suffisante à la gestion des choses de la cité. Toute l'histoire d'Athènes montre que la manière de voir de Thucydide était celle de la plupart des Athéniens. Solon déjà, nous l'avons vu, ne jugeait pas indigne de lui de s'enrichir par le commerce. Au v° et au IV° siècles, nous rencontrons une foule d'hommes qui doivent leur fortune au travail et qui n'en sont pas moins considérés. Céphale, le père de Lysias, est un fabricant d'armes et de plus un métèque. Il n'en figure pas moins, dans la *République* de Platon lui-même, comme un homme dont la vieillesse est entourée du respect général. Démosthène n'éprouve aucun embarras à parler de la fortune honorablement acquise par son père dans la même industrie.

N'accusons donc pas la société athénienne, en général, d'avoir méprisé le travail. Elle était trop laborieuse dans son ensemble pour tomber dans ce travers et pour méconnaître la dignité d'une existence qui se suffit à elle-même sans rien demander à personne.

En fait, à partir du milieu du v⁰ siècle, on voit les hommes d'État influents sortir souvent de la bourgeoisie moyenne. C'est à elle qu'appartiennent Cléon et Hyperbolos. Cela scandalise les aristocrates, parce que c'était nouveau. Mais cela même prouve que le travail n'était pas aussi dédaigné par l'opinion publique qu'on le croit souvent.

Il n'y a pas, à vrai dire, une grande différence a cet égard entre le point de vue athénien et le point de vue moderne.

Ce qui est vrai seulement, c'est que l'Athénien était soumis, en pratique, à une tentation dangereuse, à laquelle il ne pouvait guère se soustraire, et qui dut exercer sur beaucoup de citoyens une action funeste. Je veux parler de la facilité qu'il trouvait à se contenter du modeste salaire que la loi lui assurait comme membre de l'Assemblée, ou du Conseil, ou du tribunal des Héliastes, et à vivre chichement de ce produit. Cela ne l'induisait pas au mépris théorique du travail, mais cela pouvait encourager sa paresse. La vie était bon marché à Athènes, et trois oboles suffisaient à la rigueur pour assurer au citoyen le pain, le poisson salé, les figues et les oignons qui assuraient sa subsistance et celle de sa famille. C'était là, pour les paresseux, une facilité dangereuse, et l'on ne saurait guère douter que cette organisation, peut-être inévitable, en tout cas logique, ne fût peu propre à développer cette espèce de moralité que donne l'habitude d'un travail régulier. Les orateurs, surtout, trouvaient trop aisément le moyen de vivre de la politique. En tous pays, c'est un danger. Nous y reviendrons tout à l'heure et nous verrons ce que leur dignité a pu y perdre. Pour le moment, sans nier l'inconvénient général du système, bornons-nous à remarquer que l'essor industriel et commercial d'Athènes suffit à montrer que le mal n'était pas aussi répandu qu'on pourrait le croire, et surtout que, s'il y eut trop de flâneurs et de paresseux à Athènes, ce fut moins par système que par laisser-aller.

Reste enfin, quand il s'agit de la culture générale du peuple athénien, un autre élément qu'il ne faut pas négliger : c'est l'espèce d'éducation qui résulte pour chacun du frottement avec tous, l'éducation du monde et celle de l'Agora.

Les Athéniens riches, ou simplement aisés, aimaient à se réunir le soir dans des banquets, pour y boire d'abord, mais aussi pour y chanter, pour y entendre de la musique, et surtout peut-être pour y causer. Les *scolies*, ou chansons de table, sont un genre littéraire très cultivé. La littérature, on le sait, nous offre d'illustres exemples de banquets où l'on cause. Les femmes en étaient exclues, à moins que ce ne fussent des courtisanes. Mais quelques-unes de celles-ci, on le sait également, étaient fort cultivées et spirituelles, et le ton des banquets où elles figuraient devait souvent à leur présence plus de grâce légère et d'élégance. L'esprit de société, vif et brillant, trouvait donc à Athènes des occasions fréquentes de s'exercer.

Mais l'Athénien n'avait pas besoin de ces réunions pour causer et pour discuter. Les occasions ne lui manquaient pas et il savait les faire naître.

Comme tous les méridionaux, l'Athénien vit beaucoup en plein air. Il est naturellement curieux et bavard. Dès le matin, l'Agora se remplit de monde. Socrate, l'intarissable causeur, est toujours sûr d'y rencontrer à qui parler. D'autres, les jeunes gens surtout, se rendent aux gymnases. Partout, ce sont des nouvelles qui s'échangent, des discussions qui s'engagent. Le nouvelliste est un type athénien. Le discuteur en est un autre; tout bon sophiste est prêt à répondre au premier venu. L'homme du peuple, la marchande de légumes, ne sont pas moins prompts à la riposte ni moins avides de savoir ce qu'on dit. Toutes les idées qui s'échangeaient entre ces infatigables « cigales » athéniennes n'étaient pas de premier ordre assurément. Ce qu'on peut affirmer seulement, c'est que la vivacité naturelle de l'esprit ne pouvait manquer de s'augmenter et de s'affiner encore dans ce feu de paroles qui faisait d'Athènes tout entière comme un vaste « salon où l'on cause », et Isocrate n'avait sans doute pas tort de déclarer que les simples particuliers d'Athènes auraient passé partout ailleurs pour des professionnels en matière de discours.

III. — L'éducation politique.

Jusqu'ici nous n'avons parlé que de la culture générale de l'Athénien. Arrivons à son éducation politique proprement dite.

§ 1. — LA PRATIQUE DES AFFAIRES.

Et tout d'abord, il faut reconnaître que si un métier, quel qu'il soit, s'apprend par la pratique mieux que par tout autre moyen, jamais peuple ne trouva dans ses institutions plus d'occasions d'apprendre la politique. La vie de l'Athénien, nous l'avons vu, se passe en grande partie dans les assemblées et dans les magistratures. Il était impossible qu'il n'y apprît pas en quelque mesure son métier de citoyen. Que cette éducation eût ses défauts, qu'elle tendît à développer certaines qualités vives de son intelligence et de son imagina-

tion plus que les habitudes non moins nécessaires
de réflexion prudente, de possession de soi et de
moralité sévère, nous essaierons de le montrer.
Mais il ne faut pas nier non plus ses heureux
effets.

Au Conseil des Cinq-Cents, le citoyen apprenait
la préparation des affaires. Il avait même, à son
tour, son jour de présidence, où sa responsabilité
s'accroissait. Si cette présidence tombait un jour
d'Assemblée, c'était lui, l'inconnu de la veille et
du lendemain, qui avait la charge de diriger
la discussion et de maintenir l'ordre. A l'Assemblée, soit comme membre du Conseil, soit comme
simple citoyen, il assistait à toutes les délibéra-
tions et pouvait y prendre part. Il s'instruisait des
intérêts de la cité en écoutant les orateurs; il par-
tageait la responsabilité collective du vote final.
Une femme, dans une comédie d'Aristophane,
ayant fait un éloquent discours à ses compagnes,
l'une d'elles lui dit : « Où as-tu donc appris à si
bien parler, Praxagora? — « A l'Assemblée »,
répond-elle. C'était l'histoire de tous les Athéniens, qui apprenaient de la même manière non
seulement à parler, mais aussi à connaître les
hommes et les choses. L'Athénien qui avait entendu
pendant vingt ans un Périclès ou un Démosthène
exposer sa politique, rappeler les intérêts essentiels de la cité, analyser chaque question particu-

lière en la rattachant aux grandes traditions de la
politique nationale, n'était plus tout à fait un pro-
fane. Il était facile à un homme intelligent (et l'intelligence n'était pas rare chez ce peuple) d'acquérir ainsi une éducation politique très supérieure à
celle que peut donner chez les modernes la lecture superficielle d'un journal de parti. Cette publi-
cité au grand jour de l'Agora est une redoutable
épreuve pour les idées : le bon sens collectif, souvent supérieur à celui des individus, selon la
remarque d'Aristote, passait au crible les opinions,
et fortifiait la raison de chacun[1].

Il ne faut pas non plus mépriser la tâche du
juge, de l'Héliaste, malgré les plaisanteries d'Aristophane. La probité professionnelle est une vertu
très répandue. L'homme qui tenait entre ses
mains le sort d'un accusé ou d'un plaideur, et qui
entendait soit l'intéressé lui-même, soit un habile
avocat, lui rappeler avec éloquence ses devoirs de
juge, les engagements religieux du serment prêté
par lui, la grandeur civique de son rôle, cet
homme-là n'était pas d'ordinaire un Philocléon
grotesque empressé à condamner pour le plaisir.
Il tâchait de comprendre et de bien juger. Il apprenait ainsi peu à peu les innombrables affaires qui
composent la vie d'une grande cité. Il s'efforçait
d'appliquer la loi, et pour cela, il lui fallait d'abord

1. ARISTOTE, Polit., III, 11, p. 1281, B, 34.

la bien connaître, tâche rendue presque aisée par
les admirables discussions des logographes. Des
discussions de ce genre, qui sont souvent des
modèles de précision juridique et d'élévation
morale, sont tout à l'honneur des juges qui méri-
taient qu'on leur parlât un si beau langage. Que la
faveur et la passion décidassent parfois de la sen-
tence, c'est trop évident, puisque ces juges étaient
des hommes, et que les causes à juger étaient souvent des causes politiques. Même dans les causes
purement civiles, on voit d'habitude les plaideurs
invoquer à l'appui de leurs arguments juridiques
le souvenir des services rendus par eux à la démocratie et faire vibrer les sentiments. Il n'en est
pas moins vrai que, dans l'ensemble, les plaidoyers athéniens nous donnent une idée favorable
des juges et que le tribunal des Héliastes n'était
pas une mauvaise école pour le citoyen.

Il faut en dire autant des innombrables charges
que chaque citoyen avait sans cesse à remplir à
tour de rôle, depuis les plus hautes, comme l'archontat, jusqu'aux plus modestes, comme la surveillance des marchés ou des rues. Il n'y en avait
pas une seule qui ne mît l'Athénien en contact
direct avec la réalité des choses, qui ne l'obligeât
à faire preuve de vigilance, de respect des lois, et
qui n'entraînât pour lui des responsabilités de
nature à le faire réfléchir sur ses devoirs envers

la cité. C'était là, sans aucun doute, un élément efficace d'éducation politique.

Voici maintenant les inconvénients de ce système.

La parole y tenait une place qu'on peut juger excessive. Toutes les affaires se discutaient en public, devant la foule, et le talent de la parole, indispensable pour se faire écouter d'une assemblée nombreuse, y prenait forcément une valeur quelque peu disproportionnée, au détriment des qualités moins brillantes de réflexion et de sagesse. Il est vrai que le peuple s'en rendait compte et qu'il se méfiait parfois de l'habileté des orateurs. Thucydide rapporte qu'Antiphon, le premier orateur de son temps, montait rarement à la tribune, parce que le peuple redoutait le prestige de son éloquence[1]. Mais Antiphon avait plus d'une raison d'être suspect : c'était un ennemi déterminé de la démocratie, et ses sentiments n'étaient pas ignorés. Il est permis de penser que si sa politique eût été différente, la méfiance du peuple eût été moins en éveil. En fait, tous les hommes d'État athéniens, surtout depuis le milieu du ve siècle, sont des orateurs d'une grande puissance de parole. Quelques-uns y joignent la force de la pensée, mais d'autres, semble-t-il, n'ont pas eu moins d'influence sans avoir le même genre de mérite. La

1. Thuc., VIII, 68, 1

voix tonnante de Cléon, son action véhémente à la tribune, étaient d'importants facteurs de son succès. Démosthène ne cesse de mettre en garde les Athéniens contre la voix mélodieuse d'Eschine, et celui-ci, à son tour, avertit le peuple de ne pas se laisser prendre aux cris et aux serments de Démosthène, non plus qu'à ses phrases trop bien faites et à ses arguments captieux.

Ces luttes de parole, devant un peuple foncièrement artiste, tournaient forcément au spectacle oratoire. Démosthène encore dit quelque part qu'il ne s'agit pas de juger l'éloquence des orateurs, mais la justesse de leurs vues pour le salut de la patrie. Déjà le Cléon de Thucydide mettait le peuple en garde contre son habitude de voir trop souvent dans les grands débats de la tribune une joute sophistique d'esprit et d'éloquence[1]. La tentation était forte, en effet, de se laisser griser par l'attrait du spectacle. Il y avait souvent un véritable drame dans ces joutes oratoires, où les orateurs s'engageaient de toute leur personne pour un enjeu qui pouvait être tragique. Il s'agissait parfois de leur fortune et même de leur existence. Le fond de la question risquait de disparaître ou de se voiler aux yeux du peuple, devant l'âpreté pathétique de ces luttes ardentes où les idées n'étaient pas seules en conflit, mais où l'individua-

1. Thucydide, III, 37, 4-5.

lisme incoercible de l'esprit athénien introduisait
un élément dangereux de rivalité personnelle et de
haine. Le drame était trop intéressant pour laisser
à la froide raison des auditeurs toute sa liberté.
Eux-mêmes entraient dans le jeu, et c'était souvent leur passion qui décidait.

Un autre inconvénient de cet abus de la parole
était de faire illusion parfois sur l'efficacité de son
action. Chaque discussion aboutissait à un
décret. Rien de mieux, à la condition que le décret
fût raisonnable et qu'il fût exécuté. Mais il n'en
était pas toujours ainsi. L'ardeur qui se dépensait
autour de la tribune tombait parfois après la
séance. Il semblait que le vote d'un décret termi-
nât tout. Après qu'on s'était disputé avec passion
pour ou contre une mesure à prendre, personne
n'y songeait plus : le drame était achevé, et l'on
n'avait plus la force de s'intéresser à ce qui se passait après la chute du rideau. Démosthène
abonde, sur ce point, en reproches âpres et véhé-
ments, qu'on sent vrais. Il parle de ces envois de
renforts qu'on décrète, et qui n'existent que sur le
papier (ἐπιστολιμαίους). Il dit aux Athéniens que
ce qui importe pour rassurer les Grecs, ce n'est
pas de faire de belles manifestations oratoires, car
tout le monde sait que les paroles ne leur ont
jamais manqué; mais c'est de montrer des actes,
qu'on leur voit faire trop rarement. Il n'

demande pas de grandes levées de troupes : il est trop facile de mettre dans une proposition des chiffres ronflants et vains; il demande quelques mesures modestes, mais réellement exécutées. Tout cela revient à dire que l'Athénien, à force d'entendre de beaux discours et de rendre de beaux décrets, perd de vue la réalité; que toute cette éloquence encourage au fond des âmes l'aptitude à se payer de mots; qu'à force de parler, on oublie d'agir. La frivolité, la légèreté politique si souvent reprochées à la démocratie athénienne ont certainement leur source, pour une forte part, dans l'abus de la parole, et cet abus était trop conforme à quelques-uns des instincts de l'âme athénienne, ardente et imaginative, pour n'être pas singulièrement dangereux.

De là résultait aussi un excès de nervosité qui était naturel, sans doute, à la race, mais que cette manière de vivre devait développer. On n'abuse pas impunément des émotions trop fortes. Chez ce peuple de politiciens artistes, il était inévitable que la mobilité naturelle de l'imagination, excitée encore par le contact de tous dans des assemblées tumultueuses, s'exagérât parfois en impulsions désordonnées. Un événement imprévu pouvait faire perdre au peuple tout sang-froid. Ce n'est pas qu'il manquât de courage ni même d'héroïsme. Dans les dangers extrêmes, il était capable

de se ressaisir, et cela aussi bien à la veille de la
domination macédonienne qu'au début de sa
période glorieuse. Lorsque les Perses brûlèrent
Athènes, le peuple, au lieu de se soumettre, monta
sur ses vaisseaux et combattit à Salamine. Après
Chéronée, l'Assemblée vota une couronne d'or à
Démosthène. Mais dans des circonstances beaucoup moins graves, il perdait la tête : ainsi après
la bataille des Arginuses et après la prise d'Élatée.
A d'autres moments, il s'exaltait sans raison :
vainqueur à Sphactérie, il refusa la paix à Lacédémone; sur un bruit vague que Philippe est mort
ou blessé, il s'abandonne à une joie délirante. On
trouve sans cesse, dans son histoire, le même
défaut d'équilibre : tantôt des espérances sans
limites, par exemple au début de la guerre de
Sicile, ou bien des découragements excessifs, qui
se traduisent par l'abandon momentané de chefs
populaires, comme Périclès ou Démosthène; tantôt des cruautés contraires à sa nature (affaire de
Mitylène), suivies de remords et de brusques
retours ; des crédulités irréfléchies et des soupçons
sans fondement; des mouvements en tous sens qui
devaient déconcerter et choquer la raison des philosophes.

Un autre défaut plus grave, chez ce peuple souverain, maître absolu de ses affaires, fut de se
laisser aller peu à peu aux vices qui sont l'effet

ordinaire de la toute-puissance, quand celle-ci n'a
pas pour contrepoids une raison supérieure ou
une moralité intransigeante, aussi rares, à vrai
dire, chez les individus que chez les peuples pris
en masse. La toute-puissance crée naturellement
l'orgueil, par une loi bien connue de la vieille
morale grecque, qui en trouvait la démonstration
dans les exemples des héros de la fable, des rois
du passé et des Eupatrides contemporains : Hybris
engendre Koros, qui à son tour engendre Até, la
calamité divine et vengeresse. Le peuple ne pouvait échapper complètement à cette loi, qui a ses
racines au plus profond de la nature humaine.
Comme tous les puissants, il s'admira lui-même.
Tous ses hommes d'Etat lui disaient sa force et sa
gloire. Les honnêtes gens lui parlaient ainsi pour
l'exciter à se montrer digne de lui-même. D'autres
le flattèrent pour obtenir sa faveur : le mot « démagogue » est essentiellement athénien. L'orgueil,
chez lui, se changea souvent en vanité puérile,
facilement crédule aux discours flatteurs, ennemie
des vérités désagréables. Tout n'est pas faux dans
l'énorme bouffonnerie d'Aristophane imaginant
son Pseudartabas, le faux ambassadeur du roi de
Perse. Louis XIV lui-même, dit-on, fut dupe d'une
histoire du même genre. Platon compare le peuple
souverain à un tyran : chez l'un comme chez
l'autre, il trouve une âme malade, prompte aux

soupçons, hostile à la vérité. Aristote emploie la
même comparaison. Aristophane se moque aussi,
à maintes reprises, de cet esprit soupçonneux qui
fait voir partout au peuple des conjurés. Avouons
cependant que ce n'était pas tout à fait sans raison, quelques années avant le coup d'État des
Quatre-Cents. C'est la crainte de la vérité, sans doute,
plus que l' « envie démocratique », qui explique
certaines injustices du peuple à l'égard de ses
meilleurs conseillers, un Aristide, un Phocion. Ce
n'est pas qu'il fût l'ennemi de leur vertu, mais, par
vanité, il ne pouvait croire à la vertu, c'est-à-dire à
la sincérité, de ces hommes qui ne l'admiraient
pas dans ses caprices. Ce vice, à vrai dire, n'est
particulier ni à l'antiquité ni à la démocratie.
Ajoutons, pour être juste, que si le peuple athénien n'en a pas été exempt, sa douceur naturelle
l'a ordinairement préservé des pires excès de ce
genre, et qu'il a été un tyran plutôt débonnaire.
Aristide n'a été frappé que d'ostracisme, et Phocion, qui fut condamné à boire la ciguë, passait
pour un ami de la Macédoine. C'est surtout à lui-
même que le peuple a fait du tort le plus souvent,
par sa facilité à croire ceux qui le flattaient plutôt
que ceux qui l'avertissaient. Et n'oublions pas
non plus que, quand il a trouvé un Démosthène,
dont le patriotisme et le dévouement à la démocratie n'étaient pas suspects, il a su, malgré la

rude franchise du grand orateur, lui faire crédit et
le maintenir au pouvoir même après l'échec final
de sa politique.

Ceci nous amène à parler des chefs du peuple,
de ses conseillers, plus indispensables à une démocratie, qui est une foule, qu'à un roi. En somme,
beaucoup des défauts de la démocratie athénienne
viennent de ce qu'elle a souvent manqué de direction. Dans quelle mesure ce défaut de direction est-il
imputable soit à elle-même soit à ceux qui auraient
pu et dû la diriger?

§ 2. — LES PARTIS ET LEURS CHEFS : LES ORATEURS.

Ne parlons pas des magistrats proprement dits.
Nous avons vu que tous, sauf les stratèges et
quelques magistrats financiers, sont tirés au sort.
C'est assez dire qu'ils n'ont guère d'influence. On
ne voit pas d'ailleurs que ces magistrats tirés au
sort, dont le rôle est surtout administratif et judiciaire, se soient mal tirés de leur tâche en général. Tous les témoignages sont d'accord pour
vanter le bon ordre qui présidait aux fêtes religieuses, si nombreuses à Athènes. Nous ne voyons
nulle part la moindre preuve que les fonctions
civiles et judiciaires aient été moins bien remplies.
Quant aux stratèges et aux intendants des finances,
il ne semble pas non plus que les choix fussent

ordinairement mauvais. L'élection de Cléon comme
stratège est une exception évidente, et encore
cette fantaisie tourna-t-elle bien la première fois,
puisque Sphactérie fut prise. Le plus souvent, on
appelle à ces postes des hommes du métier, parmi
lesquels la proportion des incapables ne fut probablement pas plus forte que dans tout autre
pays. Des aristocrates comme Cimon, Nicias,
Timothée, Phocion furent élus stratèges à maintes
reprises. Parmi les financiers, les noms d'Eubule
et de Lycurgue sont synonymes de probité professionnelle et de compétence. On peut donc dire
qu'en général les choix faits par le peuple
n'étaient pas mauvais et surtout ne portaient
aucune trace d'esprit sectaire. Aristote remarque
même que la démocratie, pendant assez longtemps, nomma volontiers stratèges des hommes que
l'illustration de leur famille recommandait plus que
leur mérite personnel[1]. — Mais l'influence politique
d'un stratège, d'un intendant des finances, n'est
pas par elle-même prépondérante : elle se mesure
à son rôle comme orateur. Pendant la plus grande
partie du vᵉ siècle, il arrive souvent que le même
homme soit à la fois stratège et orateur écouté :
ainsi Thémistocle, Aristide, Périclès, Nicias, Alcibiade. Plus tard, cela devient rare. Les deux fonctions se spécialisent ; chacune est exercée par des

1. *Const. Ath.*, 26, 1.

professionnels. L'orateur alors est un politicien proprement dit, et son influence est nettement distincte de celle du général. Elle est d'ailleurs la plus importante, puisque c'est lui qui dirige la politique et qui est le véritable chef du peuple (προστάτης τοῦ δήμου) ; chef librement accepté, sans titre officiel, et toujours révocable, mais dont l'autorité, purement morale, n'en est pas moins la première de toutes, puisqu'il incarne en sa personne l'âme de la cité, et donne un corps à ses volontés. Arrivons donc à ces véritables maîtres de la politique athénienne, les orateurs, et voyons ce qu'ils étaient.

On a souvent reproché à la démocratie athénienne la médiocre distinction intellectuelle et morale de ceux dont elle faisait ses favoris. Les hommes bien élevés, bien posés (γνώριμοι, ἐπιεικεῖς), étaient rares parmi eux. En revanche, on y trouvait des corroyeurs, des fabricants de lyres, des gens de basse naissance et d'éducation sommaire.

Mais il convient d'abord de remarquer que pour devenir un orateur influent, il fallait le vouloir. Or, beaucoup de ces hommes distingués ne le voulaient pas. Les uns étaient retenus par une timidité naturelle qui leur faisait redouter les tumultes de la place publique. Leur distinction même leur inspirait une fausse délicatesse qui leur rendait pénible le contact de la foule : ils n'étaient tout à fait eux-mêmes que dans un cercle choisi, parmi leurs semblables et leurs pairs. Tel ce Charmide, fils de Glaucon, à qui Socrate, dans les *Mémorables*, reproche sa crainte des assemblées[1]. D'autres, occupés de hautes pensées, adonnés à la philosophie, méprisaient les choses contingentes et se vantaient d'ignorer le chemin de l'Agora[2]. D'autres encore, comme Isocrate, manquaient de voix, ou dédaignaient en artistes les *à peu près* de l'improvisation. Autant de forces perdues pour la vie publique. Beaucoup enfin, occupés de leurs affaires et de leurs intérêts privés, évitaient de perdre leur temps à l'Assemblée ou dans les tribunaux, laissant ainsi le soin des affaires publiques à ceux qui n'avaient rien de mieux à faire et qui en vivaient[3]. Et je ne parle là que des honnêtes gens, qui n'étaient pas des ennemis irréconciliables de la démocratie, et qui auraient pu, avec plus d'énergie, lui rendre des services.

Mais il y avait aussi, parmi les « honnêtes gens » (ἄριστοι), beaucoup d'adversaires systématiques du peuple, qui ne pouvaient ni ne voulaient collaborer avec lui. Bien que l'aristocratie, comme classe, fût vaincue depuis Solon, elle ne

1. III, 7.
2. PLATON, *Théétète*, p. 173, C.
3. ARISTOTE, *Polit.*, VI, p. 1293, A, 6-10.

désarma pas de longtemps. Pendant tout le
Ve siècle, elle est toujours prête à reprendre
l'offensive. Non seulement elle existe à l'état de
parti constitué et officiel, mais encore elle a ses
hétairies, c'est-à-dire ses clubs qui sont en même
temps des sociétés secrètes, et où l'on travaille au
renversement de la Constitution démocratique.
Les plus intelligents et les plus actifs de ses
membres sont l'âme des hétairies, qui préparent
et organisent successivement la révolution des
Quatre-Cents, puis le gouvernement des Trente.
Un Antiphon, un Pisandre, un Théramène, qui
auraient pu être des hommes d'État influents, se
réduisent ainsi au rôle de conspirateurs et d'émi-
grés à l'intérieur. Ils appellent de leurs vœux la
victoire de Lacédémone. L'esprit de parti, en
Grèce, a toujours été plus fort que le sentiment de la solidarité civique. Dans toutes les cités,
les aristocrates appellent à l'aide Lacédémone
contre la démocratie victorieuse, et celle-ci, à son
tour, invoque le secours d'Athènes. Les aristocrates athéniens ne font pas exception à la règle.
Xénophon lui-même était à la bataille de Coronée
aux côtés d'Agésilas qui combattait une armée
athénienne. L'unité supérieure de la Grèce considérée comme la patrie commune de tous les Hel-
lènes explique en partie ces défaillances du patriotisme local, mais cette explication ne suffit pas :

car on appelait aussi à l'aide le barbare, le Perse,
en cas de besoin. Il faut convenir que l'esprit de
parti était une forme détestable de la lutte de
classes, et que les aristocrates n'avaient à cet
égard aucune supériorité morale sur leurs adversaires.

Après le renversement des Trente et l'amnistie
de Thrasybule, le parti aristocratique est abattu
définitivement. Mais il se forme peu à peu une
classe nouvelle, un parti des riches, grâce au
développement de l'industrie et du commerce.
Ceux-ci ne sont plus des révolutionnaires, ou du
moins ils n'étalent plus leurs visées, parce qu'elles
n'auraient plus aucune chance de succès. C'est un
parti constitutionnel, comme nous dirions aujour-
d'hui. Beaucoup d'anciens aristocrates y entrent,
mais assagis ou découragés. Et ce groupe comprend surtout une foule de nouveaux riches, qui
désirent par-dessus toutes choses pouvoir con-
tinuer leurs affaires et ne pas compromettre leur
fortune. Ce sera le parti de la paix et des ménage-
ments envers la Macédoine. Dans ce parti de
modérés, il y a encore beaucoup d'hommes qui
n'ont pas le goût de la politique. Ils aiment mieux
vivre à leur aise, et méprisent la foule. Ils sont
loin de donner l'exemple des vertus civiques. C'est
parmi eux que se recrutent les cavaliers et les
hoplites dont parle Xénophon, et qui sont les

plus indisciplinés des soldats[1]. Le mépris des lois
est souvent pour eux une élégance. Ils se croient
tout permis[2]. S'ils interviennent dans la vie
publique, c'est plutôt par leur argent, en achetant
des magistrats ou des orateurs, que par une
action personnelle et franche. La démocratie
n'avait pas à compter sur ces parvenus arrogants
pour trouver des conseillers et des chefs.

Il y avait pourtant aussi, à côté d'eux, de fort
honnêtes gens, qui partageaient certaines de leurs
idées sans partager leurs vices. A l'égard de ceux-
là, le peuple n'avait point de parti pris. Un Lep-
tine, un Eubule, un Phocion étaient honorés et
écoutés. Après la guerre sociale, ils arrivèrent au
pouvoir, et le gardèrent pendant près de vingt
ans. Si les gouvernements modérés furent rares à
Athènes, ce n'est donc pas uniquement la faute de
la démocratie : mais c'est que les vrais modérés
étaient rares, et que le parti conservateur comptait plus de fanatiques irréconciliables que de
vrais politiques.

D'ailleurs, même quand les modérés n'étaient
pas au pouvoir, il ne faut pas croire qu'ils fussent
sans influence. Aristote remarque que le nombre
des citoyens de condition moyenne (μέσοι) est pro-
portionnellement plus considérable dans les grandes

1. *Mém.* III, 5. 19.
2. *Dém.*, *Midias.*

villes que dans les petites, à cause du développement des affaires [1]. Et il considère les μέσοι comme la force des démocraties, soit qu'ils possèdent la majorité dans l'Assemblée, soit qu'ils aient au moins la force de départager les adversaires et de faire pencher la balance du côté de la modération. Il n'est pas douteux qu'il n'en fût ainsi à Athènes, où les trois premières classes étaient nombreuses. Il ne faut donc pas se représenter l'Assemblée du peuple comme composée uniquement d'artisans grossiers. Ce qui est vrai seulement, c'est que ceux-ci en formaient une partie considérable, et que les μέσοι avaient d'autant moins de chance d'y faire prévaloir leurs opinions que les citoyens les plus riches leur rendaient la tâche plus difficile par l'exagération de leur intransigeance hautaine ou par leur dilettantisme insoucieux du bien public.

Pour toutes ces raisons, il fallut bien que le peuple acceptât pour chefs les meilleurs de ceux qui s'offraient à lui, ou du moins ceux qui lui paraissaient les meilleurs. Et ainsi, par l'abstention des conservateurs, se forma une classe de politiciens que ni leur naissance, ni leur fortune, ni leur éducation générale ne semblaient prédestiner à exercer un grand rôle dans l'État, mais qui réunissaient quelques-

1. *Polit.*, VI, 1296, A, 10.

unes des qualités naturelles imposées par la fonc-
tion, et qui les développaient par la pratique.

C'étaient, pour la plupart, des hommes de condition moyenne, parfois de naissance très modeste,
qui avaient de l'ambition, de l'énergie, de l'intelligence, un don de parole inné ou acquis, une
voix capable de s'imposer à l'Assemblée du peuple.
Ils étaient nombreux, et il y en avait de toutes
sortes : d'honnêtes et de malhonnêtes, de supérieurs et de médiocres, de considérés et de méprisés. Là comme partout, les hommes de génie
étaient rares, mais les hommes très intelligents
ne manquaient pas. Leur moralité publique et
privée était assez généralement suspecte, et les
risques de la profession expliquent pourquoi ces
soupçons étaient si facilement acceptés : un orateur n'était jamais sûr du lendemain, et les hommes
peu scrupuleux devaient chercher à tirer du succès
immédiat tout le profit possible. Il faut pourtant se
méfier des généralisations hâtives : les hommes
qui détiennent un grand pouvoir sont aisément
soupçonnés d'en abuser. Ce qui est vrai, c'est que
les tentations étaient nombreuses et que le scepticisme indulgent des mœurs publiques n'élevait pas
une barrière bien forte contre certaines de ces
tentations. Mais il ne s'ensuit pas que, d'une manière
absolue, l'influence des orateurs fût mauvaise ni
que leurs conseils fussent pernicieux.

Un point à noter d'abord, en effet, c'est la noblesse générale des idées exprimées dans tous les discours. Il est possible qu'Eschine fût un traître; mais il est certain qu'il parle toujours comme s'il ne l'était pas. Le respect de la loi, l'amour de la patrie, l'éloge des vertus publiques et privées sont le fonds commun de toute l'éloquence athénienne, sans exception. Il est plus que probable que Démade lui-même, le cynique Démade, gardait ses propos audacieux pour les entretiens privés : la foule ne les aurait pas soufferts. Il y a une moralité collective de la foule, selon l'observation d'Aristote, qui est supérieure à la moralité de beaucoup de ceux qui la composent. Athènes, en particulier, avait une trop longue habitude de la liberté pour souffrir d'autres maximes que celles dont s'était nourri son idéalisme pendant deux siècles d'une vie féconde et glorieuse. Ainsi, l'éloquence continuait d'être pour elle une sorte de prédication morale, même quand le prédicateur était indigne.

Dans la bouche des vrais hommes d'État, d'ailleurs, cette prédication prenait une force et une précision merveilleuses. A cet égard, l'éloquence de Démosthène est incomparable. Quand il définit, d'une manière générale, le rôle du véritable orateur, de celui qu'il appelle « le conseiller du peuple » (ὁ σύμβουλος τοῦ δήμου), son devoir de franchise absolue, d'étude sincère des faits, de réflexion intelligente, de responsabilité hardie, on sent, dans toutes ses paroles la chaleur d'une âme vigoureuse et saine. Et tous les détails de ses discours sont animés de la même inspiration : partout, il met le détail précis des choses sous les yeux des auditeurs; il propose des remèdes directs et appropriés; il gronde et il loue tour à tour; il fustige les faiblesses, et il loue les qualités pour les fortifier; et surtout, il se met tout entier dans son œuvre, sans crainte des risques à courir, toujours au plus fort du péril, avec un fier sentiment de sa responsabilité et un dédain sublime des conséquences qui peuvent en résulter pour sa personne. On peut dire que c'est l'honneur d'Athènes d'avoir été digne d'entendre une éloquence pareille, qui est comme le bréviaire de l'homme d'État. S'il est vrai, comme le disait Bossuet, après Cicéron, que ce sont les auditeurs qui font les orateurs et les prédicateurs, jamais témoignage plus éclatant ne fut rendu à la noblesse d'un auditoire, quels que fussent ses imperfections et ses faiblesses. Et cela, je le répète, est le fonds même de l'éloquence attique. Il n'y a pas un orateur athénien qui n'ait pris à tâche, chacun selon sa nature et son talent, de dégager de la constitution libérale d'Athènes et des faits de son histoire toute la somme d'enseignement civique et de haute culture morale qu'on en peut tirer.

Quels que fussent les vices personnels de certains orateurs, jamais on n'a tenu à un peuple un plus noble langage sur les vérités essentielles qui sont l'armature nécessaire de toute société civilisée.

Après cela, que valaient ces hommes individuellement, et dans quelle mesure leur vie publique et privée s'accordait-elle avec ces maximes?

Sur la vie privée des orateurs, les anciens ont beaucoup médit, et eux-mêmes ne se font pas faute de se critiquer les uns les autres. Il serait puéril de s'arrêter à toutes ces médisances, pour plusieurs raisons. D'abord, il serait nécessaire, étant donnée la violence des disputes, de soumettre ces médisances à une sévère critique, ce qui est impossible dans le détail : il est certain qu'il y avait, parmi les orateurs, des buveurs d'eau et des prodigues, des hommes intègres et des coquins. Le contraire serait impossible. Ensuite, on admettra sans peine que ces hommes ardents et artistes ne fussent pas tous aussi réglés dans leurs mœurs que des philosophes. Enfin, et c'est l'essentiel, les vertus de famille ne sont pas toujours une garantie de probité politique ni surtout de clairvoyance dans les problèmes de la vie publique, ce qui est la vertu essentielle de l'homme d'État : Eschine paraît avoir été un bon fils, un frère dévoué, et cependant il est plus que probable qu'il a été le complice à demi-conscient de Philippe.

Arrivons donc à la moralité politique des orateurs, qui est la chose capitale pour juger leur rôle dans la cité. Ici encore, faisons les distinctions préliminaires indispensables. Qu'il y ait eu des démagogues, des sycophantes, des vendus, c'est évident. En toute matière humaine, il y a un déchet inévitable. Il serait naïf et injuste de s'en étonner, car ce mal n'est pas particulier à la démocratie athénienne. Ce qu'il convient d'examiner, c'est la moyenne de ceux qui passaient pour honnêtes, et que l'opinion publique acceptait pour tels. C'est seulement d'après ceux-là que nous pouvons juger cette opinion publique elle-même, c'est-à-dire, en somme, le peuple athénien, qui seul nous intéresse. Or, sur ce point, il y a deux critiques graves à adresser à l'ensemble des orateurs : l'une est d'avoir abusé des attaques personnelles; l'autre, d'avoir été peu scrupuleux à l'égard de l'argent.

Les plaidoyers politiques athéniens sont remplis d'injures violentes que les adversaires échangent entre eux. Ils ne se bornent pas à discuter la vie publique de l'adversaire; ils ne reculent devant aucun moyen pour décrier sa vie privée. La haine d'Eschine envers Démosthène se repait de calomnies salissantes dont aucune ne peut être prouvée. Démosthène, à son tour, réplique par des sarcasmes amers qui vont atteindre toute la famille

d'Eschine. Ce sont là, il est vrai, des discours judiciaires, non des discours de tribune, et la gravité
des sanctions encourues par les deux adversaires
explique la passion qu'ils apportent au débat. Mais
la passion même n'excuse pas certaines attaques.
D'ailleurs, déjà dans Thucydide, au début de la
guerre du Péloponèse, l'orateur Diodote reproche
à son adversaire Cléon de jeter par avance le
soupçon sur l'honnêteté de ceux qui viendront le
combattre à la tribune[1]. Ce n'est donc pas seulement dans les luttes judiciaires que ces attaques
personnelles trouvaient place. Il ne suffit pas, à
deux adversaires politiques, de développer devant
le peuple l'opposition de leurs idées. Tous les
moyens leur sont bons pour ruiner à l'avance
l'autorité morale de l'adversaire, ou pour con-
sommer sa ruine après l'échec de sa politique.
Avec ces mœurs, les adversaires politiques sont
des ennemis, et les conflits d'idées prennent une
allure de pugilat. Rien n'était moins propre à
conserver aux discussions de la tribune la gravité
qui eût été le prélude nécessaire d'un vote de sang-
froid. C'était là, pour le peuple, une détestable
excitation à la haine et à l'intolérance. Mais les
orateurs, en cette affaire, n'étaient pas seuls coupables : ils n'auraient pas donné ce tour aux discussions si le peuple n'y avait pris quelque plaisir

1. THUCYDIDE, II, 42.

malsain. Ces luttes ardentes rendaient le drame
plus pathétique. Les auditeurs, sans doute, ne
prenaient pas à la lettre tant d'imputations sans
preuves, car ils étaient trop fins pour cela; mais
leur malignité s'en amusait. Ils prenaient goût,
ainsi, à un genre d'émotion de qualité inférieure,
et le scepticisme méprisant avec lequel ils accueil-
laient le plus souvent ces accusations réciproques
n'était pas fait pour rehausser, à leurs yeux, la
dignité morale de leurs chefs. Il est toujours mauvais que de graves conflits d'idées aboutissent à
des querelles de personne. Mais surtout, si ces
querelles passent toute mesure, comme c'était
souvent le cas à Athènes, la politique en est viciée
profondément.

L'autre reproche qu'on peut adresser aux orateurs athéniens n'est pas moins fâcheux. Beaucoup
arrivaient pauvres aux affaires; or, la plupart
vivaient largement et dépensaient sans compter.
D'où venait cette fortune? Quelques-uns, les plus
honnêtes, faisaient le métier de logographes, c'est-
à-dire qu'ils plaidaient pour les particuliers. C'était
le cas de Démosthène. Chose curieuse, Eschine lui
en fait un reproche. C'était là, cependant, pour un
orateur pauvre, à peu près la seule manière de
gagner honnêtement sa vie. Mais Eschine n'y
regarde pas de si près : dans son ardeur de
calomnie, il cherche à tirer parti contre son adver-

saire de la défiance instinctive que pouvait inspirer
à la foule une habileté trop grande à faire triompher
toute cause, bonne ou mauvaise. En dehors du
métier de logographe, que restait-il à l'orateur qui
lui permît de s'enrichir? La loi défendait aux orateurs comme aux stratèges et aux autres magistrats,
de tirer profit de leur rôle public. C'est Hypéride
qui nous l'apprend. Et cependant, il n'était pas
rare, au IVᵉ siècle du moins, que des stratèges
s'enrichissent à la guerre, que des magistrats se
fissent payer certaines faveurs, et que des orateurs
surtout gagnassent de grosses sommes par leur
éloquence. A cet égard, les témoignages abondent.
Déjà, au Vᵉ siècle, l'auteur inconnu du petit traité
de la *République athénienne* disait qu'avec de l'argent on pouvait obtenir bien des choses dans
l'assemblée du peuple et devant les juges. Les
stratèges du IVᵉ siècle, au dire de Démosthène,
font souvent campagne pour leur propre compte
et pillent des villes, afin de nourrir leurs troupes et
de remplir leurs poches. Quant aux orateurs, Isocrate se plaint sans cesse, comme d'un mal incontesté, de l'avidité de ces politiciens qui, n'ayant
pas de patrimoine, prennent l'habitude de vivre
sur le commun, au détriment du bien public. Si
l'on se demande comment de tels abus étaient possibles, Hypéride encore, au même passage, fournit la
réponse : la loi, sans doute, condamnait les profits

de ce genre; mais l'opinion, moins sévère, les
tolérait, à la condition qu'ils ne fussent pas en
opposition directe avec l'intérêt de la cité. En
d'autres termes, on admettait qu'un orateur se fît
payer ses services, même en matière politique, à
la façon d'un avocat, pourvu qu'il ne nuisît pas
sciemment à la cité. Ce qu'Hypéride reproche à
Démosthène, dans l'affaire d'Harpale, ce n'est pas
précisément d'avoir prélevé de l'argent sur le
trésor de cet intendant infidèle à Alexandre : mais
c'est de l'avoir fait au risque de mettre Athènes
par là dans une situation fâcheuse devant
Alexandre. Un orateur, par conséquent, qui plaidait
devant le peuple en faveur de telle ou telle alliance
pouvait presque honnêtement, sinon légalement,
se faire payer son discours par la cité intéressée,
s'il ne devait en résulter aucun inconvénient pour
Athènes. On voit combien cette morale était sca-
breuse, et comme il était facile à un orateur peu
scrupuleux de s'en autoriser pour recevoir de l'argent de Philippe. Hypéride fait honneur au peuple
de son indulgence tolérante en ces matières : nous
serions plus tentés d'y voir une dangereuse faiblesse
et une forte dose de scepticisme moral. Ce n'est
pas qu'on n'ait vu, en d'autres temps, des généraux s'enrichir par la guerre, des magistrats recevoir des épices, des candidats corrompre des électeurs, des journaux (les orateurs d'aujourd'hui)

toucher des commissions. Il y aurait donc du pharisaïsme à s'étonner, et de l'injustice à jeter la première pierre aux Athéniens. Mais il n'en est pas moins vrai que ce côté de leurs mœurs politiques est fâcheux, et que si des hommes relativement honnêtes ont pu se laisser aller sans trop de scrupules à de telles pratiques, c'est tant pis pour eux et pour la cité qui tolérait ces manières d'agir. Mieux valait, quoi qu'en pense Eschine, faire honnêtement le métier de logographe que de recevoir des cadeaux de Philippe, même à bonne intention.

J'ai essayé de montrer, aussi objectivement que possible, les qualités et les défauts de la démocratie athénienne. Qualités et défauts, chez ce peuple vif et mobile, sont très en dehors et très « voyants », pour ainsi dire. Ne prenons pas prétexte de ces défauts, qui sont en partie ceux de tous les hommes et de tous les gouvernements, pour oublier ses qualités, qui sont d'un ordre rare et vraiment supérieur. Elle a conçu un très noble idéal politique, et elle a eu quelques-unes des aptitudes qui pouvaient lui permettre d'en approcher. Voyons maintenant quels problèmes se sont offerts à elle, dans la réalité, et comment elle les a résolus.

CHAPITRE IV

Les actes et les résultats.

I. — La politique intérieure.

Aristote a dit quelque part que le signe d'un bon gouvernement consistait dans l'absence de graves discordes intérieures et dans le fait d'avoir évité la tyrannie [1].

Si nous adoptons la règle de jugement indiquée par Aristote, il faut bien reconnaître qu'en somme le gouvernement intérieur d'Athènes n'a pas été mauvais, quoi qu'en disent ses détracteurs. Depuis la réforme de Clisthène jusqu'à l'établisse-

1. *Polit.*, II, 8; p. 1272, B, 32.

ment de l'hégémonie macédonienne, Athènes s'est préservée des deux fléaux signalés par le philosophe. Pendant deux siècles, elle a vécu d'une vie normale, à peine troublée par deux tentatives phémères de l'aristocratie. Et ces tentatives, dont le succès n'eut pas de lendemain, s'expliquent beaucoup plus par des événements extérieurs que par les défauts de la constitution. Quant à la victoire de la Macédoine, nous y reviendrons un peu plus loin. Rappelons brièvement les faits principaux de cette politique intérieure d'Athènes.

§ 1. — LA DÉMOCRATIE ET L'OLIGARCHIE.

Le problème urgent qui s'était posé au temps de Solon, avait été d'affranchir le peuple de l'oppression à la fois politique et économique d'une aristocratie toute puissante. Solon avait résolu le problème en principe et tracé le modèle de la Constitution qui devait normalement régler les relations des Athéniens entre eux. Mais les temps n'étaient pas mûrs pour l'application régulière de cette Constitution. De nouveaux désordres intérieurs aboutissent presque aussitôt à la tyrannie de Pisistrate. N'en faisons pas de reproche à la démocratie Solonienne, qui n'existait qu'en théorie. La tyrannie de Pisistrate, intelligente et modérée en général, favorisa l'établissement ultérieur de la démocratie en déshabituant les Eupatrides d'être les maîtres et en fortifiant la classe moyenne par le développement du commerce et de l'agriculture. Quand les Pisistratides eurent été renversés, les réformes franchement démocratiques de Clisthène étaient devenues possibles, et c'est alors seulement que commence le gouvernement de la démocratie.

Le premier problème à résoudre dans la politique intérieure était de prévenir de nouvelles révolutions, soit de la part de l'aristocratie, soit de la part de quelque nouveau Pisistrate.

L'aristocratie, en effet, n'avait pas désarmé. Le grand ébranlement des guerres médiques rapprocha les cœurs dans un sentiment patriotique commun, malgré quelques défections; mais, aussitôt après Salamine, la vie intérieure de la cité reprit son cours, et nous voyons dès lors aristocrates et démocrates organisés en partis contraires. Bien que cette histoire de la lutte des partis ne nous soit connue que d'une manière un peu sommaire, on peut dire qu'elle fait honneur en somme à l'un et à l'autre, pour toute la période qui s'étend entre les guerres médiques et la guerre du Péloponèse. Qu'il y ait eu, au cours de ces luttes, plus d'une manœuvre médiocrement édifiante ou même quelques violences de détail, on n'en saurait être surpris. Ce qui est plus remarquable et ce qui mérite d'être loué, c'est qu'en somme ni l'objet de la lutte, ni l'allure générale du conflit ne sont révolutionnaires. Il s'agit, pour la démocratie, de réduire la puissance de l'Aréopage au profit de l'Assemblée et des tribunaux. L'aristocratie, qui a pour chef un homme honorable et respecté, Cimon, le vainqueur de Mycale, joue le rôle d'un parti conservateur. La démocratie, dirigée successivement par Thémistocle et par Périclès, poursuit une fin qui est dans la logique de son développement. Il n'y a rien là que de normal, et l'attitude relativement modérée des Eupatrides prouve à la fois la force des institutions démocratiques et l'habileté des hommes d'État athéniens.

Il en est encore de même pendant les premiers temps de la guerre du Péloponèse. L'aristocratie, sous la direction de Nicias, de Thucydide l'Ancien et de Théramène, garde une attitude constitutionnelle [1]. Déjà cependant certains clubs aristocratiques semblent avoir songé à une action plus énergique. Le désastre de Sicile précipite la crise. En 411, un véritable coup d'État, bien qu'environné de certaines apparences légales, remplace la démocratie par une oligarchie. C'est ce qu'on appelle la révolution des Quatre-Cents. Les meneurs de cette entreprise étaient deux aristocrates intelligents et résolus, Pisandre et Antiphon. Au bout de quatre

1. Aristote, *Rép. Ath.*, 28.

mois, les Quatre-Cents étaient renversés, après avoir fait périr un grand nombre de leurs adversaires[1]. Un gouvernement tempéré, à demi démocratique, prit la place de l'oligarchie. Il disparaît bientôt à son tour devant la démocratie restaurée, après la victoire de la flotte à Cyzique, en 410. Tous ces événements s'étaient succédé dans l'intervalle d'une année. Ils avaient mis en lumière la violence toujours redoutable d'un parti oligarchique sans scrupules et la modération relative de la démocratie qui, après la victoire, n'avait frappé que quelques chefs de la révolution.

Même spectacle dix ans plus tard, quand le triomphe définitif de Lacédémone amène au pouvoir ceux qu'on appelle « les Trente ». Ce que fut le gouvernement oligarchique des Trente, tous les témoignages le constatent, aussi bien ceux des modérés à tendance aristocratique, comme Xénophon, que ceux des démocrates comme Lysias. Ce fut un véritable régime de terreur, où les passions les plus violentes et les plus basses se donnèrent libre cours sous couleur de politique. L'orage fut terrible, mais il dura peu. Il avait fallu, pour qu'il pût se déchaîner, que toute la puissance d'Athènes sombrât dans un désastre immense. Mais la vitalité de la démocratie athénienne était décidément trop forte pour que la destruction même de sa

1. Thuc., VIII, 70, 2.

force militaire pût l'écraser. Au bout de quelques mois, l'opinion publique, soulevée, trouvait dans Thrasybule un chef énergique qui lui rendait la liberté, et, cette fois encore, la démocratie prouvait sa force, en même temps que sa générosité prudente, par la célèbre amnistie de 403. C'en était fait désormais de l'oligarchie comme parti révolutionnaire. Nous trouverons plus tard un parti des riches, un parti conservateur, bien distinct du parti populaire proprement dit, mais qui n'a plus rien d'inconstitutionnel: c'est celui qui arrive au pouvoir avec Eubule et qui s'y maintient pendant près de vingt ans. Sa politique fut plus ou moins habile et prudente, mais elle fut honnête et mit de l'ordre dans les finances. Elle se dit d'ailleurs toujours démocratique, et répudia toute solidarité avec les oligarques, d'odieuse mémoire.

On peut donc dire, en somme, que la démocratie athénienne a vraiment possédé le premier mérite auquel Aristote reconnaît un bon gouvernement, celui d'avoir maintenu la paix intérieure d'une manière satisfaisante, puisque les deux révolutions aristocratiques n'ont pu réussir qu'en temps de guerre extérieure ou à l'aide de l'étranger, qu'elles ont d'ailleurs peu duré, que la dernière a marqué le début d'une ère de paix intérieure profonde, et que, dans les deux circonstances, la démocratie a justifié sa victoire par sa générosité.

Inutile de nous arrêter longuement au second caractère exigé par Aristote et qui consiste à se préserver de la tyrannie. Il est clair qu'Athènes y a parfaitement réussi, puisque la tyrannie de Pisistrate, comme nous l'avons vu, ne saurait être mise au compte de la démocratie, qui n'existait pas encore quand Pisistrate prit le pouvoir. La même passion de liberté, qui avait brisé les efforts répétés de l'oligarchie, prévint toute tentative de rétablir la tyrannie. Celle-ci n'aurait pu s'installer qu'à la suite de fautes très graves de la démocratie. La meilleure preuve que ces fautes ne furent pas commises, c'est que la tyrannie n'eut jamais la moindre chance de s'établir. Ceci est d'autant plus remarquable que le renversement des démocraties par des tyrannies était pour ainsi dire une loi de la science politique grecque. Polybe énonce cette loi formellement, et elle était justifiée par assez d'exemples pour entraîner l'adhésion des penseurs. Il est donc tout à l'honneur des Athéniens d'avoir, pour leur part, infligé un démenti à une règle presque générale, en montrant qu'une démocratie pouvait vivre et durer aussi bien et même mieux qu'une autre forme de gouvernement.

§ 2. — LA DÉMOCRATIE ET LA DÉMAGOGIE.

Mais les discordes violentes et l'avènement d'un tyran ne sont pas les seuls dangers qui menacent un gouvernement démocratique, bien que ce soient les plus graves, à coup sûr, et les seuls que vise expressément Aristote dans le passage cité plus haut. En dehors des crises mortelles, suivies d'une catastrophe immédiate, il peut y avoir des maladies lentes, moins périlleuses en apparence, mais qui suffisent à rendre l'existence d'un État médiocre et précaire, et qui produisent dans tous ses organes une sorte d'anémie. Ces périls sont ceux qui peuvent venir, non des ennemis déclarés de la démocratie, mais de certains amis trop zélés et aveugles, qui risquent parfois d'en exagérer les tendances au détriment de l'équilibre général et de la bonne santé du corps social. Je songe surtout aux idées communistes et aux tendances despotiques des sectaires. Aristote a discerné encore avec pénétration, en maints passages, ce vice ordinaire des gouvernements, qui consiste à préparer leur propre ruine par l'exagération des idées qui sont leur principe et leur raison d'être.

L'idée du communisme n'a pas été étrangère à la Grèce, mais on ne voit pas qu'elle y ait eu le caractère d'un rêve populaire. Les Pythagoriciens avaient réalisé, dans leurs confréries aristocratiques, la communauté des biens. Platon la donne pour règle aux magistrats et aux guerriers de sa *République*, en y ajoutant la communauté des femmes. Il est aisé de voir que ni Pythagore, ni

Platon n'avaient en vue l'intérêt immédiat du plus grand nombre. Le communisme qu'ils imaginaient ou qu'ils avaient essayé de réaliser était celui d'un couvent ou d'une caserne, d'un ordre de chevalerie aristocratique, dont l'entrée était interdite aux profanes, et dont l'organisation devait assurer à une élite le moyen de dominer la foule plus sûrement et de plus haut. Dans la comédie d'Aristophane, l'*Assemblée des femmes*, ces théories sont mises en scène avec la verve bouffonne que l'on sait, mais elles y sont présentées, à vrai dire, sous un jour assez différent : l'héroïne de la comédie, Praxagora, ne songe nullement à organiser par là, dans la cité des femmes, un ordre supérieur de magistrats ou de guerriers ; elle ne poursuit que le rêve vraiment populaire de supprimer toute inégalité parmi les hommes. Est-ce là une simple déformation comique des idées platoniciennes, ou bien Aristophane a-t-il en vue d'autres réformateurs, ou enfin a-t-il inventé lui-même la théorie de toutes pièces ? De tous les systèmes communistes que nous connaissons, celui de Platon est le seul qui comporte à la fois la communauté des biens et celle des femmes. Mais les dates rendent douteux qu'Aristophane ait pu viser directement la *République*. D'autre part, un poète comique n'invente pas un système pour le plaisir de le tourner en ridicule. Nous sommes donc amenés à supposer

que des idées de ce genre ont pu être « dans l'air »,
bien que nous n'en ayons aucune connaissance
directe, et que c'est à des tendances de ce genre,
plus ou moins vagues, qu'Aristophane a dû em-
prunter les bouffonneries de sa pièce.

On trouve aussi, chez des législateurs moins
utopiques que Platon, et chez Platon lui-même
dans les *Lois*, d'autres formes atténuées de ces
rêves égalitaires. Aristote, au IIe livre de sa *Politique*, analyse les théories de Phaléas de Chalcé-
doine et d'Hippodamos de Milet. Phaléas de Chal-
cédoine souhaitait l'égalité des fortunes, et tout en
reconnaissant que la chose, assez facile à réaliser
dans une cité neuve, l'était beaucoup moins dans
une cité ancienne, il ne désespérait pas d'y arriver par des lois sur les dots. Mais on voit, par la
critique d'Aristote, que l'égalité à laquelle songeait
Phaléas était l'égalité des propriétés territoriales,
et qu'il avait négligé la question de la richesse
mobilière, ce qui limite singulièrement la portée
de la réforme. D'ailleurs, il s'agit là d'égaliser les
fortunes, non de les mettre en commun. Quant à
Hippodamos, son idée principale était de réserver
une partie du territoire de la cité (le tiers) pour être
cultivé en commun, en vue de la nourriture des
guerriers, dispensés de la culture des terres. C'est
donc encore un système aristocratique. De même,
Platon, dans les *Lois*, rêvait, non d'une égalité

absolue des fortunes, mais d'une diminution de
l'inégalité, les plus grandes fortunes ne devant pas
dépasser le quintuple des plus modestes.

Ce qu'il y a de plus intéressant dans ces divers
systèmes, c'est qu'on y voit apparaître une idée
nouvelle, qui n'est plus celle de la communauté
des biens, mais de l'égalité au moins approximative des fortunes, lesquelles sont considérées
exclusivement au point de vue de la richesse territoriale. L'origine de cette idée n'est pas difficile
à apercevoir : elle n'est pas entièrement chimé-
rique; elle dérive d'un ensemble de faits positifs
que la vie grecque présentait à la réflexion des penseurs. La conquête dorienne avait partout débuté
par un partage égal des terres entre les envahisseurs. Quand on fondait une colonie, chose fréquente en Grèce, des lots de terre égaux étaient
assignés par le fondateur de la colonie aux nouveaux
occupants. Les *clérouquies* athéniennes, comme le
nom l'indique (κλῆρος, lot) étaient organisées sur le
même principe. Il est vrai qu'au bout d'un temps
plus ou moins long, malgré les précautions du législateur, cette égalité primitive disparaissait. Mais
enfin cette conception de l'égalité n'était pas aussi
purement théorique qu'on pourrait le croire ; elle
avait un fondement dans la réalité, et c'est ce qui
fait qu'elle s'est si souvent imposée à l'esprit des
philosophes grecs. Ajoutons d'ailleurs que cette

égalité des propriétés individuelles n'a plus aucun rapport avec la communauté des biens et qu'elle n'est même pas très nettement socialiste.

Or, c'est sous cette forme du partage égal des terres que le peuple, en Grèce, a toujours imaginé une révolution économique. Il n'a guère songé théoriquement à une répartition nouvelle des fortunes mobilières, dont l'importance fut toujours assez limitée et ne se révéla d'ailleurs que tardivement. Il n'a pas songé davantage à la communauté des biens. L'individualisme grec est réfractaire à l'idée du communisme, qui est plutôt, comme nous l'avons vu, une conception philosophique et aristocratique. Mais le partage des terres est une idée simple, et de plus une idée de paysans. Il était naturel que l'idéal de la société future s'offrît sous cette forme à l'imagination des travailleurs du sol, longtemps courbés sous l'oppression des grands propriétaires Eupatrides. En fait, la formule de cette révolution est trouvée par le peuple dès le temps de Solon : ce que les pauvres attendent de lui, c'est un nouveau partage des terres, πάντα ποιεῖν ἀνάδαστα. La même formule reparaît à Syracuse deux siècles plus tard, au temps de Dion. Le peuple n'en a jamais connu d'autre. Mais il faut ajouter qu'elle ne l'a jamais beaucoup préoccupé, sauf à quelques moments de crise politique, et qu'à Athènes, en particulier, la démocratie paraît avoir accepté fort tranquillement l'état de choses existant. Il y eut, paraît-il, à Athènes, un certain Diophante, contemporain d'Eubule, qui fit quelques tentatives efficaces dans le sens d'une répartition plus équitable des biens. Mais ce personnage est resté fort obscur, et ses tentatives, d'ailleurs, furent modestes. Aristote le nomme par allusion, à propos de l'idée de faire cultiver le domaine de l'État par des esclaves publics au profit de tous[1]; et un scoliaste raconte qu'il distribua au peuple une partie du fonds appelé *théorique*, lequel servait à payer les fêtes de la cité[2]. Tout cela, en somme est peu de chose. Nous sommes donc autorisé à dire que le socialisme, s'il n'est pas resté tout à fait étranger à l'esprit athénien, n'a joué, en somme, qu'un rôle extrêmement effacé dans l'histoire intérieure d'Athènes et qu'il n'a jamais créé pour elle un véritable danger de révolution.

Il n'est pas difficile d'en découvrir les raisons. D'abord l'existence de l'esclavage, en assignant à des hommes, qui ne faisaient pas partie de la cité, une forte part des travaux pénibles attribués dans nos sociétés modernes aux citoyens pauvres, déchargeait ceux-ci d'autant et en réduisait le nombre. D'autre part, les esclaves n'étaient ni

1. ARISTOTE, *Politique*, II, 4; p. 1267, B, 18.
2. *Schol. Esch.*, III, 24.

assez nombreux, ni assez organisés pour rendre possibles ces « guerres serviles » qui éclatèrent plusieurs fois à Rome. Ensuite, les institutions athéniennes donnaient d'avance satisfaction aux réclamations les plus pressantes des pauvres : le salariat des fonctions publiques, devenu presque universel; l'exemption générale de l'impôt direct pour les citoyens; l'organisation des liturgies, qui faisait peser sur les riches les charges les plus lourdes; celle des symmories, qui aboutissait dans la pratique à une sorte d'impôt progressif sur le revenu; l'usage des *clérouquies*, par lesquelles des citoyens pauvres devenaient propriétaires hors du territoire attique; enfin, pendant une grande partie de l'existence d'Athènes, l'afflux des impôts payés par les alliés, et, en tout temps, les divers impôts payés par les métèques et les possesseurs d'esclaves, tout cela, joint à la facilité de la vie pour une population sobre et sous un climat sans rigueur, prévenait une grande partie des difficultés économiques contre lesquelles se débattent les sociétés modernes. Il n'est donc pas surprenant que la question du socialisme n'ait jamais pris à Athènes un caractère aigu, et qu'elle ait été surtout discutée dans les écrits et les écoles des philosophes, à un point de vue plutôt théorique.

Un autre danger à éviter était celui du despotisme populaire, qui pouvait devenir oppressif pour les individus. On a souvent dit que l'État, chez les anciens, était omnipotent et que les droits individuels n'avaient pas de garantie dans la cité. Les affirmations de ce genre sont trop générales et trop vagues pour être tout à fait vraies. Si l'on veut dire que la constitution athénienne ne reposait pas sur une déclaration des droits de l'homme, on a raison ; mais cela ne prouve rien pour la pratique. Il ne faut pas confondre d'ailleurs les divers États de l'antiquité : Sparte ne ressemble pas à Athènes. Voyons donc les faits.

Le despotisme de l'État ne peut s'exercer que par des lois générales restrictives de la liberté individuelle ou par des abus de pouvoir. Or, la législation athénienne était généralement libérale. Thucydide le remarque expressément, et les faits le démontrent. On sait, par exemple, que le droit d'association n'était soumis à aucune réserve. Les confréries religieuses de toute sorte se formaient librement et acquéraient la personnalité civile sans difficulté.

Quant aux abus de pouvoir, d'où pouvaient-ils venir ? Ce n'était pas du gouvernement proprement dit, qui était faible, étant exercé par des magistrats annuels et tirés au sort : les anciens ont plus souvent reproché aux magistrats athéniens leur faiblesse que leur force. Athènes n'avait ni éphores ni censeurs officiels, dont le pouvoir,

étendu et mal déterminé, fût une perpétuelle menace
pour la liberté de chacun. L'Assemblée du peuple,
qui ne rendait en principe que des décrets en vue
d'un besoin particulier, a pu quelquefois étendre
abusivement ses pouvoirs et légiférer sous couleur de rendre des décrets. Elle a pu aussi
empiéter sur le pouvoir judiciaire en s'attribuant,
dans certaines causes politiques, un droit de vote
préalable (προβολή) qui, bien que n'étant qu'un
acte de procédure, a été quelquefois considéré
comme créant une présomption. Ce sont là, sans
doute, des abus, mais qui ne sauraient faire
oublier qu'en général la distinction des pouvoirs
était rigoureusement observée à Athènes et que le
citoyen avait toujours un libre recours aux tribunaux. La question est donc de savoir s'il pouvait
compter sur la justice des tribunaux.

Remarquons d'abord que les tribunaux athéniens ne connaissaient pas le ministère public. Ils
étaient saisis quelquefois par des magistrats, le
plus souvent par des plaintes privées. Il n'y avait
donc pas à craindre un ordre du pouvoir central
qui mit en mouvement la machine judiciaire
contre un homme ou un groupe. C'est là une
sérieuse garantie de liberté individuelle. Quant à la
justice des Héliastes, il est certain qu'en général
elle s'inspirait d'un préjugé démocratique, puisque
les juges, en grande majorité, appartenaient au

peuple; et l'étalage de sentiments démocratiques que ne manquent pas de faire les accusés dans leurs plaidoiries suffirait à le prouver. Mais il n'est nullement démontré que ce préjugé inévitable aboutit à une partialité plus choquante que celle qu'on risque de trouver dans toute réunion d'hommes, quelle qu'elle soit.

Il ne semble donc pas juste de dire que la liberté individuelle, à Athènes, fût bien moins garantie que partout ailleurs, ni que l'État y fût oppressif. Le véritable mal n'était pas là.

Et cependant, quand on regarde l'ensemble de la vie athénienne, il semble bien que Thucydide ait exagéré l'éloge qu'il fait de cette liberté des mœurs qui laissait à chacun, dit-il, le droit de vivre à sa guise sans avoir à s'inquiéter de l'opinion du voisin. C'était vrai à beaucoup d'égards, mais non pas à tous. On n'épiait pas à Athènes, comme à Lacédémone, tous les actes de son prochain pour lui infliger un blâme moral ou une avanie. Mais le goût des querelles personnelles était vif chez ce peuple profondément individualiste. L'absence d'un ministère public, en laissant aux particuliers l'initiative des poursuites, même en matière criminelle, devait entretenir et exciter ce goût inné des procès et des disputes. Les sycophantes, quoique méprisés, n'étaient pas rares, et les faux témoins ne leur manquaient pas. Certaines

habitudes de la vie publique, excellentes en principe, tendaient au même résultat : par exemple
les comptes innombrables que les magistrats sortant de charge avaient à rendre, les accusations
d'illégalité qui pouvaient toujours atteindre le
rédacteur d'une loi ou d'un décret, la liberté donnée aux particuliers qui se jugeaient indûment
chargés d'une liturgie de désigner un citoyen plus
riche. Autant d'occasions sans cesse renouvelées
de plaider et de se disputer. Aussi les tribunaux
athéniens étaient-ils fort occupés. Aristophane
déjà s'en moquait, et nous avons peine à n'être pas
de son avis. Isocrate déclare que la vie était intolérable pour les riches à Athènes et qu'ils en étaient
réduits à cacher leurs richesses[1]. Il ajoute d'ailleurs que c'étaient les pauvres qui en pâtissaient,
au point qu'ils tombaient dans la dernière misère[2].
L'orateur Callistrate se vantait d'avoir subi qua-
rante-sept accusations d'illégalité. Cela prouve du
moins qu'on n'en mourait pas toujours, mais c'est
aussi le signe d'une sorte d'anarchie agitée qui
ressemble plus à la fièvre qu'à l'activité féconde
de la vie. Admettons qu'Isocrate, comme tous les
prédicateurs, exagère un peu dans l'intérêt de sa
cause, et qu'un homme d'État influent, comme
Callistrate, fût plus exposé qu'un citoyen ordinaire

1. *Paix*, 128 et *Aréop.*, p. 35.
2. Cf., surtout *Aréop.*, p. 54 et 83.

à des ennuis de ce genre. Mais Isocrate lui-même, le plus pacifique des hommes, avait eu deux procès dans sa vie, et son biographe signale ce chiffre comme remarquable par sa modicité. On est donc amené à conclure que, si l'État lui-même n'était pas despotique, il y avait à Athènes un esprit général de chicane et de taquinerie réciproque qui est un des caractères de sa vie politique intérieure. Faut-il en rendre responsable la forme du gouvernement? En partie, peut-être, parce que tout régime de liberté laisse aux instincts fâcheux de la nature humaine plus de moyens de se manifester. Mais il convient d'ajouter que ces instincts préexistaient au régime, et que, si la liberté démocratique leur a permis de s'étaler au grand jour, elle en a réprimé d'autres plus violents et a même canalisé ceux-ci dans certaine mesure, en les obligeant à se soumettre aux formes prévues par les lois. On peut dire de ces innombrables procès que les Athéniens s'intentaient les uns aux autres ce que disait Thucydide au sujet des procès analogues que les sujets d'Athènes avaient à subir et dont ils se plaignaient si vivement : à savoir que cet abus des chicanes n'allait pas sans compensation, puisqu'il supprimait l'abus de la force, et qu'il marquait en somme un progrès sur les âges antérieurs, où la violence était souveraine.

II. — La politique extérieure.

Les problèmes de politique extérieure, dans la Grèce antique, étaient de deux sortes : les uns concernaient les relations des cités grecques entre elles; les autres, les relations de chacune d'elles avec le monde non hellénique (les « barbares »), plus tard avec les nations à demi-helléniques du Nord de la Péninsule. De là, dans le contact incessant de tous ces États entre eux, une foule de conflits très compliqués et des problèmes très divers. Les exposer dans le détail serait raconter toute l'histoire grecque pendant deux siècles. Même à ne les considérer que du point de vue de la démocratie athénienne, ce serait encore une fort longue histoire dans laquelle nous n'avons pas à entrer. Ce qui importe, c'est de caractériser les phases principales de ces divers conflits, et l'esprit général dans lequel Athènes les a abordés.

Ces grandes phases sont au nombre de trois. Dans la première, c'est la lutte contre les barbares qui est au premier plan, compliquée d'ailleurs par les difficultés qui naissent des relations des cités grecques entre elles. Dans la seconde, il s'agit surtout pour Athènes de régler sa situation propre dans le monde grec. Dans la troisième, enfin, c'est le problème macédonien qui domine toute la politique, sans supprimer pour cela les difficiles questions relatives à l'attitude que prendront les peuples grecs les uns à l'égard des autres.

Le problème posé dans la première période est relativement simple en théorie, s'il est fort grave et fort difficile en fait. Il est résolu par Athènes avec décision et vigueur, sous l'impulsion de quelques hommes d'État remarquables, et grâce à la puissance de son organisme encore intact.

La seconde question, celle des rapports d'Athènes avec le reste de la Grèce, c'est-à-dire celle de ses prétentions à l'hégémonie, était infiniment plus complexe et plus difficile. Dans le long espace de temps, près d'un siècle, que dura le débat, Athènes eut tour à tour à sa tête des hommes d'État de premier ordre et des brouillons. Elle rencontra successivement des circonstances favorables, qu'elle ne sut pas toujours saisir, et des difficultés qu'elle ne put surmonter. Elle fit de grandes fautes et subit de graves revers. A plusieurs reprises, elle releva sa fortune grâce à un ressort admirable, puis perdit de nouveau le terrain gagné. Dans ces luttes incessantes, elle usa ses forces matérielles et morales.

Quand surgirent enfin les derniers dangers, ceux qui venaient de la Macédoine et qui devaient mettre fin à son rôle de grande puissance, elle était réellement épuisée, malgré certaines apparences de grandeur persistante; et la Grèce tout entière ne valait guère mieux. Jusqu'au bout, Athènes essaya de faire bonne figure. Mais le ressort moral était brisé, et ses ressources matérielles ne pouvaient guère lui permettre qu'une défaite honorable, à moins de circonstances heureuses que la Fortune ne lui offrit pas.

Dans cette revue rapide, nous aurons à faire la part des nécessités inéluctables et celle des erreurs de conduite. Nous aurons surtout à essayer de mettre en lumière ce qui, dans les succès et dans les revers, peut être attribué avec vraisemblance soit au caractère athénien en général, soit spécialement à la forme démocratique du gouvernement.

§ 1. — ATHÈNES ET LES BARBARES.

On sait le rôle d'Athènes dans les guerres médiques. Les orateurs et les historiens, pendant les deux siècles qui ont suivi, n'ont cessé de le rappeler et de le glorifier, au point que les traits essentiels en sont connus de tout le monde. Il est très beau. C'est d'abord le refus d'Athènes de se soumettre aux injonctions blessantes du Grand-Roi, puis la victoire de Marathon. C'est ensuite l'invasion de Xerxès, la Grèce du Nord noyée sous le flot des envahisseurs, les Athéniens montant sur leurs vaisseaux à la voix de Thémistocle, les femmes et les enfants réfugiés à Égine, la ville détruite et brûlée par Xerxès, puis la victoire de Salamine, qui dissipe en un instant l'affreux cauchemar. Après quelques tentatives malheureuses de revanche, les Perses en sont réduits à la défensive. Athènes, relevée de ses ruines, poursuit l'ennemi sans relâche. Elle organise la Confédération de Délos, affranchit l'Ionie, et, par une guerre offensive d'une trentaine d'années, assure définitivement le triomphe de la Grèce. L'appui de Lacédémone ne lui avait pas manqué; mais cet appui avait été parfois tardif ou d'une efficacité restreinte : c'est la flotte athénienne qui avait joué dans ce drame le premier rôle. Quant aux autres cités grecques, on sait qu'il y avait eu parmi elles des hésitations, même des défections. La gloire du succès final revenait donc incontestablement à Athènes.

Or, dans cet héroïsme collectif de la cité, tout le monde avait eu sa part. D'abord les chefs, des hommes supérieurs par l'initiative hardie de leurs résolutions et par leur clairvoyance, les Thémistocle et les Aristide; de braves généraux comme Miltiade et Cimon; ensuite la foule des citoyens, les hoplites de Marathon, les matelots de Salamine et de Mycale, les riches et les pauvres, tous unis dans une commune volonté de lutter jusqu'à la mort pour préserver leur indépendance, tous également unanimes, après les premières victoires, dans la résolution de poursuivre le succès jusqu'au bout, jusqu'au triomphe définitif. Il faut attribuer l'honneur de ces vertus d'abord aux qualités naturelles du caractère athénien, vif et généreux; mais aussi, sans aucun doute, à l'esprit démocratique d'Athènes, qui exaltait alors ces qualités jusqu'à l'enthousiasme. Le témoignage d'Hérodote à cet égard est formel et ne saurait être récusé. Il y eut à ce moment dans le patriotisme athénien une ferveur d'enthousiasme analogue à celle qui devait échauffer plus tard les armées de la Révolution française. Athènes, affranchie des Pisistratides, était grisée de sa liberté; elle ne voulait plus en être privée. L'amour de la liberté redoublait chez tous l'amour du sol natal. La guerre contre les barbares était à la fois une guerre nationale et une guerre démocratique. Car les Perses avaient partout des alliés en Grèce, dans les familles des anciens tyrans et dans les partis aristocratiques. C'est l'aristocratie thébaine qui jeta Thèbes dans l'alliance de Xerxès. Les partisans de la démocratie étaient partout les plus chauds défenseurs de l'indépendance. Les marins de Salamine appartenaient pour la plupart aux dernières classes, et les succès de la flotte furent autant de succès pour la démocratie. Dans son ardeur pour la liberté, Athènes était d'ailleurs plus apte qu'aucune autre cité grecque à confondre les intérêts généraux du

panhellénisme avec les siens propres. L'Athénien
a de l'étendue dans l'esprit; il est idéaliste; il
s'élève au-dessus des faits particuliers pour
embrasser l'ensemble des choses. Les grands mots
et les grands sentiments désintéressés font vibrer
son âme d'artiste. Ce n'est pas seulement son
indépendance à lui, sa liberté politique, ses institutions démocratiques qu'il défend; il a conscience
qu'il défend la cause de tous les Grecs et celle
même de la civilisation; et cette conscience lui
vient du juste orgueil que lui donne sa qualité de
libre citoyen d'une démocratie.

§ 2. — ATHÈNES ET LES CITÉS GRECQUES.

Le triomphe de la Grèce sur la Perse ouvrait
pour la démocratie athénienne une ère d'hégémonie glorieuse, mais aussi de difficultés extrêmement graves. De nouveaux problèmes, bien plus
difficiles à résoudre, se posaient devant elle. Pour
repousser les barbares, il lui avait suffi d'être
héroïque. Pour régler ses relations avec les autres
cités grecques, ce n'était pas trop de l'esprit politique le plus avisé, et les qualités même d'ardeur
et d'enthousiasme qui l'avaient si bien servie
jusque-là, pouvaient lui devenir des pièges. Il
est plus facile à un peuple généreux et d'imagination vive d'être héroïque dans un grand péril

que d'être sage dans les difficultés journalières.

Le problème était double, en effet. D'une part, Athènes avait formé une confédération défensive et offensive dont l'objet initial avait été la lutte contre la Perse et que les nécessités d'une action énergique avaient peu à peu transformée en une sorte d'empire (ἀρχή), où Athènes commandait souverainement : qu'allait devenir cette confédération, maintenant que le danger perse semblait écarté ? D'autre part, cette puissance nouvelle d'Athènes n'était pas sans inquiéter Lacédémone, la capitale de la Grèce dorienne et longtemps la première cité du monde hellénique : comment se dénouerait la rivalité des deux cités ?

Thucydide explique à merveille par quelle suite de nécessités politiques et de sentiments profondément humains Athènes était arrivée à constituer sa domination : c'était d'abord la crainte des Perses, qui avait jeté les alliés dans ses bras ; ensuite, elle avait vu l'honneur et le profit qu'elle pouvait tirer des circonstances, et elle avait pris goût à cette hégémonie qui lui était venue spontanément. Pour la rendre plus solide, elle avait favorisé chez ses alliés les révolutions démocratiques, car le peuple tournait plutôt les yeux vers Athènes, tandis que les aristocrates « laconisaient ». De plus, elle avait resserré peu à peu les liens de dépendance entre ses alliés et elle, si bien qu'elle en avait fait de véritables sujets, par l'obéissance et le paiement de l'impôt.

L'organisation d'une ligue permanente de cette sorte, fortement concentrée sous une domination unique, était en Grèce une nouveauté. La confédération des cités doriennes sous l'hégémonie spartiate était toute différente : c'était une entente assez lâche, qui laissait aux confédérés la plénitude de leur autonomie. Ici, pour la première fois, apparaissait une tentative d'organisation unitaire fort étrangère aux habitudes grecques. Il était certain que, le péril barbare ayant disparu, les vieilles tendances à l'autonomie allaient reprendre force, et que la jalousie de Lacédémone leur offrirait un point d'appui.

Que pouvait faire Athènes? Relâcher le lien fédéral? Rendre à ses alliés l'autonomie? C'est l'opinion qu'exprimait plus tard Isocrate, qui rêvait d'une confédération volontaire, cimentée uniquement par la justice et par la confiance réciproque. Mais cette conception ne paraît pas s'être présentée un seul instant à l'esprit de Périclès et de ses contemporains. Il n'y a pas lieu d'en être surpris : c'était là une idée de moraliste plutôt que d'homme d'État ; on n'a jamais vu d'empire se dissoudre lui-même de son plein gré, pour la plus grande gloire de la morale absolue. Il y avait d'ailleurs, dans cette tentative d'organisation du monde grec, un principe qui pouvait être fécond, et c'est probablement un malheur pour la Grèce entière que la tentative ait échoué. Ajoutons qu'Athènes avait aussi des obligations envers ces démocraties qu'elle avait elle-même constituées et qui redoutaient plus, en général, une réaction aristocratique et lacédémonienne que la continuation de l'empire athénien : car les défections des alliés, quand elles se produisirent durant la guerre du Péloponèse, furent toujours le fait du parti aristocratique. Bref, Athènes n'avait pas le choix : une fois engagée dans la voie où la force des choses l'avait poussée, elle devait maintenir à tout prix son hégémonie sur ses alliés; c'est ainsi qu'en jugèrent tous ses hommes d'État.

Mais on pouvait différer d'avis sur les détails de la conduite à tenir à l'égard des alliés ; sans rien abandonner du principe, on pouvait user envers eux d'une politique plus ou moins souple, plus ou moins libérale et modérée. Il y eut alors, parmi les hommes d'État Athéniens, des esprits absolus et des politiques moins intransigeants. C'est ce qu'on voit clairement dans la discussion relative à la révolte de Mitylène. Cléon, le célèbre démagogue, est partisan de l'énergie impitoyable : il représente l'empire Athénien comme une « tyrannie », qui ne peut se maintenir que par la terreur. Diodote, son adversaire, soutient que le véritable intérêt d'Athènes commande une politique toute

11

différente, plus mesurée, plus clairvoyante; qu'il
faut se garder d'irriter les démocrates de Mitylène
en même temps que les aristocrates, et qu'une
fermeté habile suffira pour intimider les insoumis,
sans risquer de pousser au désespoir et à la haine
irréconciliable toute une population qu'on peut
ramener à l'obéissance. Il est juste d'ajouter que,
si l'opinion de Cléon triompha le premier jour,
celle de Diodote reprit l'avantage le lendemain,
après que la réflexion eut fait son œuvre dans
l'esprit des Athéniens.

D'une manière générale, on ne saurait dire que
la conception impérialiste d'Athènes ait été une
folie, comme le prétend Isocrate, ni que sa
politique envers ses sujets ait été déraisonnable.
Ce qui le prouve, c'est que les défections, en
somme, furent lentes à se produire : dans toute la
première partie de la guerre du Péloponèse, il y
en a fort peu, et elles sont vite réprimées; elles
ne se multiplient qu'après le désastre de Sicile,
par l'intervention de plus en plus efficace de Lacédémone. Est-ce uniquement la « terreur », selon
le mot de Cléon, qui retenait les sujets dans
l'obéissance? Assurément non. Malgré le nombre
de ses vaisseaux et le courage de ses hoplites,
Athènes n'aurait pu soumettre par force à son
joug la moitié de la Grèce, surtout en face de
Lacédémone devenue son ennemie. Elle était, à

l'égard de ses sujets, dans la situation que décrit Aristote comme étant celle des vieilles royautés en face de leurs peuples : les rois, n'ayant point de mercenaires à leur solde comme les tyrans, ne se faisaient obéir qu'autant que les peuples y consentaient : la tradition et le respect créaient la docilité des sujets. Athènes avait su aussi conquérir le respect par sa conduite au temps des guerres médiques, et elle avait lié à sa cause les partis démocratiques des cités. Elle était assez forte pour réprimer une défection isolée, mais sa puissance sur l'ensemble des cités sujettes venait surtout de ce qu'elle était considérée comme la première des villes ioniennes, la plus glorieuse et la plus civilisée, celle qui défendait l'esprit ionien contre l'invasion du dorisme. C'est donc la politique de Diodote plus que celle de Cléon qui inspirait en général la conduite d'Athènes envers ses alliés, et, quelque rude qu'ait semblé parfois sa domination à des Grecs naturellement peu disciplinés, on ne saurait souscrire sans réserve aux condamnations absolues qui ont été si souvent portées contre l'empire athénien. En somme, Athènes a résolu la question de principe de la seule manière qui fût acceptable, et, dans l'application, elle ne paraît pas avoir méconnu gravement ce que les circonstances exigeaient.

Mêmes difficultés au sujet de ses relations avec

Lacédémone, avec cette différence que le problème semblait admettre des solutions plus opposées. Périclès crut la lutte inévitable, et décida de l'engager au moment qu'il jugeait le plus favorable aux intérêts d'Athènes. Thucydide semble avoir été du même avis; à ses yeux, Lacédémone ne pouvait se résigner à la grandeur d'Athènes et c'est elle surtout qui voulut la guerre[1]. Il est difficile de croire que ces vues fussent inexactes. N'oublions pas que la guerre était encore, dans la Grèce ancienne, une chose normale, ordinaire, et qui constituait la principale occupation des cités. Platon, dans le premier livre des *Lois*, donne l'opinion contraire comme une nouveauté, une sorte de paradoxe, étranger à l'esprit de ses contemporains. Aristote dit expressément que toute la constitution de Sparte tendait à la préparation à la guerre et que rien n'y était organisé en vue de la paix[2]. Il est donc évident que la manière de voir de Périclès avait beaucoup de chances d'être juste. Il y avait pourtant à Athènes un parti de la paix. Il comprenait d'abord les « laconisants », c'est-à-dire les aristocrates, amis de Lacédémone, et se fortifia ensuite, après les premières souffrances de la guerre du Péloponèse, par le mécontentement des gens paisibles, des ruraux

1. Thucydide, I, 23, 6 et 86, 5.
2. *Politique*, II, 6, p. 1271, B, 1, 399.

surtout, dont les terres étaient dévastées. Aristophane a été leur interprète le plus éloquent : il arrive peu à peu à concevoir un idéal de concorde panhellénique qui n'est pas très différent de celui que devait plus tard prêcher Isocrate. Mais cet idéal aurait eu besoin d'être prêché à Lacédémone aussi bien qu'à Athènes, et il est douteux qu'il y eût obtenu plus de succès. En réalité, le temps ne vint jamais pour la Grèce de mettre en pratique ces belles leçons, et les malheureuses cités grecques restèrent jusqu'au bout, et de plus en plus, gouvernées par des traditions tout opposées. Quant aux « laconisants » du ve siècle, ils ne pouvaient être que suspects à une démocratie qui sentait en eux des adversaires.

La guerre fut donc déclarée. Le peuple se rangeait à l'avis de son plus grand homme d'État ; on ne saurait lui en faire un reproche. Il est juste aussi de reconnaître qu'il soutint alors de cruelles misères avec une constance admirable. La peste, le ravage de l'Attique, vinrent coup sur coup l'éprouver. Sauf un court moment de révolte contre l'autorité de Périclès, il demeura inébranlable dans ses résolutions. En somme, la première partie de la guerre donna raison à la politique de Périclès et du peuple. Malgré certaines fautes commises sous l'influence de Cléon, la paix de Nicias, en 421, couronnait dix années de lutte par un succès qui aurait pu être définitif.

C'est alors que tout se gâte par la folie de la guerre de Sicile. L'imagination populaire, atteinte de mégalomanie, se prête complaisamment aux mirages que déroule devant elle l'éloquence d'Alcibiade. Pour comble de malheur, dans un de ces accès de nervosité soupçonneuse auxquels les foules sont sujettes, le peuple, ému par la mutilation mystérieuse des Hermès, rappelle Alcibiade déjà en route pour la Sicile, se prive ainsi du seul général qui fût capable de faire peut-être tourner à bien une expédition aventureuse, et le remplace par Nicias, qui avait toujours considéré cette guerre comme une folie. Dès lors, les événements se précipitent : l'expédition aboutit à un désastre qui laisse Athènes à jamais meurtrie. Pendant dix années encore, la lutte se poursuit contre Lacédémone, avec des alternatives de revers et de succès, compliquée parfois de graves désordres intérieurs. Arrive enfin la défaite définitive, à Ægos-Potamos, avec la prise d'Athènes par les Spartiates, la destruction des Longs-Murs, la ruine de l'empire maritime athénien, la domination des Trente Tyrans. C'est l'écroulement total d'un beau rêve, qui n'était probablement pas irréalisable, mais qui eût exigé jusqu'au bout la forte main d'un véritable chef, d'un Périclès, capable, comme le dit Thucydide, tantôt de relever le courage du peuple quand il s'abattait sans raison, tantôt au contraire de réprimer ses imaginations aventureuses, et toujours de le diriger avec une fermeté clairvoyante.

La suite de l'histoire extérieure d'Athènes jusqu'à la lutte contre la Macédoine présente encore, avec moins d'énergie exubérante, des contrastes analogues. Les Trente Tyrans sont renversés par Thrasybule, et la démocratie est rétablie : la concorde renaît, grâce à l'amnistie de 403. Et presque aussitôt, la vitalité athénienne, quoique affaiblie, se manifeste de nouveau. Lacédémone victorieuse avait irrité toute la Grèce par la brutalité de son hégémonie. Athènes renoue des alliances. Elle reconstitue sa marine; elle relève ses murs après la bataille de Cnide en 394. Lacédémone, malgré quelques succès en Grèce, se voit obligée de conclure avec la Perse le traité déshonorant d'Antalcidas (387), qui abandonne l'Ionie aux barbares. Athènes continue à réparer ses forces. Pendant que Lacédémone est aux prises avec diverses cités grecques, et notamment avec Thèbes, Athènes se rapproche de ses anciens sujets.

En 378, elle reconstitue une nouvelle ligue maritime dans un esprit plus libéral qu'autrefois : un conseil commun, siégeant à Athènes, réglera les affaires de la Confédération, chaque ville alliée

disposant d'un suffrage [1]. Athènes redevient ainsi
le centre d'un empire. Puis elle fait la paix avec
Sparte, qu'elle laisse s'épuiser dans sa lutte mal-
heureuse contre Thèbes. Vers 360, Athènes était
redevenue, avec Thèbes, la première puissance de
la Grèce. Mais, presque aussitôt, les principales
cités de son nouvel empire maritime se détachent
d'elle, par un brusque retour de cet esprit d'autonomie qui rendait impossible en Grèce l'établissement de toute confédération durable. La guerre
sociale (357–355) la laisse de nouveau isolée, réduite
à ses seules ressources, et obligée à une politique
d'extrême prudence. Or, à ce moment, Philippe est
depuis quatre ans déjà roi de Macédoine et vient
de manifester par ses premiers actes une activité
menaçante : de nouveaux dangers, beaucoup plus
graves, vont surgir.

La période d'un demi-siècle dont nous venons de
rappeler les principaux traits est, pour toute la
Grèce, une triste époque. Ce ne sont que guerres
incessantes de ville à ville, impuissance humiliée
devant les barbares (malgré l'épisode des Dix-
Mille et une campagne d'Agésilas), affaiblissement
définitif de Lacédémone, réduite à une pénurie
d'hommes extraordinaire, grandeur éphémère et
toute relative de Thèbes, qui est incapable de soutenir sa fortune. Tous les écrivains grecs, en par-

1. Diodore, XV, 28.

lant de ces tristes temps, répètent sans cesse le même mot, ταραχή, c'est-à-dire trouble, désordre général, chaos politique. Tout ce qu'on peut dire d'Athènes, c'est que, dans cet universel désarroi, c'est encore elle qui fait la meilleure figure. Si elle a eu quelques généraux, Conon, Iphicrate, Timothée, elle ne semble pas avoir rencontré d'hommes d'État supérieurs. Ce qu'elle a fait, elle l'a dû surtout à ce fonds de traditions, à ces dons naturels d'intelligence et de souplesse qui étaient son privilège héréditaire. Et le résultat total de ses efforts se réduit à peu de chose. Faut-il en accuser ses institutions? Ce serait évidemment téméraire, puisque les autres gouvernements grecs ont encore moins bien réussi, et que Sparte notamment, est tombée dans une décadence profonde et irrémédiable. La situation générale était si difficile et si troublée, que même un homme de génie aurait eu probablement de la peine à la débrouiller. Mais cet homme de génie ne s'est pas rencontré. Athènes et toute la Grèce en ont subi les conséquences.

§ 3. — ATHÈNES ET LA MACÉDOINE.

Nous voici donc arrivés au dernier acte, au moment où l'orage s'amasse du côté de la Macédoine. Philippe, dès son avènement, avait fait voir qui il était. Très cultivé, très intelligent, très actif et très ambitieux, il avait en mains un instrument redoutable : une armée solide et belliqueuse, à laquelle il commandait en maître absolu. Démosthène arrivait alors à la vie publique. Dès le premier jour, il vit le danger et s'efforça de le prévenir par une politique d'action à la fois résolue et réfléchie. Mais il trouva d'abord peu d'écho dans les sentiments de l'Assemblée, et l'on ne saurait s'en étonner. En outre, ce que nous avons dit plus haut de la situation d'Athènes en face de ses sujets est vrai aussi de sa situation en face de Philippe. Un élément nouveau entre alors dans la politique internationale, l'existence d'une monarchie militaire très forte, qui n'est pas, comme la monarchie perse, une puissance barbare, mais qui a pris à la civilisation grecque ses meilleures ressources. Contre une pareille monarchie, l'autonomie des cités ne suffit plus. Une alliance étroite entre tous les Grecs serait indispensable : mais comment la faire sortir du chaos de leurs rivalités héréditaires et de leurs conflits ?

Encore sous le coup de la guerre sociale, déshabitués de toute politique à longue portée par cinquante ans d'efforts au jour le jour et de tâtonnements, avides de repos, inquiets de l'état des finances, les Athéniens n'étaient pas d'humeur à écouter les appels importuns de Démosthène. Leur ardeur d'autrefois était tombée. Ce n'est pas qu'au fond ils fussent devenus très différents de ce qu'ils avaient toujours été ; mais les mêmes instincts, dans des circonstances nouvelles, produisaient des effets opposés. Leur imagination, qui faisait autrefois miroiter à leurs yeux des succès problématiques, leur grossissait maintenant les dangers. Leur optimisme se contentait de souvenirs ou d'espérances vagues. Leur individualisme, qui avait jadis trouvé satisfaction dans la gloire de la cité à laquelle ils étaient fiers d'appartenir, se repliait sur lui-même et cherchait des avantages plus sûrs ou plus immédiats dans les menus plaisirs de la vie privée. Ils étaient las de vouloir et d'agir. Quand on lit successivement le portrait que Thucydide a tracé des Athéniens du v° siècle et celui qui se dégage des discours de Démosthène, il semble d'abord qu'on ait affaire à deux peuples différents : là, tout est ardeur, audace, confiance en soi ; ici, indolence, légèreté, vaines paroles qui ne sont pas suivies d'effet. En réalité, c'est bien toujours le même peuple, mais qui a vieilli : dans le premier portrait, il ressemble au jeune homme d'Aristote, qui est plein de confiance, parce qu'il n'a pas encore été « humilié par la vie » ; dans le second, il ressemble au vieillard, refroidi par les épreuves.

Les chefs qui s'offraient à le conduire ou qui lui prodiguaient leurs conseils dans leurs écrits, se partageaient naturellement entre deux tendances opposées. Les uns se laissaient aller au courant et vantaient la paix ; les autres essayaient de réagir en réveillant l'énergie nationale. Dans chacun de ces deux partis, des nuances individuelles se faisaient jour. Parmi les pacifiques, il y a des utopistes, comme Isocrate, qui croit au désintéressement de Philippe ; des hommes d'affaires, comme Eubule, qui songent avant tout à réparer les finances ; des esprits chagrins et pessimistes, comme Phocion, qui méprisent leurs concitoyens ; des cabotins d'honnêteté douteuse, comme Eschine, qui trouve son intérêt à ne pas voir trop clair dans les projets de Philippe ; enfin des aventuriers, comme Démade, qui est ouvertement aux gages de la Macédoine. Parmi les défenseurs de la politique d'action, il y a des esprits absolus et étroits, comme Lycurgue ; des violents, comme Hypéride ; un grand politique enfin, Démosthène, qui ne sépare pas l'énergie de la connaissance exacte du possible, et qui veut que l'action soit préparée avec soin.

Entre tant de conseillers, il n'est pas surprenant que le peuple ait préféré d'abord et pendant assez longtemps ceux dont les avis s'accordaient avec ses tendances, presque avec ses besoins ; d'autant plus que leurs arguments n'étaient pas sans valeur : Eubule, en particulier, avait quelque raison de redouter l'excès des dépenses militaires, bien qu'il eût le tort d'être moins sensible à l'inconvénient des dépenses consacrées aux fêtes et aux spectacles. Quand enfin la chute d'Olynthe, en 348, puis les funestes conséquences de la paix conclue avec Philippe en 346, eurent secoué la torpeur générale, on s'aperçut que Démosthène avait dit la vérité, quelque désagréable qu'elle pût être à ses auditeurs, et la faveur alla vers lui. Il est honorable pour le peuple d'avoir alors consenti à oublier sa vieille antipathie contre Thèbes pour nouer avec elle l'alliance que lui conseillait Démosthène au nom des intérêts de toute la Grèce. Durant quelques années, l'orgueil du passé athénien, le souvenir des généreuses traditions d'autrefois se réveilla dans les âmes assez fortement pour aboutir non plus à de simples paroles, mais à des actes. Quand la fortune, à Chéronée, eût trahi cet effort généreux, mais tardif, le peuple s'honora encore en ne désavouant pas l'orateur qui lui avait montré le devoir. Et cette faveur du peuple fut persistante : huit ans plus tard, Eschine essaya en vain de faire condamner rétrospectivement par les juges la politique de Démosthène ; c'est lui qui fut vaincu devant le tribunal, et de telle sorte qu'il dut s'exiler. Quand éclata l'affaire d'Harpale, en 424, Démosthène fut accusé de concussion par son ancien allié Hypéride. Cette fois, le peuple abandonna Démosthène, mais non pour longtemps : si l'obscurité de toute l'affaire, certaines apparences défavorables à Démosthène, l'autorité d'Hypéride, enfin, avaient pu agir sur l'opinion, dès l'année suivante, Démosthène rentrait en triomphe. On sait qu'il mourut peu après, victime de l'implacable hostilité des Macédoniens. Ainsi, jusqu'au bout, le peuple a reconnu en Démosthène le plus courageux et le plus clairvoyant défenseur de son indépendance.

L'histoire politique de la démocratie athénienne finit avec Démosthène. Après lui, sous la domination de la Macédoine, Athènes n'est plus que l'ombre d'elle-même. Elle continue de nommer des archontes et de tenir des Assemblées ; mais elle n'est, alors, en réalité, qu'un musée et une école.

Quand on jette un coup d'œil d'ensemble sur ces deux siècles de politique extérieure, on y voit, comme dans toutes les choses humaines, des lumières et des ombres. Lesquelles l'emportent, en définitive ? Les fautes commises sont incontestables ; mais tous les revers, dans cette histoire, ne sont pas dus uniquement à des fautes. Le dernier de tous, en particulier, était probablement fatal ; car il ne dépendait pas d'Athènes d'empêcher une grande royauté militaire, commandée successivement par deux hommes de génie, de surgir brusquement dans le monde au milieu du morcellement et du désarroi des cités grecques. Athènes a fait deux tentatives pour tirer la Grèce de ce morcellement. Elle n'y a pas réussi, mais l'entreprise, qui était fort difficile, méritait d'être tentée, et la conception même en est honorable pour Athènes. N'oublions pas, enfin, que cette histoire s'ouvre par la période triomphante des guerres médiques et que la défaite qui l'a terminée a sa grandeur et sa beauté, puisqu'elle fut subie, dans des conditions inégales, pour l'indépendance de toute la Grèce, non moins que pour celle d'Athènes elle-même. Il est permis de se demander si l'on trouverait beaucoup de peuples qui pussent offrir, en deux siècles de leur histoire extérieure, plus de grandes choses à l'attention de la postérité.

III. — Les arts de la paix.

La politique, quelque place qu'elle ait tenue dans la vie d'Athènes, n'en est d'ailleurs qu'une partie. A la différence de Sparte, Athènes a d'autres préoccupations que celle de la guerre. Elle ne s'est même pas absorbée dans les discussions de la place publique et des tribunaux. Elle a été à tous égards une source incomparablement riche de civilisation, et ce n'est pas un simple hasard qui a fait naître tant d'activité pacifique et tant de beauté dans la plus grande ville démocratique du monde ancien.

Nous avons vu plus haut quelles leçons de toute sorte le jeune Athénien, devenu homme, recevait de l'art et de la vie. Nous n'avons pas à revenir ici sur l'activité intelligente de cette vie, ni sur la noblesse et la grandeur de cet art. Mais ce qu'il faut dire expressément, c'est que, si l'art et la vie, à Athènes, ont présenté ces caractères supérieurs qui en faisaient une éducation pour le citoyen, ni l'un ni l'autre n'étaient des plantes importées du dehors et venues on ne sait d'où. C'est le sol athénien qui les avait produites et c'est dans l'atmosphère de la liberté démocratique qu'elles s'étaient épanouies. De sorte qu'après avoir signalé leur action sur chaque citoyen en particulier, il faut ajouter qu'elles étaient en même temps le produit de la collectivité. Elles étaient à la fois causes et effets, comme il arrive dans toutes les choses sociales. Il est donc juste d'en faire honneur à la démocratie athénienne et de les compter parmi ses œuvres au même titre que sa politique intérieure ou extérieure.

Le trait saillant de la vie athénienne, c'est la libre floraison d'individualisme déjà notée par Thucydide. Un Platon n'était pas éloigné de voir là un bel exemple d'anarchie pure. Et ce n'est pas seulement dans les choses de la politique que Platon on jugeait ainsi : sa critique s'adressait également aux occupations de la vie pratique et à la culture des arts. Il était choqué de voir un Athénien faire successivement tous les métiers et le premier venu décider du mérite d'une tragédie. C'est l'épanoui

-sement naturel et spontané de la vie qu'il détestait
sous toutes ses formes. Il était en cela parfaite-
-ment logique, et il aurait eu tout à fait raison s'il
était vrai que les systèmes des législateurs et des
philosophes fussent capables de susciter une vie
plus belle que celle que produit la nature. Par
malheur, ce qui manque surtout aux systèmes,
c'est la vie : ils sont beaux, quelquefois, mais tou-
-jours ils sont morts. Le grand mérite de la liberté
athénienne fut au contraire de provoquer partout
l'explosion de la vie. L'individualisme excessif peut
avoir ses inconvénients dans la politique, qui est
essentiellement action collective, et qui, à ce titre,
exige une certaine coordination des efforts indivi-
-duels en vue d'une fin commune. Mais les dangers
de l'individualisme sont évidemment bien moindres
dans les initiatives de la vie privée et surtout dans
celles de la création artistique, qui exige précisé-
-ment chez l'artiste une personnalité originale.
Notons d'ailleurs, et c'est là un trait fort curieux
de l'art athénien, que nulle part les excès possibles
de l'individualisme, ceux qui aboutissent à la bizar-
-rerie et au raffinement maladif, ne furent contenus
plus fortement qu'à Athènes par l'influence de la
tradition et du sens commun. Cela peut sembler à
première vue paradoxal, et c'est cependant la con-
-séquence directe des conditions où s'exerce la
liberté de l'artiste athénien; celui-ci, en effet,

quelle que soit la force de son originalité, s'adresse
toujours à la foule, à l'âme collective du peuple,
et non à un cénacle. Qu'il fasse une tragédie, une
comédie, un poème lyrique, un discours, il ne sera
pas jugé par quelques raffinés, mais par un public
immense, vingt fois plus nombreux que celui de
nos plus grands auditoires ordinaires, et qui, justement parce qu'il est une foule, sera plus touché
par une parole qui réveille en lui ses sentiments
héréditaires que par d'ingénieuses recherches de
pensée ou de forme. Cela n'empêche pas un Phidias, un Sophocle, un Euripide, de fréquenter les
plus savants et les plus libres esprits d'Athènes ;
mais cela les oblige, quand ils font œuvre d'artistes,
à traduire leur pensée profonde sous des formes
qui soient intelligibles et sensibles à la majorité
des Athéniens. Ils seront à la fois nouveaux et traditionnels, respectueux des thèmes consacrés et
capables de les rajeunir. L'art sert d'intermédiaire
naturel entre les divers courants de la pensée nationale. Il peut puiser ses inspirations aux sources les
plus hautes, mais il faut toujours qu'il en abreuve
la foule, et, grâce à cette nécessité, il ne perd
jamais le contact de l'âme populaire. Or, c'est la
vie démocratique, ce sont les institutions athéniennes qui lui imposent cette précieuse obligation.
Plus tard, à Alexandrie, à Pergame, il n'y aura
plus de peuple véritable, de peuple habitué à déli-

bérer sur des grandes affaires et à se conduire lui-
même ; il n'y aura plus que des cénacles et une
populace. La grandeur de l'art d'Athènes vient pour
une large partie de ce qu'Athènes a été pendant
deux siècles une démocratie active, intelligente et
cultivée.

Il y a cependant, parmi les œuvres de l'esprit,
tout un domaine qui n'est accessible à la foule en
aucun temps : ce sont les parties les plus hautes
de la philosophie et de la science. Le plus grand
service que la foule puisse rendre aux chercheurs
de vérité, c'est de les laisser libres. Or, ce service,
on peut affirmer que le peuple d'Athènes le leur a
rendu mieux peut-être qu'aucun autre peuple. Et
ce n'est pas seulement parce que sa religion était
dépourvue de théologie, ni parce que la foule igno-
rait ou dédaignait ce qui se passait dans les écoles.
Bien que ces raisons aient leur valeur, elles ne
sont pas les seules. L'habitude athénienne de laisser chacun fort libre était merveilleusement favorable au progrès de la pensée. La parole, d'ailleurs,
tenait trop de place dans toute l'existence des Athéniens pour qu'on fût très prompt à s'effaroucher
des libertés qu'elle pouvait prendre. L'exemple des
poètes comiques suffirait à le montrer. L'acte d'un
prêtre ou d'une prêtresse qui violait une prescrip-
tion rituelle, ou celui d'un écervelé qui mutilait un
Hermès, étaient beaucoup plus capables d'émou-

voir la foule que quelques paroles plus ou moins
hardies. Les exemples d'intolérance à l'égard de la
pensée sont rares dans l'histoire d'Athènes, et les
plus fameux s'expliquent par des causes acces-
soires. Si Socrate fut condamné, c'est d'abord parce
qu'il sembla chercher lui-même sa condamnation,
et ensuite parce qu'il parut, au lendemain de la
tyrannie des Trente, solidaire du mouvement d'idées
qui avait abouti au renversement de la démocratie.
Aristote, dit-on, fut aussi inquiété : mais il avait
été le précepteur d'Alexandre, et l'accusation d'impiété dirigée contre lui fut la conséquence d'une
violente réaction antimacédonienne au lendemain
de la mort du roi de Macédoine.

Les rares exemples qu'on pourrait ajouter à ceux-
là s'expliquent de la même manière. Il faut donc
reconnaître que nulle part la pensée n'a été aussi
libre qu'à Athènes. Ce que la démocratie a souvent
poursuivi et frappé par motif de piété, ce ne sont
pas des pensées, mais des actes. La violation des
lois de la cité en matière religieuse était un crime
sévèrement puni. Qui pourrait s'en étonner? Mais
ces lois n'enchaînaient en aucune manière la liberté
de la pensée, et il serait impossible de soutenir que
l'obligation de respecter les prescriptions extérieures du culte ait empêché ou retardé chez les
Athéniens l'éclosion d'aucune idée digne de vivre.
Quand la philosophie se développa, au IVe siècle,

Athènes fut la patrie privilégiée des philosophes. Elle le resta, et, dès le siècle suivant, toutes les grandes écoles y avaient élu domicile. Le respect de la libre spéculation fut une des traditions les plus fortes et les plus glorieuses de l'esprit athénien, et, si la foule demeura étrangère à ces recherches (comme il était inévitable), elle eut, du moins, le rare mérite de ne jamais y mettre obstacle.

IV. — Conclusion sur la démocratie athénienne.

Quels que soient les défauts de la démocratie athénienne, on l'a trop souvent jugée, dans l'ensemble, d'après les critiques portées contre elle par les philosophes, c'est-à-dire par des hommes dont l'idéal rationnel était inconciliable avec la liberté exubérante et féconde de la vie réelle. Pour un Socrate, pour un Platon, même pour un Aristote, la cité parfaite doit ressembler à l'âme du sage, où la raison imperturbable domine les passions, où un bel ordre harmonieux (εὐκοσμία) est la condition de toute vertu et de tout bonheur. Il est clair que la cité réelle, dans l'incessant conflit des intérêts et des sentiments, ne pouvait ressembler à cet idéal. De là tant de critiques sévères et tant de constructions utopiques. Mais cet idéal est une abstraction qui s'inspire de la géométrie et de la morale plus que d'une conception exacte de la

vie. Jamais cité de cette sorte n'a existé, pas plus
sous la forme monarchique ou aristocratique que
sous la forme démocratique. Celle-ci, la seule que
les penseurs grecs eussent devant les yeux, a forcément attiré plus que les autres leur attention et
leurs reproches. Mais il ne serait pas juste d'oublier
que le gouvernement parfait ne peut se réaliser
que dans les *Cyropédies* et les *Télémaques*. Ou plutôt, il faut avouer que ce gouvernement idéal est
toujours, en somme, une construction assez grêle,
dont la beauté même, toute géométrique, pâlit
singulièrement devant la beauté de la vie. L'idéal
politique de ces sages et de ces penseurs est à
l'image de leur science, hardie, synthétique, élé-
gante, mais trop jeune encore pour concevoir clairement l'infinie complexité des choses et la grandeur de la nature. Ils croient l'emprisonner dans
leurs systèmes métaphysiques et ne s'aperçoivent
pas qu'elle leur échappe de toutes parts. De même,
ils attribuent à leur législateur idéal le pouvoir quasi
divin de régler la vie collective de l'humanité, sans
se douter qu'en la réglant ainsi arbitrairement, ils
l'appauvrissent, et que le flux éternel des choses,
aperçu déjà par Héraclite, se jouera sans fin de
leurs combinaisons arbitraires, créant toujours
plus de formes qu'ils n'en peuvent imaginer, et en
somme plus de beauté que leur raison n'en peut
concevoir. Leurs critiques de détail sont souvent

instructives et justes, quand elles s'inspirent de l'observation des faits; mais, leurs conclusions générales sont suspectes, parce qu'elles procèdent presque toujours de leur système, c'est-à-dire d'une conception arbitraire et incomplète de la réalité.

Quand on examine les faits sans parti pris, on est amené à reconnaître que la démocratie athénienne a été une des plus grandes créations du génie grec. Elle a conçu un idéal de vie collective très noble, où la loi, c'est-à-dire la raison commune, serait la règle suprême des actions, et où l'individu cependant aurait un large espace pour se mouvoir librement et développer toutes ses forces. Cet idéal, qui devait être de plus en plus celui de l'avenir, elle l'a conçu et exprimé avec une claire conscience, dès le temps de Solon, de Clisthène, de Périclès. En fait, malgré les inévitables imperfections des choses humaines, elle l'a réalisé dans une mesure assez large pour que les deux siècles environ qui correspondent à l'épanouissement de ses institutions aient été une période de fécondité incroyable dans tous les ordres d'activité humaine, dans la vie publique et privée, dans les arts, dans la pensée. L'humanité n'a guère connu de période où un groupe politique ait été plus véritablement « civilisé », dans le sens plein du mot, et qui ait laissé à l'avenir un héritage plus riche en œuvres

17

et en suggestions de toute sorte. C'est là, sans aucun doute, un glorieux bilan : car quel peut être, en somme, l'objet idéal de la vie d'un peuple, sinon de marquer sa place au premier rang parmi ceux dont les exemples constituent la trame de l'évolution humaine civilisée ?

CHAPITRE V

Les diverses démocraties grecques.

I. — Coup d'œil général.

Le mouvement démocratique, dont nous venons de suivre le progrès à Athènes, n'y fut pas confiné. Il s'étendit à tout l'hellénisme, et même les parties du monde grec qui y résistèrent en subirent l'influence.

Dès le viiie siècle, nous l'avons vu, les vieilles royautés patriarcales étaient en pleine dissolution d'un bout à l'autre de l'hellénisme. Le progrès de la population, l'extension du commerce maritime, celui de l'industrie et du travail servile, l'accroissement des cités, la fondation des colonies, le développement de la richesse, tout concourait à boule-

12

verser l'ancien ordre de choses. Presque partout,
ce sont d'abord les aristocraties qui profitent de
cette évolution pour accroître leur puissance au
détriment des familles royales. Mais les gouvernements aristocratiques sont plus durs et plus op-
pressifs pour la foule des humbles que ne l'avaient
été les vieilles royautés. L'âpre lutte pour la richesse est la loi de ces sociétés jeunes et actives,
et, dans la lutte, les faibles sont écrasés. De là, des
révoltes populaires, suivies ordinairement de violentes répressions. Ces luttes intestines, après avoir
duré un ou deux siècles, aboutirent en général à la
tyrannie, c'est-à-dire à l'établissement de pouvoirs
despotiques fondés sur la force et visant à devenir
héréditaires.

Parmi ces tyrans, les uns avaient été appelés au
pouvoir par l'oligarchie et s'étaient ensuite affranchis de tout contrôle; les autres, au contraire,
s'étaient donnés pour les amis des pauvres et
avaient conquis la suprême puissance à l'aide de
la multitude[1]. Pisistrate est l'exemple le plus
fameux de ce second genre d'usurpateurs. Quelques-uns furent des hommes intelligents et firent
des choses utiles ou brillantes. Mais tous avaient
ce caractère commun de ne reconnaître d'autre
loi que leur bon plaisir et de maintenir leur domination à l'aide de mercenaires. Pendant le siècle

1. ARISTOTE, *Polit.*, VIII. p. 1310, B, 15-31.

qui précéda les guerres médiques, la Grèce presque entière était tombée sous ce régime[1].

L'opposition contre les tyrans vint d'abord de Lacédémone, qui avait traversé, elle aussi, une longue période de troubles violents, mais sans subir de tyrannie, et qui, dès le VIIIᵉ siècle, était arrivée à un état d'équilibre assez stable[2]. Avec ses deux rois héréditaires, sa *gérousia* aristocratique, ses éphores qui représentaient l'ensemble des citoyens, elle offrait l'exemple, alors unique en Grèce, d'une constitution mixte, plus voisine de l'aristocratie que de la démocratie, et qui conciliait assez heureusement les diverses tendances du moment. Cette stabilité intérieure, jointe à une puissance militaire de premier ordre, lui assura pendant longtemps une suprématie incontestée. Elle s'en servit pour combattre les tyrans, qu'elle finit par détruire à peu près partout, et pour substituer à ces pouvoirs despotiques des gouvernements plus ou moins aristocratiques qui fussent mieux d'accord avec ses propres institutions.

L'expulsion des Pisistratides, accomplie par Athènes en 510, puis l'établissement de la démocratie clisthénienne, changèrent le cours des choses. Après les guerres médiques, Athènes se trouva aussi puissante et aussi glorieuse que

1. THUCYDIDE, I, 18, 1.
2. THUCYDIDE, *ibid.*

Lacédémone. Tandis que les cités continentales
de la Grèce, plus ou moins teintées de dorisme,
continuaient de se grouper librement autour de
celle-ci, les cités maritimes et insulaires, surtout
celles qui étaient de race ionienne, devinrent les
alliées, puis les vassales, de la grande rivale de
Lacédémone. Athènes, capitale du monde gréco-
ionien, devenait de jour en jour plus démocratique : par une tendance naturelle, elle développa
de toutes ses forces la démocratie chez ses alliés
et ses sujets, sachant bien que les aristocrates, en
tout pays, seraient toujours disposés à tourner
leurs regards vers Lacédémone, tandis que le
peuple serait son plus ferme appui.

Ionisme et démocratie, d'une part, dorisme et
aristocratie, de l'autre, furent des termes qu'on
prit l'habitude d'associer étroitement, si bien
qu'en maintes circonstances, les noms d'Ioniens et
de Doriens furent invoqués comme des arguments
pour faire prévaloir auprès des peuples encore
neutres ou indécis, soit un des deux régimes
opposés, soit l'influence d'une des deux confédérations. Ces deux confédérations vécurent en paix
pendant une vingtaine d'années, puis, quand le
péril asiatique parut écarté, le conflit inévitable
éclata. Interrompu en 445 par la trêve dite de
Trente ans, il reprit quelques années plus tard et
aboutit à la guerre du Péloponèse. La lutte des

deux cités fut avant tout une lutte pour l'hégémonie ; mais elle se compliqua fatalement d'une
lutte pour et contre la démocratie, puis d'un conflit
de races. Ioniens et Doriens, démocrates et aristocrates se groupèrent peu à peu autour d'Athènes
et de Lacédémone.

La Sicile à peu près seule, au milieu de ces conflits, eut pendant quelque temps une évolution
autonome. De même qu'elle conserva ses tyrans,
alors que Lacédémone renversait ceux de la Grèce
propre, elle eut ensuite ses révolutions démocratiques en dehors de l'influence directe d'Athènes.
Il en fut de même, et pour les mêmes raisons,
dans la grande Grèce, en Crète et dans la Cyré-
naïque. L'éloignement et la difficulté des relations
faisaient de ces régions, doriennes pour la plupart,
des parties distinctes du monde grec, non sous-
traites, assurément, à une certaine solidarité vague
quant à l'évolution générale des idées et des institutions, mais où le contre-coup des événements
de la Grèce propre, et surtout les influences
ioniennes, se faisaient sentir plus lentement.

Notons cependant qu'en somme tous les mouvements démocratiques de ces pays suivirent l'établissement de la démocratie athénienne et que les
agitations analogues qui avaient eu lieu antérieu-
rement n'avaient abouti qu'à la tyrannie. Il est
donc certain que l'exemple d'Athènes, pour être

moins efficace là qu'ailleurs, n'y fut pas sans influence.

Quoi qu'il en soit, on voit que le mouvement
démocratique fut un fait très général dans le
monde grec et que, plus tôt ou plus tard, par une
cause ou par une autre, bien peu de cités y échap-
pèrent entièrement. Même à Lacédémone, la
Constitution n'était pas purement aristocratique.
Ailleurs on vit fleurir des démocraties tempérées,
comme à Chios ou à Marseille. Ailleurs encore, il
y eut de brusques explosions démocratiques suivies de réactions. Mais partout, à des degrés divers,
il y eut au moins des tentatives dans le sens de la
démocratie. Par malheur, tous ces événements
nous sont fort mal connus. Ce que nous y voyons
de plus clair, cependant, c'est que le plus souvent
ces mouvements politiques aboutirent à des résultats médiocres. De même que Lacédémone resta
pour tous les Grecs le type à peu près unique
d'une aristocratie relativement sage et modérée,
de même la démocratie athénienne conserva, entre
tous les gouvernements qui se formèrent sur le
même type, une supériorité incontestée. Aristote,
qui n'est pas un ami de la démocratie athénienne,
le déclare en termes formels, qui méritent d'être
rappelés. Après avoir raconté le renversement des
Trente et l'amnistie décrétée par le peuple, il vante
la beauté morale et la sagesse politique des réso-

lutions qui furent prises alors par la démocratie
il admire surtout ce fait que, non content d'abolir
toutes les poursuites individuelles, le peuple
poussa la magnanimité jusqu'à se déclarer solidaire
des dettes contractées par le gouvernement des
Trente auprès de Lacédémone, et il ajoute : « Dans
les autres cités, ceux qui établissent la démocratie, loin de sacrifier quoi que ce soit de leurs
deniers, n'ont rien de plus pressé que de procéder
au partage des terres[1]. » D'où vient cette infériorité des autres démocraties grecques ? Il n'est pas
très difficile d'en apercevoir plusieurs causes.

La première est dans le génie même des races.
Il n'est pas douteux que le peuple athénien ne fût
le plus civilisé, le plus harmonieusement cultivé
des peuples grecs. Sa douceur et son intelligence
naturelles, développées par l'habitude de la liberté,
furent pour beaucoup dans sa modération. En
outre, les circonstances le favorisèrent. La démocratie ne fut pas, à Athènes, une importation
étrangère, brusquement introduite dans un organisme mal adapté, comme il arriva si souvent
dans les autres cités : elle naquit peu à peu, comme
un fruit naturel du sol attique, préparé d'abord par
les réformes de Solon, aidé dans sa croissance
par le gouvernement intelligent de Pisistrate, arri-
vant enfin à sa maturité avec Clisthène et Péri-

1. *Rép. Ath.*, 40, 3.

clès, au milieu des enthousiasmes généreux des guerres médiques. Enfin, la démocratie athénienne eut ce bonheur d'être assez forte, dès le début du v° siècle, pour n'avoir plus à se raidir dans une lutte incessante contre les retours offensifs des ennemis intérieurs. Cela lui permit d'acquérir les qualités d'un gouvernement normal, le respect de la loi et le souci de la paix sociale. Elle arriva à l'équilibre dans la liberté démocratique, comme Lacédémone dans l'ordre aristocratique.

Les documents ne nous permettent pas de tracer un tableau complet des institutions démocratiques dans les diverses cités grecques, ni surtout de leur histoire. Il n'y a sans doute pas lieu de le regretter beaucoup. L'étude de ces institutions serait assez monotone, et l'histoire de leur évolution présenterait à coup sûr beaucoup de traits semblables. Ce qu'on voit partout, c'est le transfert du pouvoir de la naissance à la richesse, puis de la richesse à l'universalité des citoyens, sauf quelques réserves variables selon les temps et les lieux. Aristote, dans sa *Politique*, a montré, en outre, comment les démocraties ont oscillé des formes modérées et légales aux formes les plus capricieuses et les plus violentes. Il en fut de même d'ailleurs des oligarchies et des monarchies. Sans entrer à cet égard dans de longs détails, il suffira de prendre quelques exemples parmi les plus caractéristiques et les plus complets que nous offre l'histoire grecque, et de montrer ainsi en quoi ces autres démocraties diffèrent de celle d'Athènes.

II. — Les démocraties dans la Confédération athénienne.

Dans les cités qui faisaient partie de l'empire athénien, le régime démocratique était de rigueur. S'il n'existait pas au début, il fut établi par Athènes à la première occasion. Nous avons vu qu'au moment où la confédération fut organisée, trois îles y occupèrent, à cause de leur importance, une situation privilégiée : Samos, Chios et Lesbos. Toutes trois avaient un gouvernement ou aristocratique ou du moins modérément démocratique. En 340, des difficultés s'élevèrent entre Samos et Athènes. Après une campagne victorieuse de Périclès, Samos perdit ses privilèges et reçut du même coup une constitution démocratique. Lesbos subit le même sort quelques années plus tard, après la révolte de Mitylène, en 428. Chios seule échappa au sort commun : c'était, dit Thucydide, une cité riche et sage, la mieux gouvernée de la Grèce, et la plus prudente avec Lacédémone[1]. Elle avait un

1. VIII, 24, 4-5.

parti aristocratique puissant[1]. Quand elle fit défection, en 412, le peuple, favorable aux Athéniens, n'osa pas se soulever contre les riches. Athènes, effrayée, fit en vain les plus grands efforts pour reconquérir la plus belle des cités de son empire : la fortune l'abandonnait, et la fin de la guerre du Péloponèse survint avant que la révolte de Chios pût être vengée, malgré quelques succès partiels et sans conséquence. Ainsi, la méfiance ordinaire d'Athènes à l'égard des gouvernements aristocratiques se trouvait justifiée par un exemple éclatant. On comprend donc la règle de conduite suivie par Athènes à l'égard des cités qu'elle voulait dominer. Elle leur imposait une constitution démocratique et supprimait au besoin l'autonomie de celles qui résistaient, comme Mélos (416). On peut imaginer combien ces gouvernements démocratiques, maintenus surtout par une force étrangère, devaient être odieux aux aristocraties locales. L'auteur inconnu de la *République d'Athènes*, aristocrate lui-même avec passion, déclare que, si les procès criminels des alliés n'avaient pas été jugés par les Héliastes athéniens, les partisans d'Athènes dans les cités sujettes auraient été mis à mort par leurs ennemis[2]. Ces sentiments étant réciproques,

1. VIII, 38, 5.
2. *Rép. Ath.*, 1, 16.

il est évident que des démocraties de cette sorte ne pouvaient être des modèles de bons gouvernements.

III. — Les autres démocraties de la Grèce propre.

Il en fut d'ailleurs à peu près de même des gouvernements démocratiques établis dans la Grèce propre en dehors de l'empire athénien. Partout, les partis opposés sont à peu près de même force, et l'équilibre, toujours précaire, ne se maintient que par des influences étrangères. Aussi, quand il vient à se rompre, les fureurs, longtemps contenues, éclatent avec violence, et toutes les révolutions, qu'elles se fassent dans un sens ou dans l'autre, ont à peu près le même caractère d'acharnement.

A Thèbes, l'aristocratie avait trahi la cause nationale au temps des guerres médiques. La défaite des Perses entraîna la chute des aristocrates, mais la démocratie à son tour, par ses fautes et ses fureurs, provoqua une nouvelle réaction; et il en fut ainsi à plusieurs reprises, selon que l'influence de Sparte ou d'Athènes était la plus forte chez les Thébains, jusqu'à la ruine définitive de la cité par Philippe de Macédoine.

Argos fut une des cités grecques où le gouvernement démocratique se maintint le plus long-

temps au vᵉ siècle, en haine de la suprématie
spartiate. L'exemple d'Argos offre ceci de particulièrement intéressant que c'était une cité dorienne,
et que la démocratie pourtant s'y développa spontanément. Il est vrai que le dorisme d'Argos
paraît avoir été mélangé de fortes survivances
achéennes. Là encore, chaque crise politique est
accompagnée de violences. En 417, le peuple, qui
vient de renverser les nobles, les exile ou les met
à mort[1]. Des discordes analogues ensanglantèrent
la ville vers le temps de la bataille de Leuctres[2].

On pourrait multiplier ces exemples. Aristote
en a signalé quelques-uns[3]. Mais l'exemple classique, pour ainsi dire, est celui de Corcyre, dont
Thucydide a tracé un tableau inoubliable. Suivant
son habitude, d'ailleurs, il a voulu mettre, dans
cette peinture d'événements particuliers, quelque
chose de plus que l'image de certaines circonstances accidentelles et contingentes : dans ce rac-
courci vigoureux, c'est tout un côté de la vie
politique grecque qu'il a condensé ; il le dit
expressément, et sa peinture prend ainsi une
valeur générale et typique dont l'importance est
d'autant plus grande que ni la clairvoyance ni
impartialité de l'historien ne sauraient ici être

1. Thuc., V, 82, 2.
2. Diodore, XV, 40.
3. Notamment *Polit.*, p. 1302, B, 25-33.

soupçonnées. Il n'attaque pas un parti plus que le parti adverse, ni une ville de préférence à beaucoup d'autres. Il reconnaît dans les révolutions de Corcyre l'explosion d'un état général de haine et d'immoralité politique développé surtout par la guerre du Péloponèse, et c'est pour cela qu'il y insiste. En décrivant l'état d'esprit des Corcyréens, il décrit celui des partis dans beaucoup de cités, et il en tire une leçon générale de modération à l'adresse de tous les Grecs.

En 427, l'aristocratie corcyréenne essaya de ressaisir le pouvoir, qu'elle avait perdu depuis quelques années, et de rattacher Corcyre à l'alliance de Lacédémone. Une flotte péloponésienne parut devant la ville pour appuyer l'aristocratie; mais elle dut se retirer devant une flotte athénienne plus nombreuse. Le peuple triompha. Ce fut le signal de mille atrocités. Les principaux partisans de l'aristocratie s'étaient réfugiés dans le temple d'Héra. Une cinquantaine d'entre eux, s'étant rendus sous la promesse d'être jugés, furent aussitôt condamnés et mis à mort. Les autres se tuèrent réciproquement ou se pendirent pour échapper aux mains de leurs ennemis. Pendant sept jours, les vainqueurs massacrèrent les vaincus, et toutes sortes de crimes privés, dit Thucydide, furent commis sous couleur de vengeance politique.

C'était la première fois qu'on voyait en Grèce une

guerre civile aussi sauvage, mais ce ne devait pas être la dernière : sous la double impulsion des haines politiques et de la guerre extérieure, toutes les vieilles maximes de la morale furent ébranlées. Les aristocrates, sous prétexte de défendre le bon ordre, le peuple, en faisant sonner le beau mot d'égalité, se donnèrent toute licence, et chaque parti, en réalité, ne chercha plus qu'à s'assurer la victoire par tous les moyens, quels qu'ils fussent[1].

Corcyre, colonie de Corinthe, passait pour dorienne, comme sa métropole. Mais on sait que toutes les villes doriennes renfermaient une forte proportion d'anciens habitants du pays, de race achéenne. Corcyre, cité insulaire, issue d'une métropole maritime, devait avoir, pour toutes ces raisons, une population fort composite. C'est là un caractère qu'Aristote signale comme contraire en général aux conditions d'un bon gouvernement. Est-ce pour cela que les troubles de Corcyre furent d'une violence si atroce ? Le récit de Thucydide semble indiquer que le mal avait des causes plus générales.

Au milieu de ces horreurs, il convient de faire une place à part à une démocratie d'un caractère assez original, celle de Mantinée, en Arcadie[2].

1. Thucydide, III, 82.
2. Cf. la belle étude de G. Fougères, *Mantinée et l'Arcadie orientale*, 1898.

L'Arcadie était comme la Suisse de la Grèce ancienne, cette Europe en miniature. Les populations arcadiennes n'étaient ni doriennes ni
ioniennes : les Grecs les appelaient éoliennes,
nom vague, qui désignait tous ces restes des
populations primitives de la Grèce qu'on ne pouvait rattacher ni aux conquérants doriens ni aux
Ioniens de l'archipel et des côtes. Enfermés dans
leurs montagnes et dans leurs hautes vallées, les
populations de l'Arcadie avaient vu passer l'invasion dorienne, mais avaient échappé à la conquête. Les montagnards arcadiens, pasteurs et
bûcherons, rudes et pauvres, émigraient volontiers et se louaient comme mercenaires quand la
montagne ne suffisait plus à nourrir une population trop prolifique. Les habitants des hautes
vallées étaient agriculteurs. La terre était fertile et
l'eau abondante, mais il fallait se défendre sans
cesse contre les inondations, rendues fréquentes
par la difficulté que trouvaient les ruisseaux à se
tracer un passage à travers une ceinture de montagnes continues. On n'y parvenait qu'au prix de
beaucoup d'efforts et de bonne entente. Dans ces
vallées resserrées, très peuplées, il n'y avait pas de
place pour de grands domaines : la population se
composait de propriétaires paysans, qui tiraient de
leurs terres de quoi vivre à l'aise. A une époque
reculée, ces vallées semblent avoir été sous la

domination des seigneurs minyens d'Orchomènes.
Après la chute des Minyens, les habitants de la
région qui devait constituer plus tard la cité de
Mantinée formaient une réunion de cinq dèmes
autonomes, mais délibéraient ensemble sur certaines affaires communes. Pendant longtemps, ils
n'éprouvèrent même pas le besoin d'organiser
une cité proprement dite, concentrée dans une
ville unique. Quand ils avaient besoin de se
réunir pour délibérer, ils se rendaient auprès d'un
vieil oracle de Poseidon Hippios, en un lieu qui
s'appelait Mantinée (μάντις, devin). Le nom de
Mantinée figure déjà dans le catalogue de l'*Iliade*[1],
mais il désigne l'ensemble du territoire occupé
par les dèmes mantinéens. Cette confédération de
paysans eut de bonne heure en Grèce la réputation d'un peuple religieux, simple de mœurs, hos-
pitalier et doux. L'*Iliade* accole au nom de Mantinée l'épithète d' « aimable ». Ils cultivaient la
musique et l'orchestique. Les femmes jouaient un
grand rôle dans la religion mantinéenne comme
prophétesses et prêtresses inspirées, et ce n'est
pas sans raison que Platon attribue à une Mantinéenne, Diotime, les plus beaux discours du *Ban-
quet*. Dès le milieu du vi[e] siècle, c'est un Mantinéen, Démonax, qui est désigné par la Pythie
comme le sage le plus capable de rendre la paix

1. *Iliade*, II, 607.

intérieure aux Cyrénéens, troublés par des discordes[1]. Malgré des querelles fréquentes avec leurs voisins de Tégée, malgré la surveillance parfois jalouse et incommode de Sparte, les Mantinéens restèrent jusqu'au vᵉ siècle dans cet état politique primitif, qui suffisait à leurs ambitions modestes. C'est seulement, semble-t-il, vers 460, sous l'influence d'Argos, que la confédération mantinéenne opéra ce que les Grecs appelaient un *synécisme* (συνοικισμός), c'est-à-dire sa concentration en une cité unique par la fondation d'une ville proprement dite. Celle-ci prit le nom de Mantinée, du lieu où elle s'établit[2]. Elle fut entourée de murailles et devint comme la citadelle avancée de l'esprit démocratique dans le Péloponèse, en face du dorisme de Sparte. On trouve dès lors Mantinée en relations étroites avec toutes les puissances ennemies de Sparte et de l'aristocratie, notamment avec Argos et Athènes.

Toute son histoire, pendant un siècle, n'est qu'un long effort pour défendre son autonomie contre Lacédémone. Elle y réussit assez bien pendant tout le vᵉ siècle et finit même par étendre sa domination sur l'Arcadie occidentale ; mais, au début du ivᵉ siècle, elle subit de terribles vicissitudes. En 385, écrasée par le roi de Sparte Agési-

1. HÉRODOTE, IV, 161.
2. Cf. FOUGÈRES, ouv. cité, p. 372-378.

polis après un siège qui la mit en ruines, elle fut traitée par ses vainqueurs avec un acharnement de haine qui montrait assez la crainte qu'elle avait su leur inspirer. Non seulement la ville fut rasée, mais encore l'unité de la cité fut détruite et les habitants renvoyés à leurs dèmes ruraux, entre lesquels tout lien politique fut rompu ; chacun d'eux, censé autonome, fut en réalité réduit à recevoir docilement les ordres de Sparte par l'intermédiaire d'une aristocratie laconisante. Xénophon, grand adversaire de la démocratie et admirateur passionné de Sparte, trouva que les choses étaient ainsi pour le mieux et félicita les Mantinéens d'être débarrassés de leurs démagogues [1]. Mais cette suppression violente d'une cité libre parut à la plupart des Grecs, et même au modéré Isocrate, un des plus terribles exemples de cette brutalité spartiate qui allait se manifestant chaque jour davantage et qui révoltait la conscience hellénique. Cet état de choses dura jusqu'à la bataille de Leuctres, en 471. Le premier soin d'Épaminondas, vainqueur des Spartiates, fut de favoriser le réveil de leurs ennemis. Les Mantinéens, appuyés par Athènes, rétablirent le synécisme et relevèrent leur ville. La démocratie triompha même à Tégée, et l'Arcadie tout entière, sous la vigoureuse impulsion du Mantinéen Lycomède,

1. Hellén., V, 2, 7.

s'unit en une ligue nationale, présidée par Mantinée. Malheureusement, Lycomède mourut ; Thèbes à son tour devint suspecte, et la bataille de Mantinée, en 362, vit figurer les Arcadiens dans la coalition des ennemis d'Épaminondas, avec des Spartiates et des Athéniens. Après 362, Mantinée disparaît presque de l'histoire : elle traîne désormais une vie politique assez obscure au milieu des derniers conflits de la Grèce avec la Macédoine, et sombre enfin, comme tout l'hellénisme, dans le néant d'une existence purement municipale, où les querelles intestines n'ont plus même l'excuse d'une certaine grandeur.

En somme, la démocratie mantinéenne a duré dans son plein épanouissement un peu moins d'un siècle, depuis le premier synécisme jusqu'à la catastrophe de 385 ; ensuite, elle ne s'est relevée que pour perdre bientôt toute importance dans la chute commune de la liberté grecque. Cette période est donc assez courte, et Mantinée n'a d'ailleurs jamais été dans le monde grec qu'une puissance de troisième ordre. Elle est cependant intéressante par le caractère original de ses institutions. La démocratie, en effet, a été chez elle la moins urbaine que la Grèce nous présente : c'est une démocratie de paysans, avec une physionomie générale très distincte et certains traits particuliers qu'on ne trouve pas ailleurs.

Pour une population qui vit aux champs, loin
de la ville, et qui est retenue par ses travaux, il
est difficile de venir souvent aux Assemblées et
de procéder aux nombreuses opérations qu'implique le gouvernement démocratique. C'est ainsi
qu'à Athènes la réalité du pouvoir avait passé de
bonne heure aux habitants de la ville, au détriment des gens de la campagne, qui ne se déran-
geaient que dans les grandes occasions. Contre cet
inconvénient, les nations modernes ont inventé le
système de la représentation, qui confie à des
députés élus le soin d'interpréter la volonté nationale. Les Mantinéens n'avaient pas été tout à fait
jusque-là; mais ils avaient imaginé quelque chose
d'analogue. Ils nommaient des électeurs qui étaient
chargés, à leur tour, d'élire les magistrats. Ces
électeurs étaient pris sur l'ensemble du peuple,
sans restriction de cens, à ce qu'il semble, mais
probablement en vertu d'une sorte de roulement
(κατὰ μέρος), dont le mécanisme précis nous
échappe[1]. Les électeurs du premier degré avaient
ainsi moins d'occasions de se déranger. Notons
aussi qu'il s'agit ici d'élection, non de tirage au
sort comme à Athènes, et que l'un des principaux
griefs dirigés de tout temps contre la démocratie
athénienne se trouvait aussi prévenu à Mantinée.
L'ensemble du peuple ne renonçait d'ailleurs pas

1. ARISTOTE, *Politique*, p. 1318, B, 23-27.

au droit de délibérer directement sur les intérêts communs : Aristote dit expressément que la délibération et la décision souveraine appartenaient à tous. Mais il est évident que l'Assemblée populaire, débarrassée du soin de choisir les magistrats, ne se réunissait que dans des circonstances importantes et relativement rares. Il y avait d'ailleurs aussi, à Mantinée, une sorte de Sénat ou de Conseil (βουλή), qui était sans doute élu par le peuple, et qui devait être comme la section permanente de l'Assemblée, chargée des négociations diplomatiques et de la préparation des questions destinées à être tranchées par l'ensemble des citoyens.

Quant aux magistrats, nous savons que les principaux étaient les *démiurges*, qui paraissent avoir été, à l'origine (à en juger d'après leur nom), les chefs élus des dèmes. Le collège des démiurges était le grand conseil exécutif de Mantinée : c'est lui qui figure en première ligne dans la prestation des serments qui accompagnent la conclusion des traités avec les cités grecques. Au-dessous d'eux, nous voyons des *théores*, c'est-à-dire des délégués auprès des grands sanctuaires, probablement investis aussi de certaines attributions diplomatiques et politiques, et des *polémarques*, c'est-à-dire des généraux.

Aristote fait l'éloge, dans sa *Politique*, des démocraties rurales en général, et il n'est pas douteux que cet éloge, dans sa pensée, ne s'appliquât, en particulier, à la démocratie mantinéenne du v° siècle, car il la nomme aussitôt après[1]. Il en donne les raisons : dans une démocratie de cette sorte, les paysans choisissent volontiers les meilleurs, et comme ils se réservent à eux mêmes le soin de faire rendre compte à leurs magistrats, ils ont la certitude de ne pas être opprimés[2]. D'autre part, on ne voit pas les Assemblées envahies par la foule des artisans grossiers et des paresseux, qui, dans les grandes villes, sont toujours prêts à se rendre aux réunions[3]. Il n'est donc pas douteux que la démocratie mantinéenne n'ait eu le rare privilège d'être louée à peu près sans réserve par Aristote, au moins sous sa forme primitive.

Garda-t-elle, jusqu'au bout, les mêmes qualités, qu'elle devait à la fois à la nature de ses institutions et au caractère propre du peuple? A en croire Xénophon, Mantinée aurait aussi connu la démagogie, et c'est aux démagogues que serait dû le désastre de 385. Mais Xénophon, nous l'avons dit, est un témoin plus que suspect. Mantinée fut toujours une petite ville, et il est difficile de croire que la plèbe urbaine y ait pris un développement considérable. Ce qui semble vrai, c'est que l'ardeur

1. *Polit.*, 1318, B, 11-21. Cf. Fougères, ouvr. cité, p. 331.
2. *Polit.* 1318, B, 30 et suiv.
3. *Polit.* 1319, A, 26-30.

de la lutte contre Sparte, y eut sa répercussion
dans la politique intérieure : il y eut, à Mantinée
comme ailleurs, des partisans d'Argos ou d'Athènes,
et des partisans de Sparte. L'opposition des partis
dut s'envenimer peu à peu, et des excès se produisirent sans doute des deux côtés ; l'établissement
de la démocratie à Tégée en 370, qui fut, en grande
partie, l'œuvre des démocrates mantinéens, fut
accompagnée de massacres odieux. Mais il faut
songer que ceci se passe après la reconstruction
de Mantinée, détruite quinze ans plus tôt par les
Spartiates, et qu'alors les passions sont portées au
comble par les souffrances endurées et par le désir
de la vengeance. En somme, on peut dire que la
démocratie de Mantinée, pendant la période normale de son existence, a eu le mérite d'obtenir les
éloges d'un juge aussi sévère qu'Aristote, et que,
si elle a fini par tomber à son tour dans les excès
qui paraissent avoir terni sa fin, c'est à une époque
où l'esprit de violence, en Grèce, devenait de plus
en plus général, et où Lacédémone elle-même en
avait donné d'éclatants exemples.

IV. — La démocratie en Sicile.

L'histoire de la Grèce extérieure, je veux dire
de la Sicile, de la grande Grèce et des colonies
lointaines, ne nous offre pas de plus nombreux

exemples d'une évolution pacifique et harmonieuse vers la démocratie que ne fait l'histoire de la Grèce propre en dehors d'Athènes.

Donnons un souvenir, en passant, à une curieuse tentative des Tarentins pour constituer, au-dessous d'une aristocratie riche et prépondérante, une sorte de collectivisme limité aux pauvres, c'est-à-dire précisément l'inverse du système de Platon. Aristote, qui mentionne brièvement le fait, semble dire que les résultats en furent favorables[1]. Mais nous ne savons ni la date exacte ni les circonstances précises de cet essai curieux, et il suffit de le signaler.

Rappelons aussi que Marseille, la grande colonie phocéenne, avait été, pour sa constitution, l'objet d'une étude spéciale du même Aristote, et qu'il la mentionne, dans sa *Politique*, avec éloges[2].

Mais la seule grande ville, en dehors de la Grèce propre, dont nous puissions suivre l'histoire dans son ensemble avec quelque précision, c'est Syracuse. Disons-en quelques mots, puisqu'elle a été la plus illustre des cités siciliennes et qu'elle a joué un grand rôle, mais sans nous attarder à des violences qui se répètent avec une fatigante monotonie, et sans nous dissimuler non plus la gravité des lacunes de nos connaissances.

1. *Polit.*, p. 1320, B, 10.
2. *Polit.*, p. 1321, A, 30.

Syracuse était, comme Corcyre, une colonie corinthienne. Elle était donc d'origine dorienne, et l'on sait que le dialecte du Péloponèse s'y parlait encore au temps de Théocrite[1]. Fondée au VIII* siècle, lorsque les Bacchiades gouvernaient Corinthe, elle reçut de ses fondateurs une constitution du type dorien, c'est-à-dire aristocratique : l'aristocratie était d'ailleurs, avec la monarchie, le seul régime alors pratiqué dans le monde grec. Les aristocrates de Syracuse se partagèren e sol et s'attribuèrent le pouvoir politique. C'étaient des hommes énergiques, entreprenants, adonnés au négoce, ainsi qu'à l'agriculture et à la guerre, et capables de réussir dans toutes ces branches d'activité. Dès le VI* siècle, Syracuse était une des grandes villes du monde grec, la première en Sicile avec Agrigente, à la fois riche par le commerce et redoutable à ses voisins par le nombre de ses hoplites. Elle eut ainsi pendant deux siècles une période d'expansion rapide, durant laquelle elle fonda des villes et étendit son hégémonie sur le voisinage. Aristote la nomme à côté de Lacédémone parmi les cités aristocratiques qui combattirent alors la domination des tyrans dans les villes où ceux-ci s'étaient établis[2]. Mais le progrès même de son commerce, sa situation maritime, l'affluence des

1. Πελοποννασιοί λαλεῦμες, dit la Syracusaine de la XV* Idylle.
2. *Polit.*, p. 1312, B, 8.

13

étrangers dans ses ports et dans ses faubourgs, l'extension prodigieuse de sa population, tout devait l'éloigner de ses traditions politiques : une plèbe nombreuse se formait autour des vieilles familles d'origine corinthienne; des métèques intelligents s'enrichissaient par les affaires; un esprit nouveau, plus semblable par sa vivacité brillante à celui d'Athènes qu'à celui de Lacédémone, animait ce grand organisme politique, déjà panhellénique et cosmopolite. L'aristocratie commit des fautes et subit des revers dans sa politique extérieure; des discordes éclatèrent. Une période d'anarchie s'ensuivit. Syracuse ne voulait plus supporter ses aristocrates et n'était pas mûre pour une démocratie raisonnable. La conclusion nécessaire de ces désordres fut l'établissement de la tyrannie. Gélon d'abord, ensuite ses deux frères, Hiéron et Thrasybule, la gouvernèrent pendant vingt-deux ans sous le titre de rois ou de tyrans (488-466). Les deux premiers de ces princes furent des hommes de talent qui élevèrent très haut leur puissance et leur gloire par leurs victoires sur les Carthaginois et sur les Étrusques, par leurs constructions, par leurs alliances avec les tyrans d'Agrigente, par l'éclat des fêtes poétiques et musicales dont ils surent s'entourer. Simonide, Pindare, Bacchylide, séjournèrent à la cour de Hiéron. La comédie sicilienne, illustrée par Épicharme, s'épanouit dans le même temps. D'admirables monnaies d'argent, des offrandes à Delphes, des victoires olympiques et pythiques portèrent au loin le nom des tyrans de Syracuse. Puis toute cette grandeur s'abîma brusquement dans les désordres provoqués par les excès de Thrasybule. En 466, la tyrannie fut renversée et la démocratie établie : le nouveau régime devait durer soixante ans.

Les débuts en furent difficiles. Une foule de citoyens nouveaux entrèrent à ce moment dans les cadres de la cité[1]. D'autres y étaient déjà entrés sous Gélon. De nombreux mercenaires, qui avaient formé la garde des tyrans, habitaient Syracuse sans droits reconnus. Des riches, dépouillés par les tyrans, réclamaient leurs biens[2]. Les pauvres, très probablement, réclamaient le partage des terres autrefois attribuées aux familles corinthiennes, aux γαμόροι. De là d'innombrables procès qui furent l'origine de la rhétorique sicilienne, et des luttes violentes qui durèrent un assez long espace de temps. Il y eut même des chefs de parti qui tentèrent de rétablir à leur profit la tyrannie : d'où l'institution d'une sorte d'ostracisme qui s'appela πεταλισμός, du nom des « feuilles », πέταλα, sur lesquelles on inscrivait le nom du citoyen

---

1. ARISTOTE, *Polit.*, 1303, A, 38.
2. ARISTOTE, cité par Cicéron, *Brutus*, 46.

dont on votait le bannissement[1]. Au milieu de ces désordres, cependant, la démocratie s'organisait peu à peu, et elle s'étendait de proche en proche à toutes les villes siciliennes. A Syracuse, en particulier, elle finit par dominer sous une forme que nous connaissons mal dans le détail, mais qui paraît avoir ressemblé à celle des institutions athéniennes. C'est ainsi que nous voyons des collèges de magistrats remplacer des magistratures uniques : il y avait jusqu'à quinze stratèges qui se partageaient le commandement des forces militaires ; c'étaient cinq de plus qu'à Athènes.

Ce gouvernement de démocratie pure paraît avoir duré sans interruption, malgré des querelles de partis toujours violentes, jusqu'à la guerre contre Athènes, en 415. A ce moment, le parti démocratique, dirigé par Athénagoras, fit preuve d'une rare imprévoyance : il ne voulut pas croire au danger, malgré les avertissements d'Hermocrate, chef du parti conservateur. Quand les faits vinrent donner tort aux démagogues, le pouvoir passa aux mains d'Hermocrate, qui fit voter tout d'abord une importante modification à la Constitution : trois généraux, au lieu de quinze, furent mis à la tête des forces de terre et de mer, et on les investit de pleins pouvoirs[2]. Tout le temps que dura la

1. DIODORE, XI, 87.
2. DIODORE, XIII, 4.

guerre, Hermocrate fut le véritable chef de la
cité. Mais, en 409, pendant qu'il était en mer à
la tête de la flotte, on le destitua et on lui envoya
un successeur. On le voit alors faire pendant
quelque temps un étrange métier de condottière,
guerroyant pour son compte en Sicile, essayant
de rentrer par force à Syracuse et n'y parvenant
pas. Le peuple, enfin, se résolut à le rappeler, et
Hermocrate prépara son retour, non sans se tenir
en garde contre les attaques de ses ennemis[1].
Tout cela montre l'état violent et précaire où se
débat sans fin la démocratie syracusaine.

Trois ans plus tard, Denys rétablissait la tyrannie
avec l'appui du peuple, toujours méfiant à l'égard
des nobles[2]. Il ne se montra d'ailleurs démocrate
qu'en ruinant les riches avec autant de persévé-
rance que de succès[3]. C'en était fait de la liberté
syracusaine : la démocratie s'était montrée incapable de vivre et de durer. Elle ne devait plus avoir
que de brefs réveils, toujours accompagnés de
violences, et bientôt suivis de rechutes profondes
dans l'asservissement.

Le premier de ces réveils eut lieu sous Denys
le Jeune. Il est caractéristique de l'esprit du
peuple syracusain. C'est l'honnête Dion, vertueux

1. Diodore, XIII, 63.
2. Aristote, *Polit.*, 1310, B, 30.
3. Aristote, *Polit.*, 1259, A, 30, et 1313. B, 37.

philosophe et disciple de Platon, qui en prit l'initiative. Quand il eut chassé Denys le Jeune, il prêcha au peuple la vertu. Mais le peuple répondit en réclamant le partage des terres. Bientôt la vertu de Dion fut aussi insupportable aux Syracusains que l'avait été la tyrannie de Denys. Après des luttes de toutes sortes, mêlées de succès et de revers, il périt assassiné, et Denys rentra dans Syracuse[1].

Une seconde fois, avec Timoléon, on put croire que la liberté renaîtrait à Syracuse. Après avoir renversé Denys le Jeune et vaincu les Carthaginois, Timoléon rétablit la République. Mais les institutions démocratiques ne vivaient que par lui et n'avaient aucun fondement solide. Après sa mort, en 335, les discordes recommencèrent, et la tyrannie, bientôt relevée par Agathocle, devint dès lors la forme normale, pour ainsi dire, du gouvernement syracusain. Nous n'avons pas à en faire ici l'histoire.

V. — La fin des démocraties grecques.

Faut-il pousser plus loin et voir ce que deviennent les démocraties grecques dans la période qui suit la victoire de la Macédoine? A vrai dire, ce spectacle est peu intéressant. Les luttes intestines

1. PLUTARQUE, *Dion.*

sont partout. Aristocrates et démocrates se battent
avec acharnement, sans avoir même pour excuse
la grandeur des questions à résoudre : il ne s'agit
plus ni de principes ni d'intérêts généraux ; ce ne
sont que stériles luttes de classes et misérables
rivalités d'ambitions. Dans ce désordre, il arrive
que des tyrannies s'établissent, même à Lacédémone ; mais la liberté n'y perd pas grand'chose,
car les vertus de la liberté avaient disparu. Quand
s'organisa, au iiie siècle, la ligue achéenne, qui
avait pour but de rétablir la démocratie dans les
cités grecques et de les défendre contre les ennemis du dehors (Macédoniens, tyrans de Sparte,
plus tard Romains), on put voir combien la Grèce
tout entière était malade et combien les meilleures
intentions étaient impuissantes à réaliser quoi que
ce fût de solide et d'efficace pour la paix publique.
Le fondateur de la ligue, Aratus, est lui-même
obligé sans cesse de recourir à l'appui de ceux
qu'il prétend combattre, pour arriver à triompher
des cités grecques récalcitrantes. A certains
moments, il est à la solde du roi d'Égypte. Jamais
il ne peut faire régner l'ordre dans la Grèce : le
récit de sa vie, par Plutarque, n'est qu'un long
tableau d'attaques de villes, de surprises, de massacres, de batailles. Plus tard une seconde ligue,
la ligue étolienne, intervient. Le mal ne fait que
s'accroître. Celle-ci est organisée militairement,

par les moins cultivés de tous les Grecs. Dès lors, une nouvelle cause de rivalité s'ajoute à toutes les autres. Ajoutons à cela que, parmi les chefs des deux ligues, plus d'un est accessible à la vénalité. C'est au milieu de ce désarroi politique et moral que les Romains surviennent. Ils n'eurent pas de grands efforts à faire pour y jouer leur jeu : ils mirent enfin tout le monde d'accord en réduisant la Grèce en province romaine.

Dans cette décadence, tous les partis sont également responsables. Aristocrates et démocrates ont cela de commun qu'ils se détestent, qu'ils ne voient en toute circonstance que leur intérêt immédiat, leur intérêt de classe, et que tous les moyens leur sont bons pour s'assurer un succès momentané ; non seulement l'appel aux cités voisines et grecques, mais aussi l'appel à l'étranger proprement dit, aux Macédoniens d'abord, aux Romains ensuite. Nous sommes loin de Périclès et de Démosthène. Aristote avait raison de dire que la comparaison de la démocratie athénienne avec les autres démocraties grecques relève singulièrement la première. C'était déjà vrai des démocraties qu'il avait pu voir. C'est plus vrai encore de celles qui ont suivi.

Mais il faut étendre ce jugement et dire qu'après Alexandre, ce n'est pas telle ou telle forme de gouvernement qui décline : c'est la Grèce tout entière qui est frappée d'un mal irrémédiable : celui de ne pouvoir se gouverner elle-même.

CHAPITRE VI

La démocratie à Carthage et à Rome.

1. — La démocratie à Carthage.

Ce n'est pas sans quelque surprise que, parmi tant de Constitutions grecques mentionnées par Aristote, on rencontre celle d'une cité sémitique, d'un peuple que les Grecs rangeaient parmi les barbares : je veux parler de la Constitution carthaginoise, qu'Aristote d'abord, et plus tard Polybe, analysent avec de grands éloges, comme l'une des plus sages que le monde ait connues. Que Polybe, contemporain des guerres puniques, ait eu l'idée d'étudier Carthage, cela s'explique sans peine. Mais comment Aristote, au IVe siècle, avait-il été amené à cette étude ? Carthage avait été, dès le

v⁰ siècle, en relations perpétuelles avec la Sicile.
L'historien Antiochos de Syracuse, prédécesseur
de Thucydide, avait-il eu l'occasion de vanter la
Constitution carthaginoise dans ses Σιχελιχά ?
Quoi qu'il en soit, Aristote range cette Constitution à côté de celles de la Crète et de Lacédémone,
parmi celles qui ont le plus de réputation, et
Polybe, tout en déclarant que, dès le temps de la
première guerre punique, Carthage était en décadence, la vante encore, en la comparant pour ses
mérites à celle de Rome.

Ce qu'ils louent tous deux, dans la Constitution
carthaginoise, c'est un mélange harmonieux d'éléments monarchiques, aristocratiques et démocratiques qui lui donnaient de l'équilibre et de la
force. De quelle nature était cette démocratie
sémitique, si singulièrement isolée dans le monde
ancien, en dehors du domaine gréco-romain? Pour
bien le savoir, il faudrait en connaître l'esprit, le
fonctionnement détaillé. Or, nous ne connaissons
de tout cela que l'extérieur, que les formes et les
cadres. On nous dit que les suffètes ressemblaient
aux rois de Sparte ou aux consuls romains ; que
l'élément aristocratique était représenté par un
sénat; que les magistratures étaient conférées à
l'élection ; que le peuple avait le droit de vote ; que
le sénat prévenait l'accroissement excessif du
nombre des pauvres en multipliant les fondations

de colonies. Tout cela est fort intéressant, et nous donne l'idée d'un agencement habile des différentes parties du gouvernement; mais nous aurions besoin d'en savoir davantage pour pénétrer vraiment dans la vie de ce monde mystérieux. Comment pensait ce peuple? Quels sentiments l'agitaient? De quelle sorte était son patriotisme? Quelle idée se faisait-il de ses droits? On nous dit encore que les armées de Carthage étaient formées de mercenaires : quelle place tenait, dans les âmes des Carthaginois, le sentiment du bien public, celui du devoir, l'aptitude au sacrifice? Autant de questions auxquelles il nous est impossible de répondre.

Bornons-nous donc à signaler, comme un fait curieux, l'existence d'une tentative de vie politique assez semblable, en apparence, à celles que nous trouvons dans le monde gréco-romain, et, après ce bref souvenir donné à la grande rivale de Rome, venons-en à Rome elle-même, dont il est impossible de ne pas parler quand on étudie la politique de l'antiquité, et qui, pour beaucoup de modernes, est bien plus accessible et plus familière que l'Athènes de Périclès et de Démosthène.

II. — La démocratie à Rome.

Ce n'est pas que la Constitution de la cité romaine ait jamais été démocratique : d'abord

soumise à des rois, puis gouvernée pendant cinq
siècles par un sénat aristocratique, Rome a fini
par obéir à des empereurs. Il n'y aurait donc pas
lieu de parler d'une démocratie romaine, si la réalité n'avait été plus complexe que ne le ferait
croire au premier abord la forme officielle des
institutions, et si l'on n'y retrouvait, sous des
étiquettes variables, une évolution générale analogue par beaucoup de côtés à celle des cités
grecques. En fait, les mêmes problèmes se sont
posés ici et là, à peu près dans le même ordre, et
ils ont abouti à des solutions qui ne sont pas sans
quelque ressemblance. Sans entrer dans de longs
détails sur l'histoire intérieure de Rome, il est
intéressant d'y chercher une sorte de contre-
épreuve des faits similaires que présente l'évolution des cités grecques, et d'essayer de voir par
quelles raisons les conséquences de ces faits y ont
été poussées moins loin qu'à Athènes, par exemple, ou qu'à Syracuse.

§ 1. — LES ORIGINES; LA ROYAUTÉ.

Le lieu où devait s'élever la ville de Rome se
trouvait à la limite des territoires occupés par les
Étrusques au Nord et par les Latins au Sud. Ce fut
probablement de bonne heure un marché où se
rencontraient ces peuples. Quelques collines sur

les deux bords du Tibre, au milieu d'une vaste plaine, y formaient comme des acropoles naturelles. Dès le milieu du vIIIᵉ siècle, des colonies étrusques et latines s'y étaient établies. L'une d'elles était venue d'Albe-la-Longue et avait occupé le Palatin, où des Grecs, semble-t-il, l'avaient précédée. Soit qu'elle fût plus nombreuse que les autres, soit qu'elle se fût plus rapidement organisée en cité, elle conquit la prépondérance. Dans le cours du vIIIᵉ et du vIIᵉ siècle, elle soumit les Sabins du Capitole et du Quirinal, les Étrusques du Cœlius, et fit de tous ces petits groupes hétérogènes une seule cité qui s'appela Rome. D'après la tradition romaine, la ville avait été fondée en 753 par le héros Romulus, qui en fut le premier roi. Cette tradition racontait encore les règnes de six autres rois, dont le dernier aurait été Tarquin le Superbe, renversé en 510, l'année même où Athènes expulsait les Pisistratides.

Malgré le caractère légendaire des récits relatifs à cette période, il n'est pas difficile d'en dégager certains faits généraux qu'on ne saurait sérieusement révoquer en doute.

D'abord l'existence même de cette royauté. Il est évident que Rome a commencé par obéir à une succession de chefs uniques, appelés rois. Ces rois de Rome ne ressemblent pourtant pas aux *basileis* des cités grecques primitives. On ne trouve, dans

leur succession, aucune hérédité régulière. Ils
n'appartiennent pas à une même famille investie
de la primauté depuis un temps immémorial et
considérée comme issue des dieux. Ce sont plutôt
des rois à vie, des *æsymnètes*, comme auraient dit
les Grecs, dont la mort donnait lieu à un inter-
règne parfois agité. Ils sont, en outre, d'origines
différentes : si le fondateur est un Albain de race,
son successeur passe pour un Sabin ; deux sont de
famille étrusque. Ces mélanges de races indiquent
assez l'origine composite et un peu artificielle de
la cité romaine, où des influences diverses se combattent. Le roi romain paraît avoir été surtout un
chef de guerre. La continuité des guerres qui ont
préparé dès le début la grandeur de Rome ne
pouvait manquer de fortifier les pouvoirs du
roi.

Au-dessous du roi, on trouve un sénat, c'est-à-
dire un grand conseil de la cité, formé de chefs de
famille ou *patres*. Dans les premiers temps, il n'y
en avait que cent, dit-on, ce qui correspond à une cité
encore peu considérable. Plus tard, le nombre
s'accrut graduellement jusqu'à trois cents. Au
début de la République, il n'y en avait plus que
cent soixante, par suite d'incidents que nous igno-
rons; mais cent quarante autres leur furent adjoints,
de manière à compléter le chiffre de trois cents.
Parmi ces chefs de famille, beaucoup étaient

d'origine purement romaine, mais non pas tous : à
mesure que Rome soumettait de nouveaux groupes
d'habitants dans son voisinage, elle se les annexait,
et les principaux des nouveaux citoyens devenaient
les collègues des anciens *patres* : les surnoms
des plus vieilles familles romaines attestent cette
diversité d'origine[1]. Ce fait n'a d'ailleurs rien de surprenant. Même dans des cités plus homogènes que
Rome, à Athènes, par exemple, on voit de grandes
familles immigrantes, comme les Alcméonides,
entrer de plain-pied dans l'aristocratie, en récom-
pense du surcroît de force qu'elles lui apportent.
Les cités sont devenues plus fermées et plus jalouses
à mesure que la vie politique s'y est développée.

Il faut se représenter ces pères de famille des
premiers temps comme des chefs de clans : ce sont
eux qui sont vraiment des rois héréditaires, au
sens religieux et primitif du mot. L'assemblée par
curies, qui est la forme ancienne de l'assemblée
délibérante à Rome, est la réunion de tous les
clans, dont chacun, après avoir délibéré à part,
vote par le suffrage unique de son chef. Le sénat
est comme la section permanente des clans : il est
appelé en conseil par le roi, quand il s'agit de voter la paix ou la guerre. Ce sénat ne comprenait
d'ailleurs pas tous les chefs de famille; il n'était
que le collège des principaux ou des plus anciens

1. Cf. FUSTEL DE COULANGES, *La Cité antique*, p. 426.

(*seniores*) d'entre eux. C'est ce que prouvent ces nombres de cent, de cent soixante, de trois cents sénateurs, qui sont des nombres ronds et, par conséquent, artificiels. On ne comprendrait pas, non plus sans cela ce brusque accroissement de cent soixante *conscripti*, qui porte le chiffre total d'un seul coup de cent soixante à trois cents. Les sénateurs étaient nommés par le roi. Mais à l'intérieur de chaque clan, le *pater* est prêtre et roi de droit divin. Autour de lui se groupent les membres de la famille, les clients, les esclaves. L'autorité du *pater familias* est presque absolue dans son clan.

Ce qu'on voit aussi dans les légendes relatives aux rois, c'est qu'il y eut très anciennement à Rome une plèbe nombreuse, puisque l'organisation des centuries et des tribus, qui fait une place à la plèbe dans la cité, est attribuée à Servius Tullius. On devine enfin que les rois cherchèrent souvent à s'appuyer sur la plèbe pour s'affranchir de l'autorité du sénat : Ancus, comme Servius Tullius, passait pour un ami de la plèbe ; Tarquin le Superbe était un ennemi des grands.

Qu'était-ce que la plèbe (*plebs*, πλῆθος)? C'était la foule confuse, inorganisée, de ceux qui restaient en dehors des clans patriciens : anciens habitants du sol, nouveaux immigrés, populations vaincues et amenées de force sur le territoire romain, ma-

nœuvres, petits marchands attirés par l'espoir du
gain ; à quoi il faut sans doute ajouter un appoint
assez fort d'anciens clients des patriciens, qui tendaient à se détacher des *gentes* et à vivre d'une vie
plus indépendante dans une ville déjà populeuse.
N'oublions pas, en effet, que cette organisation primitive des *gentes*, deux ou trois siècles après l'expulsion des rois, n'était plus qu'un souvenir, et que
la dissolution de ce système patriarcal a dû commencer presque dès l'origine de Rome, miné qu'il
était par l'établissement de la cité, c'est-à-dire
d'un organisme supérieur à celui des clans ; le
synœcisme, en tout pays, est destructif du régime
des clans ; les grandes villes le réduisent forcément en poussière, et cette poussière forme la
plèbe, qui cherche à son tour à s'organiser.

Les rois, très certainement, l'y aidèrent. Comme
ils étaient les représentants de cette forme nouvelle
de groupement humain, la cité, et que leur intérêt
personnel de chefs suprêmes se confondait avec
celui du grand nombre, ils ne pouvaient faire au-
trement que de mettre en valeur cette foule qui
était une force. D'autant plus que Rome, entourée
de petits peuples belliqueux, ne pouvait grandir
que par la guerre, et que l'armée était l'instrument nécessaire de sa grandeur future : or, l'armée
ne pouvait se passer de la plèbe. De là les réformes
attribuées à Servius Tullius : création des assem-

blées centuriates et création des nouvelles tribus.
Le détail de ces réformes est sujet à discussion,
mais l'esprit général en est fort clair. Les centuries
sont les divisions de l'armée, où se rencontrent
patriciens et plébéiens. L'assemblée centuriate, c'est
l'armée délibérant. Aussi se réunit-elle au champ
de Mars, en dehors de l'enceinte sacrée du *pomœ-
rium*. Le plébéien, dans sa centurie, vote aussi
bien que le patricien : il fait partie de la cité politique comme de l'armée; il contribue à la nomination des magistrats. Il est vrai que son droit est
plus nominal que réel; car une savante distribu-
tion des centuries en classes, distinguées par le
cens, et l'ordre dans lequel sont recueillis les suf-
frages, assure aux riches, c'est-à-dire aux patriciens, une prépondérance écrasante. Cependant, un
plébéien aussi peut devenir riche (il y en a des
exemples fort anciens), et, en tout cas, le principe
une fois posé déroulera ses conséquences. Quant
à l'établissement des tribus, il avait pour objet
de mettre un peu d'ordre dans la masse confuse
de la population. Rome avait eu, dès le début, trois
tribus, mais qui paraissent avoir été en rapport
avec l'origine ethnique des divers groupes dont
elle se composait (*Rhamnenses, Titienses, Luceres,*
c'est-à-dire Romains du Palatin, Sabins du Capitole, Étrusques du Cœlius), et qui n'embrassaient
pas l'ensemble de la population. Servius Tullius

répartit la population urbaine en quatre tribus, d'un caractère purement géographique ou administratif, et les dix-sept *pagi* de la campagne, peut-être rattachés d'abord aux tribus urbaines, formèrent bientôt, sinon tout de suite, dix-sept tribus nouvelles; ce qui en porta le nombre total à vingt et une. La tribu comprend tous les habitants du district, patriciens ou plébéiens, et l'on voit ainsi apparaître un nouveau système d'organisation distinct de la gens traditionnelle, un système qui l'englobe et qui la domine. Les tribus urbaines portent des noms purement topographiques; parmi les tribus rustiques, les seize premières, évidemment les plus anciennes, portent le nom d'une gens patricienne, ce qui montre assez la force persistante de la vieille organisation; les plus récentes, au contraire, dont la création finit par élever le nombre des tribus jusqu'au chiffre total de trente-cinq[1], empruntent leurs noms à la topographie. Ajoutons que les membres de chaque tribu y restaient attachés en droit, même quand ils changeaient de domicile, ce qui est une nouvelle preuve de la persistance de l'esprit ancien, selon lequel l'individu doit s'encadrer dans une sorte de famille idéale, même quand aucun lien naturel ne l'unit aux autres membres de cette famille.

1. Bouché-Leclercq, *Institutions romaines*, p. 28.

§ 2. — L'ÉTABLISSEMENT DE LA RÉPUBLIQUE.

Le renversement de la royauté n'eut pas à Rome le caractère démocratique que présente à Athènes l'expulsion des Pisistratides. Ce fut, au contraire, une révolution aristocratique destinée à assurer la prépondérance des *patres*, en les affranchissant de la tutelle incommode d'un chef à vie. Cette différence capitale tient à la force encore intacte de l'aristocratie romaine et à la faiblesse relative de la plèbe, déjà nombreuse, mais à peine organisée. La lutte de la plèbe contre le Sénat commence presque aussitôt, et se poursuit dès lors à travers toute l'histoire de Rome. Dans ce duel de cinq siècles, la démocratie n'a cessé de faire des progrès, mais elle n'a jamais pu, en somme, arriver à s'établir comme la forme définitive et normale du gouvernement. Cela tient surtout au changement extraordinaire qui, au cours de ces cinq siècles, s'accomplissait dans la situation extérieure de Rome, et à cette conquête du monde qui allait modifiant sans cesse tous les termes du problème. Beaucoup de traits, d'ailleurs, dans l'histoire intérieure de Rome, présentent un caractère fort original, et méritent par là de retenir l'attention. Ajoutons que cette histoire se divise assez nettement en trois périodes, distinguées les unes des

autres par l'accroissement de la fortune militaire
de Rome et par le contre-coup de ces événements
sur son évolution politique, et que les causes qui
finirent par arrêter l'essor de la démocratie en la
faisant dévier vers l'empire apparaissent avec une
grande clarté.

Dans la première période, Rome n'est qu'une
cité comme les autres, seulement plus militaire
et plus forte que ses voisines. C'est le temps
où la plèbe arrive progressivement à conquérir
l'égalité politique par l'accession à toutes les
magistratures. Cette période dure environ deux
siècles.

Suit une période d'un siècle et demi qui est l'âge
d'or de la République. L'équilibre politique est
établi et se maintient. Rome est occupée principalement au dehors par la lutte contre Carthage,
dont elle finit par triompher. C'est la période dont
Polybe a vu la fin et qui a provoqué son admiration, si vive, pour la Constitution romaine et pour
les fortes vertus de la race.

Mais déjà les premiers symptômes de transformation apparaissent. Les conquêtes lointaines
se multiplient et s'étendent. Les généraux sont
tout-puissants. La plèbe n'est plus qu'une foule
urbaine, incapable de suffire au gouvernement
d'un empire. Les luttes politiques sont en réalité
des conflits entre les divers aspirants à la tyrannie.

Pendant un siècle, le dernier de la République, Rome s'achemine rapidement vers l'empire.

Chacune de ces périodes appelle quelques réflexions sur le problème qui nous occupe spécialement, celui de l'établissement du régime démocratique dans l'antiquité.

§ 3. — LA LUTTE POUR L'ÉGALITÉ POLITIQUE

C'est d'abord une chose assez frappante que la longue durée du conflit qui a fini par aboutir à l'égalité politique des deux ordres. Rien de pareil à Athènes : dès le temps de Solon, après une courte crise, les Eupatrides sont vaincus définitivement. A Rome, chaque magistrature est conquise tour à tour par la démocratie, après un siège en règle, et la dernière de toutes, la plus résistante, le grand-pontificat, n'est enlevée qu'en 301, après deux siècles de luttes. D'où vient la force de l'aristocratie romaine, qui fait un si frappant contraste avec la faiblesse des Eupatrides athéniens ?

Elle ne vient pas d'une différence de richesse, car l'aristocratie athénienne, au temps de Solon, était propriétaire de la plus grande partie du sol attique, comme le patricien romain l'était de la Campagne de Rome. Mais elle résulte d'une différence complète d'organisation, rendue plus importante par un concours particulier de circonstances.

D'abord, le patriciat romain, qui a fait la révolution de 509, s'installe de plain-pied dans la succession des rois. Les deux consuls sont des rois annuels, investis de la plénitude de l'*imperium*. En cas de nécessité, le Sénat nomme un dictateur, c'est-à-dire un monarque absolu dont le règne est fixé à six mois. Le Sénat est la seule assemblée qui siège à peu près en permanence et qui ait toute liberté de délibérer. Car la convocation des assemblées curiates ou centuriates, où le patriciat pourtant domine, est exceptionnelle, et leur compétence est limitée à des votes sans délibération. Elles sont d'ailleurs dans la main des consuls, qui, par l'interprétation des auspices, par la fixation de l'ordre du jour, par la prérogative des premières centuries, les dominent. Le peuple ne peut délibérer que « hors séance », pour ainsi dire, et il faut pour cela que les consuls le réunissent. La plèbe n'a aucun droit politique, aucune arme efficace ; il faut d'abord qu'elle se donne une organisation, des chefs, des assemblées. Tout cela était fort difficile, en face d'une aristocratie bien constituée, orgueilleuse et habituée au commandement.

La nature même du pouvoir dont l'aristocratie était revêtue en accroissait la force : en même temps que politique, il était à la fois religieux et militaire. Par la religion, les patriciens dominaient

moralement toute la vie romaine. Par l'*imperium*
militaire, ils avaient une force matérielle presque
irrésistible. Eux seuls savaient et pouvaient offrir
les sacrifices qui rendaient les dieux favorables.
Eux seuls pouvaient prendre les auspices, sans
lesquels aucune action importante n'était engagée.
Eux seuls connaissaient les formules du droit, qui
réglaient toutes les circonstances de la vie privée.
Eux seuls pouvaient ouvrir régulièrement une
assemblée, rendre la justice, déclarer la guerre,
conclure un traité de paix, commander les armées.
Une fois la levée faite et l'armée réunie, le consul
en était le maître absolu : la moindre faute était
punie sans pitié ; les douze licteurs qui l'accom-
pagnaient partout portaient la hache au milieu des
faisceaux, et cette hache n'était pas purement symbolique. Comme la guerre, à Rome, était presque
perpétuelle, cette puissance militaire du patriciat
était immense. Plus d'une fois, d'ailleurs, pour
sortir d'une grave difficulté intérieure, le Sénat ne
se fit pas faute d'avancer l'heure de la lutte pro-
chaine, ce qui lui était toujours facile au milieu
de tant de cités rivales ou ennemies.

Ajoutons que cette double autorité, religieuse et
militaire, du patriciat romain, était soutenue par
de grandes et solides vertus. Les vieux sénateurs
romains n'étaient ni très cultivés ni très sensibles.
Mais ils avaient toutes les qualités fortes qui font

les aristocraties puissantes. Ils croyaient en eux-
mêmes et respectaient leurs propres traditions.
Ils vivaient avec une simplicité relative, grands
agriculteurs qui ne dédaignaient pas de pousser
eux-mêmes la charrue, véritables « pères de
famille » qui ne se séparaient pas de leur *gens*
par le luxe et l'oisiveté; toujours prêts à payer
de leur personne, dans la paix et dans la guerre;
pénétrés d'un orgueil de caste qui était une force
morale de premier ordre; énergiques, durs pour
eux-mêmes comme pour les autres; habitués à
délibérer en commun, à calculer et à prévoir,
opiniâtres dans leurs desseins; des chefs, en un
mot, qui ne pouvaient manquer d'inspirer une
sorte de respect à ceux mêmes qui les détestaient
le plus.

Or, le peuple auquel ils s'adressaient avait été
façonné, par la nature et par la vie, de manière à
subir fortement les influences de toutes ces forces
accumulées. Le plébéien, comme le patricien,
était profondément religieux. Il était attentif à
tous les signes de la volonté des dieux; il n'osait
faire un pas sans leur assentiment; un éclair dans
le ciel, un oiseau aperçu à gauche, une victime
mal conformée le remplissaient de terreur, et il en
croyait volontiers, sur tous ces sujets, les inter-
prètes attitrés de la pensée des dieux. La plus
grande partie de sa vie se passait aux champs ou

14

à l'armée; les citadins étaient en minorité, et la médiocrité de leur vie journalière ne les formait pas aux vues libres et hardies. Paysan, le plébéien ressemblait au paysan de tous les siècles : il était robuste, laborieux, patient, attaché aux avantages immédiats, peu porté au rêve, résigné à l'inévitable, conservateur d'instinct. Soldat, il prenait l'habitude de la discipline. Rien, dans sa vie, ne le préparait à cette mobilité d'imagination que l'Athénien devait peut-être en partie à l'habitude de la mer et aux voyages. Sa nature d'ailleurs était toute différente : il n'était ni artiste ni généralisateur. Son esprit sensé, positif, appliqué aux faits plus qu'aux idées, l'écartait des systèmes absolus et simples. Il avait plus d'aptitude aux chicanes du droit qu'à l'admiration des belles formes ou à la griserie des constructions théoriques; il n'était pas homme à improviser de toutes pièces une Constitution idéale et à l'adopter. L'eût-il voulu, d'ailleurs, il n'aurait pas eu la force de l'imposer à des adversaires résolus et qui ne voulaient céder que pied à pied.

Dans ces conditions, la lutte ne pouvait être que fort longue. Elle devait d'ailleurs présenter des caractères foncièrement romains. La manière dont la plèbe s'organise peu à peu, la nature des chefs qu'elle se donne, les procédés qu'elle emploie pour vaincre, la conduite générale du conflit, tout est marqué de traits intéressants et originaux.

Dès le début, l'oppression des patriciens parut insupportable à la plèbe. Celle-ci était écrasée de dettes et les lois faisaient des débiteurs la chose des créanciers, patriciens pour la plupart. Aucun recours politique, et toujours la levée militaire, qui coupait court à toute velléité de mouvement populaire par l'établissement d'une discipline impitoyable. Le peuple finit par employer le seul moyen qui pût être efficace, la grève militaire : en 393, il se retira en masse sur le Mont sacré, et refusa le service. Cette fois, le Sénat dut négocier. Après de vains efforts pour faire entendre raison aux révoltés, il leur accorda des chefs qui fussent capables, en tout temps, de les défendre et de faire valoir officiellement leurs réclamations : ce furent les tribuns du peuple, dont le rôle devait être si considérable. Étrange institution, et qui ne ressemble à aucune autre. Ils font d'abord songer aux éphores de Sparte : mais les éphores étaient des magistrats réguliers, qui avaient des pouvoirs définis et une place reconnue dans le gouvernement de la cité. Il n'en est pas de même des tribuns. Ceux-ci ne sont pas des magistrats de la cité romaine : ils ne sont que les chefs de la plèbe, et leur pouvoir ne s'exerce, à proprement parler, que sur la plèbe. Plébéiens eux-mêmes, étrangers par conséquent à la religion, ils ne peuvent être magistrats de la cité. Ils peuvent réunir la plèbe des tribus, lui proposer des plébiscites, et les lui faire voter; mais ces plébiscites ne sont pas des lois de l'État: ce ne sont que des résolutions populaires, qui n'engagent que la plèbe elle-même, à moins que les assemblées régulières ne les adoptent ensuite. A l'égard des magistrats et du Sénat, les tribuns n'ont aucune autorité positive. Et cependant, ils ont fini par être, dans l'État, une puissance de premier ordre. C'est qu'ils ont deux privilèges singuliers : le premier, qui les met personnellement à l'abri de leurs adversaires, c'est d'être sacro-saints; le second, c'est de pouvoir opposer un *veto* absolu à toute mesure qui leur paraît contraire à l'intérêt du peuple. Par là, ils ont une puissance illimitée pour tout empêcher. Aucune autorité positive, mais une faculté d'obstruction sans analogue dans l'antiquité. Chose curieuse, l'arme qu'ils ont en main est essentiellement révolutionnaire, et il est étrange de voir installer dans Rome, par le Sénat lui-même, une force capable d'arrêter toute la machine du gouvernement. Il n'y a que la dictature, c'est-à-dire un pouvoir d'état de siège motivé par un péril urgent, qui suspende le *veto* des tribuns. Quant à leur qualité de sacro-saints, si elle était la condition nécessaire de leur action, elle n'en est pas moins extraordinaire, par ce mélange de religion et de

révolution qu'elle atteste. Leur faire violence est
un sacrilège : dans cette cité religieuse, il n'y a pas
de force plus grande que celle qui s'appuie sur
une croyance de ce genre. Aussi, le tribun n'a-t-il
personnellement rien à craindre : aucun magistrat
n'oserait porter la main sur lui ; avec son *viateur*,
qui n'est qu'une sorte d'appariteur, il défie tous
les licteurs des consuls. Il est *tabou*. Il peut tout
dire et tout faire, mais il n'est, politiquement,
qu'un simple particulier, sans autorité légale sur
qui que ce soit. Rien n'est plus caractéristique de
l'esprit romain, à la fois religieux, formaliste et
subtil, que l'invention de cette forme de pouvoir,
essentiellement négative, mais presque irrésistible.
Le Sénat, placé tout d'abord en face de la révolution débordante, comprit qu'il ne pouvait la supprimer. Mais il résolut de la canaliser, pour ainsi
dire, et il y parvint, grâce à la plus singulière
des *combinazioni*. On lui fit sa part, avec la ferme
volonté de résister le plus longtemps possible. Et
le fait est que la résistance dura deux siècles ;
deux siècles d'agitations ardentes, mais durant
lesquelles Rome préserva son intégrité et ne cessa
même de grandir.

Le conflit de la plèbe et des patriciens dut à
l'existence du Tribunat ses caractères les plus
frappants et son succès final. Les tribuns, n'ayant
qu'un pouvoir d'obstruction, firent obstacle, à tout

propos, au fonctionnement de la Constitution : ils portèrent dans leur opposition toute la ténacité romaine et toute la passion populaire. La plèbe était toujours prête à leur obéir. Tantôt par la violence, tantôt par la menace, il arrachèrent au Sénat concession sur concession. Le conflit eut toujours l'allure d'une guerre civile latente, prête à éclater. Parfois, des patriciens ambitieux vinrent au secours du peuple et conçurent, peut-être, le dessein d'établir à leur profit une tyrannie à tendance démocratique. Mais toutes ces tentatives échouèrent par la vigilance et l'énergie du Sénat. Ce qui ne pouvait échouer, c'était la politique opiniâtre des tribuns, qui n'avaient pas moins de constance à réclamer que les sénateurs à refuser. Mais comme il fallait bien que la cité continuât de vivre, la puissance des tribuns étant d'ailleurs inviolable, le Sénat finissait toujours par céder. Et c'est ainsi que, peu à peu, après deux siècles de luttes intérieures qui n'avaient cependant guère ralenti l'action extérieure de Rome, la plèbe se trouva investie du droit d'accéder à toutes les charges, même purement religieuses, et que ses plébiscites eurent force de loi. Entre temps, d'autres campagnes avaient eu lieu, pour l'abolition des dettes, pour la réforme des lois, pour le partage des terres publiques, et quelques-unes avaient réussi. Mais ce n'étaient là que des épisodes dans la

grande lutte pour le partage égal du pouvoir, et le
fait capital de cette période est la conquête de
l'égalité politique.

§ 4. — L'AGE D'OR DE LA RÉPUBLIQUE.

Quand cette transformation décisive fut accomplie,
à la fin du IVᵉ siècle, Rome connut une période
d'équilibre intérieur et d'expansion au dehors qui
fut admirable. Ce n'est pas que les dissensions
intérieures aient complètement cessé durant ce
temps, ni que le Tribunat soit resté inactif. Mais
les griefs essentiels avaient disparu; Rome, maî-
tresse de la plus grande partie de l'Italie, n'avait
cessé de s'accroître en hommes et en richesses;
elle débordait de vigueur; de nouveaux ennemis,
plus redoutables, surgissaient devant elle et exigeaient le déploiement de toute son énergie.
Pyrrhus la menaçait; Carthage, surtout, commerçante et conquérante à la fois, redoutable par ses
richesses, par ses flottes et par ses armées, entrait
en contact avec elle par la Sicile; et une nouvelle
lutte militaire, un grand drame en trois actes,
allait s'engager, d'où devait sortir pour Rome ou
un désastre irrémédiable, ou la possibilité de
conquérir le monde. Elle fit trêve à ses dissensions
autant que possible et tendit toute son énergie
vers le triomphe sur la rivale dangereuse et

détestée. Dans cet équilibre intérieur et dans cette lutte glorieuse contre une race étrangère, toutes les vertus natives de Rome s'exaltèrent. Elle présenta le spectacle d'une cité puissante, où les mœurs n'étaient pas encore gâtées par le luxe, où les pouvoirs publics étaient répartis d'une manière équitable entre les citoyens, où la loi était respectée, où la religion maintenait les individus dans le devoir, et où l'honneur du nom romain était pour tous un mobile d'action et d'héroïsme réellement efficace. C'est le spectacle qu'a vu Polybe, et qu'il a décrit avec un enthousiasme rendu plus vif encore par le contraste de la Grèce contemporaine, alors en pleine décadence. De la Rome des Scipions, il admire tout : sa constitution, son armée, ses mœurs.

Sa constitution d'abord. C'est en effet un merveilleux mélange des différentes formes de gouvernement, où les avantages de chacune d'elles se réunissent et se combinent de manière à en neutraliser les inconvénients. Les consuls donnent à l'action de la cité toute la vigueur qu'on peut attendre du pouvoir d'un roi, sans le danger d'une omnipotence affranchie de contrôle et assurée d'un avenir indéfini. Le Sénat administre les finances et dirige la politique extérieure ; il tient les consuls sous son autorité par sa souveraineté financière et par le droit qu'il possède de les pro-

longer dans leurs gouvernements comme pro-
consuls. Il gouverne les alliés, il juge leurs procès
publics. Il reçoit les ambassadeurs des rois étrangers et traite avec eux ; si bien que « les Grecs et
les rois, qui n'ont jamais affaire qu'au Sénat,
s'imaginent volontiers qu'il est le seul maître de
Rome ». Le peuple, cependant, n'a pas un rôle
moins important : c'est lui qui élit les magistrats,
qui juge les affaires capitales, qui vote la paix et
la guerre. Et tous ces pouvoirs sont si bien com-
binés que, loin de se faire obstacle les uns aux
autres, ils travaillent harmonieusement à la même
fin, qui est la grandeur de Rome ; car chacun a
besoin d'une entente avec les deux autres pour
obtenir son maximum de puissance. Aussi, dans
la lutte contre l'étranger, tout conspire vers la
victoire avec une force irrésistible, et, dans les
tiraillements intérieurs des périodes de paix, toujours inévitables, le sentiment des limites imposées à chaque pouvoir par la force des deux autres
prévient les agitations trop violentes et maintient
tout le monde dans le respect des lois[1].

L'armée romaine est la plus redoutable qui
existe. L'organisation de la légion, la manière
dont elle se recrute, les éléments tactiques qui la
constituent, le nombre et la hiérarchie des chefs,
la règle des campements, les détails du service au

1. POLYBE, VI, 11-18.

camp et en marche, la discipline, tout ce qui fait, en un mot, la force des armées, y est prévu et ordonné en perfection. Polybe fait de tous ces points une étude minutieuse, justement célèbre. et ne se lasse pas de démonter tous les ressorts de cette incomparable machine de combat, chef-d'œuvre de science militaire[1].

Mais il n'admire pas moins les vertus romaines. D'abord le courage, exalté par l'amour de la gloire; à Rome, point de soldats mercenaires; les citoyens combattent en personne, et tous sont prêts au sacrifice de leur vie pour assurer à leur mémoire l'honneur qui environne chez eux les exploits guerriers. Ensuite la probité et le désinté-ressement : recevoir de l'argent est, pour un magistrat romain, un crime qui entraîne la mort[2]. Enfin leur religion, leur superstition même, qui est un frein moral plus fort que toutes les lois. Ailleurs, on se moque des superstitieux; à Rome, on craint les dieux naïvement, et cette croyance, inutile peut-être à un peuple de philosophes, fait régner chez les Romains plus de probité que partout ailleurs : « Chez les Grecs, dit amèrement Polybe, si l'on confie seulement un talent à un homme public, on a beau rédiger dix actes écrits, les sceller de dix cachets et prendre vingt témoins,

1. POLYBE, VI, 19-42.
2. POLYBE, VI, 43-55.

on est sûr d'être volé ; à Rome, pour des sommes beaucoup plus considérables, un simple serment est une garantie suffisante[1]. »

Quelle que soit, dans cette admiration de Polybe, la part qu'il convienne de faire à son désir de morigéner ses propres compatriotes et de leur inspirer une salutaire émulation, il est certain qu'il était trop bon observateur et trop soucieux de ses devoirs d'historien pour n'avoir pas été véridique dans l'ensemble de ses affirmations. Et cependant, au moment où il écrivait ces choses, la décadence de la République était tout près de commencer. Est-ce à dire que nul symptôme encore n'en apparût, ou que Polybe n'ait pas su les discerner ? En aucune façon. Cette éclatante prospérité de Rome ne lui fait pas illusion sur son avenir, et le tableau qu'il trace à l'avance des destinées ultérieures de Rome a toute la précision d'une prophétie : preuve certaine qu'il voyait clair dans la réalité présente[2]. Les germes du mal qui couvait ne lui ont donc pas échappé, mais ce n'étaient encore que des germes, et c'est l'histoire des Scipions qu'il avait raconter, non celle de Marius et de Sylla. — Voyons comment s'est accomplie cette transformation si rapide et quels signes avant-coureurs l'annonçaient déjà.

1. POLYBE, VI, 56.
2. POLYBE, VI, 57.

§ 5. — LA FIN DE LA RÉPUBLIQUE.

La décadence de la République est la conséquence nécessaire et presque immédiate de la
grandeur même de Rome. Déjà du vivant de
Polybe, nous venons de le voir, les Grecs et les
rois étrangers ne connaissaient que le Sénat, parce
que c'était à lui seul qu'ils avaient affaire. Ce
Sénat, sans doute, n'était plus composé exclusivement de patriciens : il se recrutait dans les rangs
de ce qu'on appelait les « nobles », c'est-à-dire les
hommes connus, ceux qui avaient exercé des charges
curules, et il y avait nombre de plébéiens parmi
eux. Mais la *nobilitas*, au bout de peu de temps,
constitua un ordre nouveau, tout aussi orgueilleux
que les anciens patriciens, et beaucoup plus riche.
Tout conspirait, en effet, à accroître son pouvoir
et à l'enrichir. A mesure que l'empire de Rome
s'étendait, le rôle du Sénat devenait plus considérable, puisque c'était lui qui s'occupait des affaires
extérieures, et qu'en fait il était le maître du
monde. La conquête entraînait, soit par le pillage,
soit par le développement naturel des affaires, un
accroissement de richesses non moins rapide, et
ces richesses allaient naturellement surtout aux
véritables maîtres de Rome. La plèbe, au contraire, s'abaissait parallèlement. Les grandes ques-

tions politiques étant désormais relatives à l'extérieur, elle n'avait plus qu'un rôle médiocre à y
jouer. Elle n'aurait pu d'ailleurs prétendre davantage : car ce genre de questions exigeaient, pour
être traitées avec succès, plus de connaissances
exactes, plus de suite dans les desseins et plus
d'expérience que n'en pouvaient avoir des assemblées populaires. D'autant plus que le niveau de ces
assemblées allait sans cesse s'abaissant, par le
nombre croissant des citoyens, par le mélange des
Romains proprement dits avec les citoyens d'origine nouvelle, par la misère d'une partie de cette
foule, éloignée de la culture des champs et réduite
à de bas métiers ou à des expédients. Rome, capitale du monde, devenait une ville cosmopolite. A
côté des citoyens, fort différents eux-mêmes des
vieux Quirites, elle renfermait une foule immense
de gens de toute provenance qui altéraient gravement le caractère de la population. Les gens de la
plèbe demandaient volontiers qu'on leur donnât
des terres, et ils reprochaient aux nobles l'immense étendue de leurs domaines. Scipion Émi-
lien, les Gracques, d'autres encore, essayèrent de
leur donner satisfaction : des lois agraires furent
proposées. Elles ne furent jamais réalisées que
très imparfaitement, et probablement, si elles
avaient pu l'être, elles n'auraient pas été fort efficaces ; car le flot des arrivants ne cessait de

15

monter, et beaucoup n'avaient ni l'habitude ni le
goût de la terre. La plèbe devenait populace,
beaucoup plus disposée à des agitations de place
publique et à des coups de force qu'à un travail
régulier. Elle était prête à suivre tous les chefs
qui lui feraient des promesses et lui donneraient
de l'argent ou des plaisirs. Elle était mûre pour la
tyrannie. Il ne manquait plus qu'un tyran. Or, il y
en eut une foule, ou du moins il y eut des aspirants à la tyrannie, et c'est encore la conquête du
monde qui les suscita, dans la personne des
grands généraux ambitieux, illustrés par leurs
victoires, enrichis par le pillage des royaumes
étrangers, et incapables de vivre désormais en
simples particuliers comme un Cincinnatus ou un
Fabius : ils avaient trop de palais, trop d'esclaves,
trop de vieux soldats dévoués à leur fortune, pour
retourner à leur charrue, à supposer qu'ils
l'eussent jamais poussée eux-mêmes, ce qui n'était
pas. .

Lucullus fut le plus brillant de ces potentats
créés par la guerre, fabuleusement riches, et qui,
même sans le vouloir, poussent la cité vers la
tyrannie. Mais Marius et Sylla donnèrent l'exemple des grandes guerres civiles. Parmi ces pseudo-
tyrans, les uns soutiennent le Sénat, les autres
la plèbe, mais ce ne sont plus que des appa-

rences : toute la question est de savoir si la
tyrannie aura une couleur aristocratique ou démocratique ; en réalité, c'est toujours du pouvoir
d'un homme qu'il s'agit. Et les formes de ces
luttes le montrent assez : il n'y a plus rien de
civique dans ces batailles de généraux. Chacun
a ses légions, qui lui sont attachées par le souvenir des pillages faits en commun et des victoires
remportées. Les armées entrent dans Rome. Les
proscriptions déciment les deux partis en présence, selon le hasard des succès toujours éphémères. De moindres personnages organisent des
bandes et se mettent au service du plus offrant.

Pompée, puis César, sont des chefs du même
genre. Pompée, qui est plutôt appuyé par le Sénat,
reçoit à plusieurs reprises des pouvoirs extraordinaires, non prévus par les lois. César se donne
pour l'héritier de Marius. Les triumvirats succes-
sifs sont de véritables tyrannies à trois. Les
guerres civiles qui suivent ont des proportions
inconnues jusque-là. César est tout près d'établir
la royauté à son profit lorsqu'il est assassiné.
Après sa mort, c'est encore pis. Une série d'alliances, puis de ruptures, entre les nouveaux aspirants à la tyrannie, aboutit à la guerre civile entre
Octave et Antoine, qui met aux prises l'Orient et
l'Occident. Octave triomphe, et c'est alors la fin
de cette longue période de convulsions sanglantes.

Le dénouement attendu depuis longtemps se produit : la république est morte, et l'empire, sous le nom plus modeste de principat, s'installe définitivement. Il n'y a plus alors à parler ni de démocratie ni d'aristocratie : Rome finit, comme tous les États où l'anarchie a duré trop longtemps, par le gouvernement despotique d'un seul.

Ajoutons, pour conclure sur ce point, que ce n'était la faute, à proprement parler, ni de la démocratie, ni de l'aristocratie. C'était la conséquence inévitable d'un ensemble de circonstances qui se rattachait à ce fait capital : la prodigieuse fortune militaire de Rome, qui lui avait soumis le monde, faussant ainsi toutes les conditions du gouvernement républicain tel que l'antiquité l'avait conçu, et obligeant tous les partis à disparaître devant une nouvelle forme de gouvernement, à la fois militaire et administratif, mieux adaptée à l'état de choses créé par la conquête. Ce n'est plus en Grèce que ce gouvernement avait des modèles, mais plutôt dans les grands empires orientaux des Perses ou des Égyptiens, avec cette différence pourtant qu'une civilisation supérieure résultait de l'expérience des cités classiques, et que les idées de loi, de justice, de dignité humaine survivaient malgré tout au naufrage des libertés politiques.

CONCLUSION

Les cités antiques, si nombreuses et si diverses, forment dans leur ensemble un champ d'observation politique extrêmement riche. La Grèce et Rome ont été comme un laboratoire de recherches où toutes les formes de Constitutions ont été, successivement ou simultanément, mises à l'essai, et l'expérience a duré assez longtemps pour que la signification s'en dégage avec clarté. Aussi la théorie politique a-t-elle pu, dès le IV° siècle, produire une vaste littérature, dont le monument le plus considérable est la *Politique* d'Aristote. Au terme de la revue rapide que nous venons de faire du mouvement démocratique dans l'antiquité, pouvons-nous en dégager quelques lois qui en éclairent l'évolution, et ces lois gardent-elles, aujourd'hui encore, quelque valeur pratique ? Je le crois, mais il est nécessaire de rappeler d'abord en quoi les démocraties de l'antiquité diffèrent de celles des temps modernes.

Quand on jette les yeux sur le monde ancien, quelques différences, en effet, frappent d'abord l'attention : il s'agit donc d'en mesurer exactement l'importance.

La première est celle de l'existence de l'esclavage. Elle est sérieuse, mais nous avons vu plus haut qu'il ne faut pas l'exagérer. L'esclavage n'a pas empêché qu'il n'y eût dans toutes les cités, à côté d'une classe riche, une classe pauvre beaucoup plus nombreuse. De sorte que les problèmes essentiels de la vie politique, ceux qui résultent de l'inégalité des conditions, s'ils ont pu être modifiés dans certains de leurs éléments, ne l'ont pas été dans leur fond réel, et se sont présentés aux anciens d'une manière fort analogue, en somme, à celle qu'on rencontre chez les modernes.

Une autre différence beaucoup plus importante est celle qui résulte du peu d'étendue des cités antiques. Il est résulté de là que les anciens n'ont guère conçu la démocratie que comme le gouvernement direct de la cité par l'ensemble du peuple; ils n'ont jamais eu l'idée du gouvernement représentatif, sauf en cas de confédération, et encore avec cette réserve que les décisions des délégués étaient le plus souvent renvoyées à la ratification des assemblées particulières formées de l'ensemble des citoyens de chaque pays confédéré. De là vient, comme nous l'avons vu, que la formation des

grands États, produite par les modifications nécessaires de la vie antique, a entraîné, d'une manière
ou d'une autre, la ruine des démocraties déjà exis-
tantes, comme en Grèce, ou empêché leur achèvement, comme à Rome.

Le gouvernement démocratique, dans l'antiquité, n'a donc jamais été qu'un gouvernement de
cité, limité à un territoire d'étendue médiocre.
C'est là un fait important, à coup sûr, mais dont on
peut dire cependant qu'il ne touche pas non plus au
fond des choses. Pour avoir été bornés à un espace
restreint, les problèmes n'ont pas changé de nature
radicalement, et les causes qui en ont déterminé
les solutions ont une portée assez générale pour
dépasser ce cadre étroit : une expérience de laboratoire peut avoir des applications universelles ; il
suffit de changer les quantités et de modifier la
disposition des appareils en conséquence.

Fustel de Coulanges a mis en lumière, avec une
grande vigueur, l'importance de la religion dans
les cités antiques. On pourrait être tenté d'en conclure que c'est encore là une différence capitale
entre les gouvernements anciens et les modernes.
Ce serait une erreur. La théorie de Fustel de Coulanges est vraie surtout pour les origines des
sociétés antiques, et elle explique beaucoup de
faits qui se rencontrent encore dans la période
classique : mais ces faits, en réalité, ne sont que

survivances d'un âge plus ancien, et dans la période où s'organise l'État démocratique, où il s'épanouit et se développe, les faits religieux n'ont plus l'importance prédominante qu'on pourrait être tenté de leur attribuer. Ils restent un des facteurs de la vie collective, mais à peu près de la même manière et dans la même mesure qu'aux âges de foi des périodes les plus récentes de l'histoire humaine, et beaucoup d'autres causes déterminent en réalité la marche des événements dans leur ensemble. Ce n'est là encore qu'une différence assez superficielle et dont il ne convient pas d'exagérer la valeur.

Il faut donc à la fois tenir compte de tous ces faits pour s'expliquer la nuance particulière de certaines formes de la vie ancienne, et en même temps chercher dans des faits plus généraux et dans les instincts profonds de l'âme antique la cause dernière des événements et le ressort principal de l'évolution politique. Quand on s'attache à en démêler les caractères vraiment dominants, voici à peu près ce qu'on y voit.

D'abord des royautés patriarcales, héréditaires, d'origine censée divine, gouvernent paternellement de petites peuplades peu considérables; — puis des villes se fondent, s'agrandissent par le commerce ou par la guerre; le synécisme désorganise le clan ou le γένος, y crée la cité, accroît le nombre des pauvres en les détachant de leur groupe naturel, augmente la richesse des Eupatrides, grands propriétaires ou commerçants, rend plus nécessaire un pouvoir fort; — ce pouvoir est le plus souvent celui d'un roi absolu, ou d'un æsymnète, ou d'un tyran, contre lequel les nobles se révoltent; — les oligarchies s'établissent et maintiennent leurs privilèges par une organisation despotique de leur pouvoir; la plèbe, le δῆμος, se révolte à son tour, et finit par triompher avec l'appui de quelques riches, détachés de la noblesse, ou issus de la foule commerçante; — les nobles sont dépossédés de leurs droits et le pouvoir passe nominalement à l'ensemble du peuple, mais, en réalité, aux classes les plus riches de la plèbe; — si les nobles sont faibles, l'évolution se continue régulièrement vers une constitution de plus en plus démocratique, jusqu'à l'égalité absolue; — si les nobles ont gardé une grande force soit par les richesses, soit par la timidité d'esprit du peuple, soit pour toute autre cause, les dissensions reprennent, et aboutissent d'ordinaire à un gouvernement despotique; — mais, d'ordinaire aussi, ce gouvernement dure peu : la démocratie alors reprend sa marche en avant, par le progrès général du développement économique et intellectuel, et, si nul accident extérieur ne vient l'interrompre, elle aboutit à une forme de gouvernement définitive où les éléments démocratiques, d'abord limités par l'influence de la richesse surtout moyenne, prennent peu à peu le dessus.

Cet enchaînement des transformations successives de la cité est fatal, parce qu'il résulte de l'activité naturelle de l'homme dans les sociétés classiques. Il a son point de départ dans des faits économiques et politiques ; il résulte de l'effort des individus pour améliorer leur situation, du progrès matériel qui s'accomplit et des inégalités qui sont la conséquence de la lutte pour la vie. Dans ces sociétés individualistes et énergiques, le grand nombre finit par l'emporter. Quand ces races sont en même temps idéalistes et raisonneuses, elles conçoivent un idéal théorique d'égalité, de liberté. Elles expriment leur idéal en formules abstraites, universelles, d'un caractère moral et impératif, et prennent ainsi une conscience de plus en plus claire de ce qu'elles appellent leurs droits, ce qui augmente leur énergie et leur puissance d'action. Les plus actives et les plus raisonneuses sont celles qui vont le plus vite et le plus loin. Quelques-unes vont plus lentement ou s'arrêtent en route. Mais la direction du mouvement est la même partout.

Ce caractère universel et régulier de l'évolution politique, qui la fait ressembler à l'évolution d'un être vivant, avait été bien vu par les philosophes grecs : la comparaison de la cité avec une plante ou un animal est déjà dans Platon[1]. Il était donc naturel qu'ils fussent amenés à chercher la loi de cette évolution.

Platon l'exprime en la simplifiant, selon l'habitude de son esprit, et en ramène les phases à ses conceptions psychologiques et morales ; il réduit la succession régulière des gouvernements aux cinq phases suivantes : aristocratie ou gouvernement des meilleurs, timocratie ou gouvernement des plus illustres, oligarchie ou gouvernement des riches, démocratie, tyrannie. En outre, il soumet l'enchaînement des révolutions à l'influence d'un chiffre divin, d'un nombre mystique, qui en détermine la durée.

Aristote, moins géomètre, plus docile à la réalité, critique sévèrement ces fantaisies pythagoriciennes ; il montre à merveille la complexité des faits, la fixité des types généraux et la diversité presque innombrable des nuances intermédiaires, l'enchaînement variable et les causes multiples des révolutions. Il montre surtout, à maintes reprises, par des faits empruntés à la vie politique grecque, le rapport qui existe entre les formes de gouvernement et l'état économique, intellectuel, moral de la société, et comment, celui-ci venant à se modifier par le cours naturel des choses, les autres doivent changer aussi, sans même parler

1. *Républ.* VIII, p. 546.

des accidents dus à des causes intérieures ou extérieures, et avec lesquelles l'homme d'État est forcé
de toujours compter.

Polybe, sous l'influence des diverses écoles de
philosophie, revient à une conception assez semblable à celle de Platon, quoique plus historique
dans ses principes : il croit à un cycle (ἀνακύκλωσις)
dans lequel se succèdent les unes aux autres les
quatre principales formes de gouvernement :
royauté, aristocratie, démocratie, tyrannie, celle-ci
étant comme la forme nouvelle de l'antique
royauté.

Ainsi, tous sont d'accord sur le fond : dans
le détail de leurs vues, ils peuvent différer les
uns des autres, selon qu'ils poussent l'analyse
plus ou moins loin; mais, sur le principe, nulle
hésitation. La loi des transformations politiques
est une loi aussi rigoureuse et aussi certaine que
la loi de la croissance et du déclin pour un être
vivant.

Est-elle du même genre, et implique-t-elle,
comme l'évolution de la vie chez l'individu, un
déclin final qui correspondrait au règne de la démocratie? Platon n'en doute pas, et il appuie ses
affirmations sur son idéal philosophique et moral.
Polybe, homme d'État autant qu'historien, partisan déterminé de l'aristocratie, n'en doute pas
davantage : chaque cycle, à ses yeux, comporte une

période de déclin après une période de croissance, et le progrès ne recommence qu'après cette espèce de mort partielle. Aristote est beaucoup moins affirmatif, parce que ni ses vues théoriques, ni ses tendances politiques ne l'inclinent à des jugements absolus. Il est, par esprit et par système, un modéré ; il est le philosophe et l'homme du « juste milieu » en toutes choses. Sans aller jusqu'à croire, avec les orateurs athéniens, que la démocratie soit l'idéal, il distingue entre la bonne et la mauvaise, et ne se refuse pas à admettre que la démocratie, nécessaire, parfois, ne puisse être, dans certaines conditions, un gouvernement aussi sage et aussi utile que n'importe quel autre, de même que ceux-ci, selon les caractères qu'ils revêtent, peuvent être bons ou mauvais.

Qu'en faut-il penser? Et quelles conclusions générales se dégagent de l'examen rapide que nous venons de faire du mouvement démocratique dans l'antiquité ?

On accordera sans peine aux orateurs athéniens et aux défenseurs de la démocratie que cette forme de gouvernement correspond à un idéal très noble. Les idées d'égalité et de liberté, égalité devant la loi, liberté d'action et de parole dans les limites de la loi, autonomie de l'individu à l'égard des autres individus, tout cela provient d'un sentiment très haut de la dignité humaine, et très propre à la susciter. C'est là un avantage moral qu'on ne saurait guère contester. C'est encore un avantage en un autre sens : cette liberté de l'individu est une condition singulièrement favorable au développement de l'initiative personnelle, source de tout progrès intellectuel et matériel.

Mais il n'est pas difficile non plus de voir les inconvénients qui peuvent résulter de ces principes, excellents en soi, s'ils sont appliqués sans mesure et sans discernement. L'excès d'individualisme aboutit facilement à l'égoïsme personnel et collectif, à l'ambition effrénée des hommes, à l'oubli du bien public, à l'épicurisme pratique des satisfaits, à l'envie des moins favorisés, à l'esprit de corps et à la lutte des classes. La liberté de la pensée et de la parole peut conduire à une agitation trépidante qui n'a rien de commun avec le progrès. Il peut sortir de là une sorte d'anarchie intellectuelle et morale qui suscite parfois la tyrannie, ou qui, sans aller jusqu'à cette extrémité, affaiblit les ressorts nécessaires de la vie sociale et en détruit l'activité harmonieuse.

Cela revient à dire que la démocratie, sans être, comme le croyait Platon, en vertu de ses conceptions absolues, le mal en soi, n'est pas non plus une panacée capable de remédier à tous les maux des sociétés humaines. Les formes de gouvernement ne sont que des cadres offerts au jeu plus ou moins libre des forces de l'individu. Des causes très complexes, et généralement inéluctables, font triompher l'une ou l'autre. Mais toutes, une fois établies, sont bonnes ou mauvaises, selon la valeur des hommes qui les font servir à leurs desseins. Chacune d'elles ne vaut, suivant la forte expression d'Aristote, que par la « vertu » qui l'anime et la soutient. De même que les tyrans ont leurs flatteurs, le peuple a ses démagogues, et les uns ne valent pas mieux que les autres. La « vertu » d'une cité, suivant Aristote encore, consiste dans la recherche intelligente et active du bien public ; non du bien de quelques-uns, ni même du bien des plus nombreux au détriment de la minorité, mais du plus grand bien possible pour tous les citoyens. C'est là ce que Platon appelle la « justice », et c'est ce que nous nommons aujourd'hui la « solidarité ». Cette vertu est la loi suprême de tous les gouvernements. Quel que soit celui que l'ensemble des conditions sociales impose à un pays, il est légitime s'il poursuit cette fin ; il est illégitime s'il en poursuit une autre, et il n'est plus alors qu'une « déviation » (παρέκϐασις), une contrefaçon du gouvernement légitime dont il usurpe le nom. La démocratie, à cet égard, ne fait pas exception : elle a les mêmes devoirs à remplir que les autres gouvernements. Si elle en diffère

par quelques points, c'est uniquement en ce que
la vertu, chez elle, est plus nécessaire qu'ailleurs,
puisque tous les citoyens y ont une part plus grande
dans l'action commune. C'est son honneur, quand
elle réussit dans sa tâche, et c'est aussi la difficulté
particulière contre laquelle elle risque de se
briser. Raison de plus pour elle de connaître son
devoir, qui se confond avec son intérêt le plus
vital.

Comment l'accomplir ? La « vertu », suivant Aristote, vient de trois sources : la nature, les mœurs,
l'éducation. Il y a des races qui en sont à peu près
incapables : celles-là ne sauraient pratiquer la
démocratie ; et, quelque gouvernement qu'elles
se donnent ou qu'elles subissent, elles ont chance
d'être mal gouvernées. Même chez une race bien
douée, il faut que les mœurs encouragent et forti-
fient les aptitudes naturelles ; pour cela, le rôle
des chefs, des hommes d'État dirigeants, du « législateur », comme disaient les anciens, est de
corriger le détail des institutions lorsqu'il est dé-
fectueux, en se préoccupant toujours du but à
atteindre, le bien public. Mais il faut aussi que
l'éducation développe de bonne heure chez l'enfant,
c'est-à-dire chez le futur citoyen, les germes d'intelligence et de moralité qui lui seront nécessaires
plus tard, dans la vie civique, pour atteindre à la
vertu indispensable.

L'histoire des cités antiques, qui a inspiré ces vues profondes, les justifie pleinement. Partout, nous voyons les démocraties présenter, en somme, les qualités et les défauts naturels propres aux races qui ont adopté cette forme de gouvernement. Partout aussi, nous voyons ces qualités et ces défauts grandir ou s'affaiblir dans la mesure où l'éducation et la vie les encouragent ou les combattent.

Les leçons de la sagesse antique sont toujours bonnes à méditer. Elles se résumeraient peut-être assez bien ainsi : combattre l'existence de la démocratie, là où les circonstances l'ont rendue inévitable, est une chimère ; chercher à l'éclairer et à la corriger de ses défauts est le devoir de tout homme qui pense et qui a le sentiment de sa tâche sociale. L'ordre étant le besoin vital des sociétés, si les lois ne suffisent pas à réprimer l'anarchie, la tyrannie survient nécessairement. La démocratie n'a pas d'ennemi plus redoutable que la démagogie.

TABLE DES MATIÈRES

1198-5-20. — Paris. — Imp. Hemmerlé et Cⁱᵉ.

Bibliothèque de Philosophie scientifique

1º SCIENCES PHYSIQUES ET NATURELLES

AVENEL (Mme G. d'). L'Évolution des Moyens de Transport.

BACHELIER (Louis), Docteur ès sciences. Le Jeu, la Chance et le Hasard (6e m.).

BELLET (Daniel), prof. à l'Éc. des Sc. pol. L'Évolution de l'Industrie (5e m.).

BERGET (A.), prof. à l'Inst. océanogr. La Vie et la Mort du Globe (9e m.).

BERGET (A.). Problèmes de l'Atmosphère (27 fig.) (4e m.).

BERTIN (L. E.), de l'Inst. La Marine moderne (50 fig.) (7e m.).

BIGOURDAN, de l'Institut. L'Astronomie (50 fig.) (8e m.).

BLARINGHEM (L.). Les Transformations brusques des êtres vivants (49 fig.) (7e m.).

BLARINGHEM (L.). Problèmes de l'Hérédité expérimentale (4e éd.).

BOINET (Dr) prof. de Clin. méd. Les Doctrines médicales (7e m.).

BONNIER (G.), de l'Inst. Le Monde végétal (230 fig.) (11e m.).

BOUTY (E.), de l'Institut. La vérité scientifique, sa poursuite (2e m.).

BOUVIER (E.-L.) de l'Institut La Vie Psychique des Insectes (5e m.).

BRUNHES (B.). La Dégradation de l'Énergie (8e m.).

BURNET (Dr Étienne), de l'Institut Pasteur. Microbes et Toxines (11 fig.) (7e m.).

CAULLERY (Maurice), professeur à la Sorbonne. Les Problèmes de la Sexualité (3e m.).

COLSON (C.), prof. à l'Éc. Polyt. L'Essor de la Chemin (8e m.).

COMBARIEU (J.), chargé de cours au collège de France. La Musique (14e m.).

DASTRE (Dr A.), de l'Inst., prof. à la Sorbonne. La Vie et la Mort (19e m.).

DELAGE (Y.), de l'Institut, et GOLDSMITH (M.). Les Théories de l'Évolution (10e m.).

DELAGE (Y.) de l'Institut et GOLDSMITH (M.). La Parthénogénèse (4e m.).

DELBET (P.), prof. à la Fac. de Méd. de Paris. La Science et la Réalité (6e m.).

DEPÉRET (C.), de l'Institut. Les Transformations du Monde animal (8e m.).

ENRIQUES. Concepts fondamentaux de la Science (4e m.).

GASCOUIN (Général). L'Évolution de l'Artillerie (4e m.).

GRASSET (Dr). La Biologie humaine (10e m.).

GUIART (Dr). Les Parasites inoculateurs de Maladies (107 fig.) (5e m.).

GUILLEMROT (H.). La Matière et la Vie (4e m.).

HÉRICOURT (Dr J.). Les Frontières de la Maladie (10e m.).

HÉRICOURT (Dr J.). L'Hygiène moderne (13e m.).

HÉRICOURT (Dr J.). Les Maladies des Sociétés (5e m.).

HOUSSAY (F.), doyen de la Fac. des Sc. de Paris. Nature et Sciences naturelles (7e m.).

HOUSSAY (F.). Force et Cause (4e m.).

IOTEYKO (Dr Josefa). La Fatigue (13 fig.) (4e m.).

JOUBIN (L.), professeur au Muséum. La Vie dans les Océans (86 fig.) (7e m.).

LAUNAY (L. de), de l'Inst. Histoire de la Terre (13e m.).

LAUNAY (L. de), de l'Inst. La Conquête minérale (5e m.).

LE BON (G.). L'Évolution de la Matière (63 fig.) (32e m.).

LE BON (Dr G.). L'Évolution des Forces (42 fig.) (24e m.).

LECLERC DU SABLON (M.). Les incertitudes de la Biologie (24 fig.) (4e m.).

LECORNU, de l'Institut. La Mécanique, avec 12 figures.

LE DANTEC (F.). Les Influences Ancestrales (10e m.).

LE DANTEC (F.). La Vie universelle (12e m.).

LE DANTEC (F.). De l'Homme à la Science (3e m.).

LOCARD (E. Dr). L'Enquête criminelle (3e m.).

MASTIC (Dr de la). L'Évolution... soutex (80 fig.) (7e m.).

MEUNIER (S.), professeur au Muséum. Les Convulsions de la Terre (30 fig.) (6e m.).

MEUNIER (S.). Histoire géologique de la Mer.

MEUNIER (S.). Les Glaciers et les Montagnes.

OSTWALD. L'Évolution de la Science, la Chimie.

PERRIER (Edm.), de l'Inst. du Muséum. À Travers le Monde vivant (6e m.).

PERRIER (Edm.). La Terre action (4e m.).

PICARD (Émile), de l'Inst., à la Sorbonne. La Science moderne (12e m.).

POINCARÉ (H.), de l'Inst., à la Sorb. La Science et l'Hypothèse (36e m.).

POINCARÉ (H.). La Valeur de la Science (28e m.).

POINCARÉ (H.). Science et méthode (18e m.).

POINCARÉ (H.). Dernières Pensées (7e m.).

POINCARÉ (Lucien), de l'Inst., recteur. La Physique moderne (20e m.).

POINCARÉ (Lec.). L'Électricité (6e m.).

RENARD (Ch.). L'Aéronautique (68 fig.).

RENARD (M.). Le Vol mécanique. Aéroplanes.

TISSIER (Dr). L'Éducation physique et la Race (2e m.).

ZOLLA (Daniel), prof. à Grignon. L'Agriculture moderne (8e m.).

PSYCHOLOGIE, PHILOSOPHIE ET HISTOIRE

Voir la liste des ouvrages parus pages 2 et 3 de la couverture.

1750. — Paris. — Imp. Hemmerlé et Cie. — 6-20.